李國威著

國際關係新論

臺灣商務印書館發行

人文及社會科學文庫序

宇宙萬象運作之理，得乎均衡者圓潤輔成，失其均衡者衝剋消滅。中庸所言「致中和，天地位焉，萬物育焉」，雖以個人情感之收發為喻，以天地萬有之存變生息為歸，其道理似無逾乎靜動均衡之法則。執此以言文化發展，自照科學以宇宙客觀存在之物象為對象，重格致剖析，屬剛性突破；人文社會科學以人際主觀評價之文物典制為對象，重感應取捨，屬柔性涵容。兩者平衡發展則剛柔協濟，物阜民康，社會晏安；若偏頗失衡，則剛盛柔衰而野，柔盛剛衰而靡，前者致社會於競爭緊張，富而不美；後者致社會於清虛空靈，貧而不振，俱非「致中和」應有之後果，殊值鄭重檢討，及時道乎正。

鑑以我國復興基地臺灣地區近四十年來之發展情況，為求加速經濟成長，朝野偏重自然科學之研究與應用，以歐美數百年長期累積之成果為基礎，於短短三數十年中而竟「迎頭趕上」速成之功，遂跂躐者猛進之策者望後，中缺歐美往昔長期調適中和之機，乃至徒具自然突破而欠人文緩衝，原為「以人役物」反成「人為物役」，其於生活體現上助長物慾橫流，人性隱晦；而於社會氣質上不免暴戾滋張，慈和掩蔽，此爲失中和所致。矯正之道不在抑剛就柔，而在扶柔益剛，亦即重視人文社會科學，加強其研究創進，俾與自然科學並駕齊驅，庶使社會文化重返均衡。

「以人役物」下脫「者」字

多年來關心國家長遠發展者類多執此看法，而切身致力從教育文化工作方面盡其在我者，豫省潢川朱建民教授實爲首望。

先生留學德國，深諳自然科學發展之利，然醉心人文社會科學研究，志在紹先聖之道，濟世界安和於大同。對日抗戰之初，返國誨學，先後執教於國立四川大學與政治大學凡半世紀。先生博覽強記，融會貫通，於主授國際公法、國際組織與外交史之中，例必隨機擷其長年獨得之見，闡述社會人羣協和共榮之理，並以兼容眾學，毋忘人本，為從遊諸彥勉。

民國六十七年，先生七十壽慶之後，自政大退休，應王岫老雲五先生之聘，出掌台灣商務印書館編政，本乎宏揚文化素志，廣延鴻儒，撰著、續刊、增訂、編譯各類叢書，相繼出版者有中華現代外科學全書、古籍今註今譯、中國名人年譜集成、中華民國褒揚令初編、國民醫藥衛生叢書、四庫全書珍本、人人文庫、中國近代現代史論文集、史學研究論文集、中國國際法南國際事務年報、八十年代叢書、國際關係研究叢書等多種，並籌畫景印文淵閣四庫全書問世，無不廣獲佳評。

多年來先生目睹社會情況之日趨偏頗，人文社會科學之久受疏忽，言念所及，每興慨喟。素交友好及門人陳治世、李元簇、曹伯一、雷飛龍、華力進、楊逢泰、王壽南、李偉成、林恩顯、賴光臨、蔡明田、趙國材、劉光華諸君子及余等，深體先生之意，共同倡議編印「人文及社會科學文庫」，委託台灣商務印書館出版，藉以鼓舞同行學界提高研究著述之意興，並喚起朝野人士對人文社會科學復加重視。乃於兩年前成立編輯委員會，商定本文庫包括文學、史學、哲學、藝術、心理、教育、新聞、法律、政治、外交、行政、社会、經濟、企管及共黨研究等學門。各學門專題冊數不限，全庫總冊數不定，庫門長開，自首批出書之日起，逐年逐月繼續出版新書，務期庫源歷千古而不竭，庫藏併日月而長新，撰者長在，讀者長有，庶幾起衰風於當世，勵聖學於來茲。議定，分途邀稿，國內外聞訊響應，樂與共成。現首批五十餘冊將於今年四月首日起陸續問世，是日適為先生八秩華誕前夕，謹藉文庫初建之盛會，敬申祝鍛之至誠，願先生之壽，並斯文庫逾千歲而長今。是為序。

歐陽勛謹識

民國七十七年三月卅日
於台北市溫州街寓所

引言

本書採用傳統與行為學派各家之長，來研究國際關係。首先對國際關係的研究、發展、與理論的建立作一簡述，進而分析國際體系（通稱國際舞臺）裡的主要角色（尤其是主權國家）及決策過程。各國外交政策的交互外交折衝，構成了不同的國際關係。國際關係有衝突也有合作。國際體系裡的衝突與合作，顯示在不同時地的國際問題上，是為本書第四篇的主題。最後結論為對國際關係的回顧與展望。

目錄

第三篇　國際體系

第四篇　國際政治

第一篇　研究、發展、理論

第一章　國際關係的研究、發展與理論的建立

國際關係(International Relations)或稱國際政治(International Politics)，名稱雖有不同，實際上是同一學科。大概傳統學者沿用前者，現代學者多採用後者。研究國際關係的學者，對這一門學科，迄今尚無一共同認可的定義與內涵。因爲關係一辭，包羅萬象，大至國家團體；小至國際間的個人「精英」(the elites)。在政治、經濟、軍事、與社會的交互行動(interaction)關係。國際關係的範圍與其他社會科學的界限(boundaries)也不易劃分。但吾人仍可綜合各家學說，對國際關係作一簡單界說：國際關係是研究超國家界線的國家、團體、甚或個人精英間的交互行爲關係；這些關係，在不同的時地，反映在不同的政治、經濟、軍事、社會等問題(issues)上。這個定義包含了三個要素：(1)國際關係裡的「角色」(通稱「演員」actors)。(2)國際體系(international system 或通稱「舞臺」)裡的交互行動；及(3)在不同時地所反映的不同問題上。

國際關係原是政治科學(Political Science)的一部門，至一九六〇年代才獨立門戶，自成一家。因之國際關係的發展、研究、與理論的建立，與政治科學有極密切的關係。下面各節，先述政治科學與國際關係；次分析國際關係的研究學派，最後論及國際關係理論的建立及所遭遇的問題。

第一節　政治科學與國際關係

西方的政治學者，傳統地跟隨柏拉圖(Plato)與亞里斯多德(Aristotle)的學說，在不斷尋求人類理想的美好生活(good life)，與公道政府(just state)。人既是「政治動物」(political animal)，憑着他的理性，是不難找到一「美好」與「公道」的普通公認原則的。政府的存在，是爲了滿足人類的需求。因之理想的公道政府，在能使社會中每一個人能適得其所，並各盡其社會功能。由於這一基本觀念，傳統政治學裡政治與倫理是分不開的。換句話說，政治的成分裡，包含着「美好」與「公道」的價值評判，或倫理標準。

這一傳統，一直到十六世紀馬基維里(Machiavelli)才企圖將政治與倫理分開。馬基維里認爲政治與倫理是不相關的，政治不能脫離現實，政治只是一種權力組織，在其所轄領域內，它有無上的權威，對外則在求國家權勢的增大與擴展。因之政治只不過是目的而已。①從這一點而論，馬基維里可說是屬於現代政治理論的。不過由於他的只重目的不顧倫理的政治手段論，名哲學家斯特勞斯(Strauss)斥其爲「邪惡的教師」(teacher of evil)，不足爲後人效法。②政治史學家賽柄(Sabine)認爲馬氏的學說，不過是對一些特殊政治觀察所得的結論，缺乏一套嚴密的理論系統，較之日後十七世紀時代霍布士(Hobbes)的理論則有所不及。③霍布士的政治理論，不但排除了宗教倫理成分，而且是建立在科學原理上的。霍氏研究政治，由人類心理方面着手，認爲人性生來是自私、好鬥、冷酷、邪惡與貪權的，也就是中國荀子所謂性惡論。所以人類行爲(包括政治行爲)的基本原則是自我保存。由此推論，人類最初的社會關係是人與人爭的社會，由於要維持社會秩序，人類才無條件地服從一無上權威的政府。④

馬基維理與霍布士對政治學的貢獻，不是他們對實際政治行爲的注重與分析方法，因爲在他們之前，亞里斯多德早就認爲具體事實資料的彙集，爲建立政治理論的先決條件。⑤馬、霍兩氏的重要貢獻，在其將政治與宗教倫理分開。尤其是霍氏的注重人類心理動機，及其對政治哲學可能成爲科學的必要與信心，正是現代政治行爲學所主張與追求的目標。

可惜的是：政治行爲的研究自霍布士之後，繼起無人。政治研究的重心已轉移到對社會的重新發現。偉大的思想家如洛克(Locke)的社約論，爲有限度的君主政體與革命人權而辯護。盧騷(Rousseau)民約論的純民主政治制度是一自由契約結合而成的社會，統治權不過是維護法治自由的公衆意志(the general will)底具體化而已。隨工業革命之後，有社會主義與馬克斯主義的相繼出現。由於生物學的興起，進化論與國家有機論也普遍被人們所接受，深受此種學說影響的大都贊成強力國家論。之後，理想主義皆一致強調國家統一與集體利益。這一思想潮流，使個人主義無伸張餘地，但卻爲極權主義政治奠下了基礎。

由以上的簡短敍述，可見政治理論的基本問題，古今相同，那就是個人與國家的關係，或個人自由與統治權力的相互關係。傳統政治學者，試圖運用一些類似的含糊概念如：公道政府、社約、公衆意志、主權、集體利益、個人自由等，來敍述個人與政府間應該有的關係，但卻忽略了對實際存在的政治關係的研究與分析。而一般政治學者也就只是埋首於歷代「偉大著作」⑥的故紙堆裡，註釋考據，有窮一生精力而無所得者，更談不上別有創新了。(此處請別誤會是根本不讀「偉大著作」諸如自柏拉圖、亞里斯多德，及二十世紀的拉斯基等。重點應在能發現、活用與創新；切忌死背，守陳不變。)

至一九〇八年間，有兩位西方政治學家，不約而同地對這只重形式的傳統政治研究，發出了不滿與革新的呼聲。他倆的著作，成了現代政治行爲學上劃時代的創作。英國的華乃斯(Wallas)說：「幾乎所有的政治學者皆偏重於制度而忽略了對人的分析」；即使偶然有研究「抽象的人」(abstract men)，他們的理論也只是建立在人性的若干抽象概念上，而從未有實際經驗的驗證。⑦華氏的評論同時得到美國班特萊(Bentley)的呼應與支持。班氏在其著作中說：「我們有一個毫無生氣的政治學」，因爲「它只是對統治制度若干外型特徵底形式上的研究而已，……當它不得已而必須涉及人性時，於是就運用形而上學的手法！」⑧華、班兩氏的呼籲，當時並沒引起學術界的注意。一直到一九二〇及一九三〇年代，才由美國的所謂「芝加哥學派」(Chicago School)繼起絕響。

芝加哥學派最初由芝加哥大學教授所倡導與組織，因而得名。首創人與領導者爲芝加哥大學政治系教授墨瑞安(Merriam)。他在一九二五年出版的「政治的新面貌」一書中⑨，開始將社會學與心理學上的若干概念與統計技術應用在政治行爲的研究上。⑩繼墨氏衣鉢的是他的學生拉斯威(Lasswell)⑪，對傳統政治學研究法的攻擊，拉氏說：「許多很有影響力的政治學者，如柏拉圖、洛克、盧騷、聯邦論者，及其他，根本未作政治研究，只不過是對現存或理想中的政治結構辯護而已。我們只能說這些論著陳述了政治教義，但卻沒有提出政治科學的定理。」⑫這樣大膽的挑戰，杜魯門(Truman)教授認爲不啻是對傳統政治學明顯的「背叛」。⑬

自此以後，新的政治行爲學派與傳統的制度論學派展開了無止盡的筆墨官司。前者以拉斯威爲首，後者以斯特勞斯(Strauss)爲主。兩派爭論的焦點在：政治學者是否能運用自然科學的科學方法研究政治？與此相關連的爭論是：倫理成分或價值(value)應否排出於政治的範圍外？

關於第一個問題，政治行爲學者有見於傳統政治研究只是繞着含糊不清的「主權國家」(sovereign state)這一概念打圈子。⑭其結果是用抽象概念來解釋抽象概念，完全成了哲學理論，是不能用科學方法去驗證的。因而提出政治行爲才是具體的研究對象，我們並且可用科學方法求得政治行爲的普通原則。現代政治學迫切工作之一，是運用科學方法來研究政治行爲，並提出已經證實或可予驗證的政治行爲的普遍原理。但傳統制度論學派卻反駁說：複雜的人類行爲，是無一定常規可尋的。即使有此常規，我們的能力也不一定能辯證或進而爲忠實的描述。行爲學派的最大缺點，在其不切實際的經驗論(empiricism)，因爲它捨棄了憑「常識」(common sense)去理解政治。⑮傳統制度論學派更認爲政治與倫理是分不開的，而且政治學根本就是研究這些倫理的價值系統(value system)，進而指示人類應有的理想社會與政府。相反的，政治行爲學派卻認爲這些完全是屬於主觀的價值判斷(value judgment)，它只是對一意義(meaning)的陳述，而不是對客觀具體事實(fact)的分析；它只是一種「應該是什麼」(What ought to be)而不是「實際是什麼」(What is)的分析。要想從「實際是什麼」的陳述中推論出「應該是什麼」，在邏輯上是不可能的。⑯所以，研究政治，首先要理解社會中人與人之間實際相互的政治關係，而不是想像中應該有的關係，後者是屬於哲學的論題範圍。

自一九六〇年代起，政治行爲學派，已逐漸成爲政治科學的主流(國際關係亦逐漸發展爲獨立學科)。至一九七〇年代初，伊士敦(Easton)教授指出：美國學術界實際上已進入「後期行爲學派」(Post-Behavioralism)。⑰後期行爲學派認爲前期行爲學派的缺點有：(1)過去政治行爲學的「抽象分析」

(abstraction-analysis)與現實政治生活脫了節；⑵過去政治行爲學的「經驗保守主義」(Empirical Conservatism)使治學者局限於對現存文物典章制度的敍述與分析，但與現實政治環境卻無關連。惟一補救辦法是「積極的政治參與」(active political involvement)，使研究、教學與實際政治生活打成一片。⑱

根據貝克(Baker)等一九七二年的抽樣調查報告⑲，及羅特格(Roettger)一九七八年的研究結果指出⑳：在一九七○年代，政治行爲學派仍是美國政治科學的主流。不過傳統學派與行爲學派今日並不再像昔日的相互攻擊，水火不相容的態度，並承認雙方各有所長，在建立政治行爲（或國際關係）理論上各有其貢獻。

在第一次世界大戰前，及一九二○年代，歐美國際關係學者，可說是法律與道德趨向的(legalistic and moral in tone)，研究範圍限於條約與國際法原理。日後由於國際聯盟的建立，開拓了新的研究天地。在一九三○年代，由於德國希特勒的活動與國際強權政治，國際關係學者開始由傳統的敍述方法轉向於實際政治的分析。至第二次世界大戰後，更有科學方法的運用，模式(model)的發展與理論的建立。㉑

第二節　國際關係的研究學派

國際關係的研究學派，大約分爲四：理想學派 (Idealist)、現實主義(Realist)、馬克斯主義派(Marxist)，與全球學派(Globalist)。茲先論理想學派。

理想學派或烏托邦派(Utopian)的哲理，源出於十八世紀的啓蒙運動樂觀主義(Enlightenment Optimism)、十九世紀的自由主義(Liberalism)，與二十世紀威爾遜(Woodrow Wilson)的理想主義(Idealism)。威爾遜有關美國外交政策與國際政治的十四點計畫演說(Fourteen Points Speech)可說是理想主義派觀點的代表。威爾遜總統主張公開外交、海洋自由、解除武裝（軍備）、消除保護經濟政策障礙、民族自決、殖民地的國際監督、全球國際機構的建立等。

一般來說，理想主義派認爲人是性善的。醜惡的人類行爲，實爲不良環境與制度影響所造成的後果。人們的自私自利，使人類捲入戰爭。所以戰爭與和平成了全人類的問題，防止戰爭之道，首在對現有不良制度的改造。理想主義派主要的政策如：超國家機構(Supernational Institutions)的建立（如第一次世界大戰後的國際聯盟—The League of Nations)，對戰爭予以法律上的制裁（如一九二八年凱洛白里安公約—The Kellogg-Briand Pact—宣佈戰爭爲非法的國策），及完全解除至少限制武備（如一九二二年華盛頓海軍軍備限制條約及一九三〇年倫敦海軍軍縮會議）等。㉒在這一傳統下國際關係學者幾乎一致認爲戰爭與和平爲國際關係的研究主題。國際關係裡的惟一角色是主權國家，因爲只有主權國家才與國際間的戰爭與和平有關。因之國際關係的研究範圍就限於各國外交史、政治思想與哲學、國際組織與國際法。例如在一九三〇年代英美學者如Brierly, Eagleton, Fenwick, Hill, Lauterpacht, Moore, Oppenheim, Potter等的國際關係著作，皆集中在國際組織或國際法，並有採用法律個案(legal case)與國際行政經濟資料，更有進而對國際現實權力作深入的分析。㉓

據霍仕第(Holsti)的研究，國際關係的中心是戰爭與和平，而主權國家是無最高權威的全球體系(anarchic global system)裡的惟一角色，這一概念是過去歐洲哲人如霍布士(Thomas Hobbes)、盧騷(Jean

Jacques Rousseau)、康特(Immanuel Kant)，與格老秀(Hugo Grotius)等對國際關係所提供的極有價值的「古典模式」(classical paradigm)，今日國際關係雖新派林立，但其研究仍多不出此範疇。㉔吾人不否認過去傳統學派的貢獻，但其認爲主權國家爲國際關係裡的惟一角色，卻經不起實際政治的驗證，何況「主權國家」一辭亦難加以界說。研究理想主義的權威學者卡爾(Carr)指出：理想主義派認爲國際法與國際組織應注重法律上應有的權責關係與道德準則(ethical standard)，這正是理想主義派的缺點所在，因爲它只敍述國際關係裡依照法律與國際道德準則應有的(ought to behave)國際行爲，而忽視了實際上的政治行爲(actually behave)。㉕

繼理想主義派之後，有現實主義的興起。現實主義爲一九四五年至一九六〇年代最具影響力的學派。㉖代表人物，前有英國學者賴特(Wright)認爲國際關係裡的外交政治乃是「權力政治」(power politics)。㉗近則有美國學者摩根索(Morgenthau)。摩氏可說是現實派的首領，其他尚有如阿郎(Raymond Aron)、肯南(Kennan)、季辛吉(Kissinger)、舒曼(Schuman)、沃爾弗士(Wolfers)等。㉘

摩根索認爲人性惡，爭權奪利，無道義可言，這充分反映在國際政治上，換言之，國際政治皆是「權力之爭」(struggle for power)的關係。在無最高權威組織與相互敵對的國際情況下，國家最重要的目的在求安全(security)。一國安全政策的決定要素是它對本身的權力估量(power calculation)。一個國家如果對現有國際環境滿意，它將採取維持現狀(status quo)的外交政策；反之，它將追求向外擴張政策。由於各國外交政策因時地的不同，國際間就不斷有聯盟，背盟，舊友斷交，或化敵爲友的新權力關係。國際間的權力之爭常以法律的、道德的、或其他政治意識(ideologies)來掩飾、解釋、並證明其爲合法合理。摩氏認爲防止戰爭的發生有賴於國際「權力均衡」(balance of power)而不是對形式上法律的維護與國際道義的追求。(摩氏理論詳下節)

現實主義的主要缺點在其過分重視「權力」，而忽視了其他的重要因素。正如本書引言中指出：國際關係裡有衝突也有合作。現實主義者只見到國際權力競爭的衝突面，而抹殺了它的合作面。因之現實主義派就很難解釋第二次世界大戰後歐洲國家經濟合作（如共同市場—Common Market)的國際關係行爲。

與現實主義相反的是馬克斯派(Marxist)。馬克斯派認爲：國際關係裡國家與國界是不重要的，因爲國際政治的要角不是國家，而是不同的經濟階級。國際間的衝突完全是資本主義制度造成的後果。在資本主義經濟制度下，各國皆向外發展國際市場，控制生產資源，採取最高利潤，因之國際關係裡，實際上是國際間資方與勞方經濟階級的鬥爭。除非勞動階級取得經濟權力，國際間不能免除衝突，獲得和平。馬克斯派完全採用惟物論(dialetical materialism)經濟觀點來解析國際政治，它源出於馬克斯(Karl Marx, 1818—1883)的學說，對世界政治影響很大，但馬克斯的若干預言，如無產階級革命將先發生於西方工業發達國家，資本主義制度將造成資本主義國家自身的毀滅等，卻爲西方工業國家的興起與資本主義的成就所否定。㉙

近年來有所謂「全球主義」(Globalism)或「現代派」(Modernist)。該學派認爲現實主義派並未完全把握現代複雜的全球相互依賴(global interdependence)性的國際現實，而且忽視了人類超國界的人際複雜關係網(web of human interactions)。全球學派除研究國與國間的關係外，同時並分析國際關係裡非國家的角色如跨國公司、石油輸出國家組織、歐洲共同市場等。㉚

比較來說，國際關係理論的建立，遠較一般政治行爲理論爲落後。

第三節　國際關係理論的建立

傳統國際關係理論，應首推「權力均衡論」(Theory of Balance of Power)。這一理論採用昔日科學家牛頓(Newton)的宇宙平衡觀念(Newtonian Conception of Universe in Equilibrium)，認爲在國際關係裡，主權國家皆願維持國際間權力均衡狀態，俾確保國際安全。因爲在權力均衡下，各國互相監視，無一世界霸權(universal hegemony)有能力破壞此一平衡，這將可避免任何一國發動戰爭，而和平得以維持。克勞德(Claude)與海耶士(Haas)兩教授認爲傳統的權力均衡論缺點在其主要觀念「平衡」的含糊不清，難於分析。㉛摩根索更具體指出權力均衡論的(1)不確定性(uncertain)（因爲今日尙無精確的方法來衡量、估計與比較兩國的實際權力）。(2)非實在性(unreal)（因爲國家的決策者在國際上無時不在追求優勢地位，俾確定其在國際上的不確定地位）。(3)欠完整性(inadequate)（因爲它對一六四八年至一九一四年期間歐洲各國自我約束的政治行爲分析，忽略了當年歐洲盛行的文教與道德對國家約束的影響力）。㉜

摩根索進而提出了他的國際關係理論。摩氏可說是第二次世界大戰後，最具影響力的國際關係研究者。他的理論中心思想在「權力」(power)與「國家利益」(national interest)。

摩氏認爲國際政治理論，應建立在六大原則(principles)上：(1)國際政治遵循深植人性的客觀法規(objective rules)；(2)國家決策者的思想與行爲皆爲國家利益，而國家利益是專就權力而論(interest defined as power)；⑶國家利益是一客觀不變的因素，求生存是一國外交政策的最低限度要求；⑷國際上的道德原則，應不適用於一國在維護其國家利益時所作的行為；⑸一國的特殊道德標準應與行諸世界的道德法規分開，不能混為一談；⑹政治行為應以政治標準(political criteria)來評判。㉝在此原則下的國際政治行為不外是：維護、增加、或顯示「權力」(to keep power, to increase power, or to demonstrate power)。㉞

摩根索理論的弱點在其「權力」與「國家利益」兩辭的難予界說。例如在不同時地，一國的利益究應如何決定？同一國家的利益，在不同時地也許意義互異。如果「權力」是一國政治（外交政策）行為的原動力，那麼權力究何所指？一般權力資源涵蓋無形的（如政治、社會、文化、人口素質等）與有形的（如地理環境、物資、軍備等），但如比較兩國權力，問題在如何衡量比較這些有形與無形的資源？摩氏所代表的現實主義雖有缺點，但在現實政治裡，「權力」政治一辭，仍為一般人所慣用。

其他尚有決策過程模式 (decision-making process)、博弈論(Game Theory)等，但卻無一為國際關係學者所公認的權威理論。賴奇(Lerche)與謝德(Said)兩氏所提出的「行動理論」(有關決策者的決策過程)、「交互行動理論」(Interaction Theory)與「全球體系分析」(Global System Analysis)㉟，可為今後建立國際關係理論的方向。這有賴於傳統與行為學派的合作與努力。

附註

① Nicolo Machiavelli's most important political works were the *Prince* and the *Discourses on the*

First Ten Books of Titus Livius.

② Leo Strauss, *Thoughts on Machiavelli*, New York: Henry Holt and Company, 1958, p. 342.

③ George H. Sabine, *A History of Political Theory*, New York: Henry Holt and Company, 1958, p. 342.

④ Thomas Hobbes, *Leviathan*, New York: Collier Books, 1st edition, 1962.

⑤ *The Politics of Aristotle*, Sir Ernest Barker, editor and translator, New York: Oxford University Press, 1962.

⑥ Andrew Hacker, "Capital and Barbuncles: The 'Great Books' Reappraised," *American Political Science Review*, Vol. 48, September 1954, pp. 775-786.

⑦ Graham Wallas, *Human Nature in Politics*, New York: F. S. Crofts & Co., 3rd ed., 1921, Introduction.

⑧ Author F. Bentley, *The Process of Government*, Chicago: University of Chicago Press, 1908, p. 162.

⑨ Charles Merriam, *New Aspects of Politics*, Chicago: University of Chicago Press, 1925.

⑩ Tang. Tsou, "A Study of the Development of the Scientific Approach in Political Studies in the United States... with Particular Emphasis on the Methodological Aspects of Charles E. Merriam and Harold D. Lasswell," Ph. D. dissertation for University of Chicago, 1951.

⑪ Kuo-Wei Lee, "Harold D. Lasswell's Theory of Power: Its Value as a Framework for Political Analysis," Ph. D. dissertation for the Department of Political Science at the University of Oregon, March 1966.

⑫ Harold D. Lasswell and Abraham Kaplan, *Power and Society: A Framework for Political Inquiry*, New Haven: Yale University Press, 5th ed., 1963, p. xi.

⑬ David Truman,"The Impact on Political Science of the Revolution in the Behavioral Science," in Stephen K. Bailey and Others (eds.), *Research Frontiers in Politics and Government,* Washington, D. C.: The Brookings Institution, 1955.

⑭ Charles H. Titus, "A Momenclature in Political Science," *American Political Science Review*, vol. 25, February, 1931, pp. 45-60.

⑮ Leo Strauss, *The Political Philosophy of Hobbes*, Jr. Elsa M. Sinclair, Chicago: The University of Chicago Press, 1936; and his "An Epilogue" in Herbert J. Storing(ed.), *Essays on the Scientific Study of Politics*, New York: Holt, Rinehart & Winston, 1962; Also see Bernard Crick, *The American Science of Politics: Its Origins and Conditions*, Berkeley: of California, 1959.

⑯ Arnold Brecht, "Beyond Relativism in Political Theory," *American Political Science Review*, Vol. 41, June 1947, pp. 740-788.

⑰ David Easton, "The New Revolution in Political Science," *APSR*, LXIII, December 1969, 1051-

1061.

⑱ Robert T. Galemieski, Charles S. Bullock, III, and Harrell R. Rogers, Jr., eds., *The New Politics Polarization or Utopia*? New York: McGraw-Hill Book Company, 1970, p. 1.

⑲ Kendall L. Barker and Associates, "A Note on Behavioralists and Post—Behavioralists in Contemporary Political Science" in *P. S.,* Vol. 5, 3, Summer 1972, pp. 271-273.

⑳ Walter B. Roettger, "Strata and Stability: Reputations of American Political Scientists," *P. S.* Vol. XI, 1, Winter 1978, pp. 6-12.

㉑ William T. R. Fox, ed., *Theoretical Aspects of International Relations,* Notre Dame: University of Notre Dame Press, 1959; Charles A. McClelland, William C. Olson, and Fred A. Snadermann, eds., *The Theory and Politics of International Relations*, Englewood Cliffs, N. J.: Prentice-Hall, 1960; Kalus Knorr and Sidney Verba, eds., *The International System: Theoretical Essays*, Princeton: Princeton University Press, 1961; James N. Rosenqu, ed., *International Politics and Foreign Policy: A Reader in Research and Theory*, New York: The Free Press, 1961; Horace V. Harrison, ed., *The Role of Theory of International Relations*, Princeton: Van Nostrand, 1964.

㉒ John H. Herz, *Political Realism and Political Idealism*, Chicago: University of Chicago Press, 1951.

㉓ James L. Brierly, *The Law of Nations*, 2nd ed., New York: Oxford University Press, 1936;

Clyde Eagleton, *International Government*, New York: Ronald Press, 1932; Charles G. Fenwick, *International Law*, 2nd ed., New York: Appleton, 1934; Normal L. Hill, *International Administration*, New York: McGraw-Hill, 1931; Harsch Lauterpacht, *The Function of Law in the International Community*, New York: Oxford University Press, 1933; J. B. Moore, *A Digest of International Law*, Washington: Government Printing Office, 1906; Lassa F. L. Oppenheim, *International Law: A Treatise*, 4th ed., London: Longmans, 1928; Pitman B. Potter, *An Introduction to the Study of International Organization*, 3rd ed., New York: Appleton, 1928.

㉔ K. J. Holsti, *The Dividing Discipline: Hegemony and Diversity in International Theory*, Boston: Allen and Unwin, 1985.

㉕ Edward Hallett Carr, *The Twenty Years' Crisis, 1919-1939: An Introduction to the Study of International Relations*, London: MacMillan, 1939, New York: Harper & Row, 1964.

㉖ James E. Dougherty and Robert L. Pfaltzgraff, Jr., *Contending Theories of International Relations: A Comprehensive Survey*, 2nd ed., Chapter 3, New York: Harper & Row, 1981.

㉗ Martin Wright, "Looking Forward," Pamphlet No. 8, London: Royal Institute of International Affairs, 1946, p. 11.

㉘ Raymond Aron, *Peace and War*, New York: Doubleday, 1966; George F. Kennan, *American Diplomacy, 1900-1950*, Chicago: University of Chicago Press, 1951; Henry A. Kissinger, *Amer-*

ican Foreign Policy: Three Essays, New York: W. W. Norton, 1969; Frederick L. Schaman, *International Politics: The Western State System and the World Community*, New York: McGraw-Hill, 1958; Arnold Wolfers, *Discord and Collaboration*, Baltimore: Johns Hopkins University Press, 1962.

㉙ James E. Dougherty and Robert L. Pfaltzgraff, Jr., *Contending Theories of International Relations, op. cit.,* Chapter 6.

㉚ Robert O. Keohane and Joseph S. Nye, *Power and Interdependence*, Boston: Little, Brown, 1977; Richard W. Mansbach, Yale G. Ferguson and Donald E. Lampert, *The Web of World Politics: Nonstate Actors in the Global System*, Englewood Cliffs, New Jersey: Prentice-Hall, 1976; *Edward L. Morse, Modernization and the Transformation of International Relations*, New York: Free Press, 1976; James N. Rosenau, "A Pre-Theory Revisited: World Politics in an Era of Cascading Interdependence," *International Studies Quarterly*, Vol. 28, No. 3, September 1984, 245-305.

㉛ Inis L. Claude, Jr., *Power and International Relations*, New York: Random House, 1962, pp. 13, 22; Ernst B. Haas, "The Balance of Power, Prescription, Concept of Propaganda?" *World Politics*, Vol. 5, July 1953, 442-477.

㉜ Hans Morgenthau, *Politics Among Nations*, New York: Knopf, 1948, Chapters 11-14.

㉝ Hans Morgenthau, *op. cit.*, pp. 4-15.

㉞ Hans Morgenthau, *op. cit.*, p. 40.

㉟ Charles O. Lerche Jr. and Abdul Aziz Said, *Concept of International Politics in Global Perspective*, New Jersey: Prentice-Hall, 1979, 3rd ed., pp. 7-9.

第二篇　國際角色

第二章　國際關係裡的角色：㈠非國家的國際組織

研究國際關係，首應決定何者爲國際關係裡的角色(actors)。在第一章論及國際關係定義時，曾提出研究國際關係是研究超國家界限的國家、團體、或個人精英(the elites)相互間的關係。由此一觀點，可見國際關係裡的角色有：國家(Nation-States)、國際政府組織(IGOs: International Governmental Organizations)、國際非政府組織(INGOs: International Nongovernmental Organizations)，與國與國間個人精英的交互活動。無可諱言的，過去與現今國際關係裡，國家仍一貫地扮演着最重要的角色。本章先述非國家的國際組織，下一章分析國家及外交政策。

第一節　國際政府組織

非國家的國際組織可分爲國際政府組織(IGOs)與國際非政府組織(INGOs)。本節先論前者，尤其是聯合國(The United Nations)、國際區域組織(International Regional Organizations)，與專門性的國際組織。

在近代國際關係史裡，最早的國際政府組織，是一八一五年歐洲維也納會議 (the Congress of Vienna)所設的萊茵河航管中心委員會(Central Commission for the Navigation of the Rhine)，負責保障各有關國家在萊茵河流域的航行自由與平等待遇。而一六九四年的羅西克魯秘密兄弟會(Rosicrucian Order)可說是最早的國際非政府組織。①隨着歐洲工商業的發展，兩者增加得很快。例如在第一次世界大戰前僅有四十九個國際政府組織，一百七十個國際非政府組織。②第二次世界大戰後增加得更快，例如在一九八三年，前者有三百六十個，後者近四

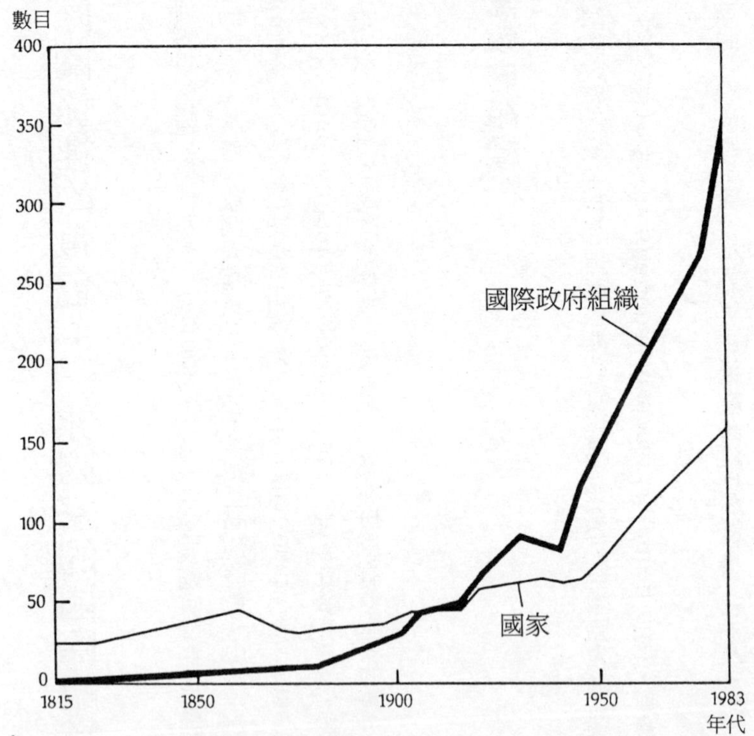

資料來源：Michael Wallace and J. D. Singer, "Intergovernmental Organization in the Global System, 1816-1964: A Quantitative Description," *International Organization 24* (Spring 1970) No. 2, p. 277.

千八百個。在一九九三年，前者有三七二個，後者有四千八百三十個。③國際政府組織發展迅速的情形，可由二四頁圖一八一五至一九八三年間的國家數字與國際政府機關數目得知。④

國際組織這麼多，各組織會員（尤其是國家會員）多有重疊（overlapping national memberships），使國際關係變得更為複雜。正如賈各布遜(Jacobsen)書名「相互依靠網：國際組織與全球政治制度」所指。⑤

國際政府組織大多是由兩個或兩個以上的國家以條約(treaty)或行政協定(executive agreement)所建立，主要目的在求得各相關國家在政治、經濟、社會、軍事、文化等領域內的合作、互助與互利。屬於這一類的有歐洲經濟共同體(European Economic Community 簡稱EEC)、國際勞工組織(ILO: International Labor Organization)、世界衛生組織(WHO: World Health Organization)、北大西洋公約組織(NATO: North Atlantic Treaty Organization)、華沙公約組織(WTO: Warsaw Treaty Organization) 等。如果就會員所屬地域而分，則有全球性的國際組織如第一次世界大戰後的國際聯盟(League of Nations)與今日的聯合國(United Nations)及區域性的國際組織如美洲國家組織 (OAS: Organization of American States)、阿拉伯國家聯盟(League of Arab States)、非洲團結組織(OAU: Organization of African Unity)，東南亞國家協會(ASEAN: Association of Southeast Asian Nations)等。

國際政府組織在國際關係裡，扮演很重要的角色，此處僅將較重要的非國家國際政府組織分三類提出討論：(1)聯合國，(2)國際區域性組織，與(3)專門性國際組織。

一、聯合國

在非國家的國際政府組織中，最重要的前有國際聯盟(The League of Nations)，今有聯合國(The United Nations)。

第一次世界大戰後，巴黎和會於一九一九年四月二十八日一致通過國際聯盟盟約(The League Covenant)。由於國際聯盟盟約爲凡爾賽和約(The Treaty of Versailles)的一部分，所以該公約是在凡爾賽和約經各國於一九二〇年元月十日批准生效之日才算是正式誕生。聯合國憲章則是在第二次大戰結束前，在一九四五年四月二十五日美國舊金山聯合國國際組織會議(The United Nations Conference on International Organization)中提出討論。聯合國憲章(Charter of the United Nations)於

國際聯盟與聯合國的創始會員國數

地域	國際聯盟		聯合國	
	會員國數	百分比	會員國數	百分比
非洲	二	五	四	八
亞洲	五	一二	八	一六
大洋洲	二	五	二	四
美洲	一七	四〇	二二	四三
歐洲	一六	三八	一五	二九
總計	四二	一〇〇	五一	一〇〇

資料來源：Harold K. Jacobson, *Networks of Interdependence: International Organizations and the Global Political System,* 1984, p. 43.

該年六月二十六日經參加會議的全體會員國簽署，至十月二十四日安全理事會(The Security Council)的五個常任理事國(permanent members)及其他多數原始簽署國家經由各該國立法機關批准，乃於是日正式生效。

國際聯盟的創始會員國有四十二個國家，聯合國有五十一個國家。這可由二六頁之表見及。

在國際聯盟會員國中，美國威爾遜(Wilson)總統雖爲國際聯盟原始建議與促成人，但在國隊聯盟正式成立時，由於保守的美國國會參議院的反對，美國自始未加入成爲會員國。蘇聯於一九三四年加入並爲理事會常任理事國之一，但由於一九三九年蘇聯侵略芬蘭而被國際聯盟開除會籍。美國與蘇聯皆爲聯合國的創始會員國，並皆爲安全理事會的常任理事國（五個常任理事國中另有英國、法國與中國）。

國際聯盟的主要機構有三：大會(The Assembly)、理事會(The Council)與秘書處(The Secretariat)。大會工作由六個委員會負責，計有法律問題委員會(Legal Questions)、科技組織委員會(Technical Organizations)、裁軍委員會(Reduction of Armanents)、預算與財政委員會(Budget and Finance)、社會與人道問題委員會(Social and Humanitarian Questions)及政治問題委員會(Political Questions)。有關程序事項(Matters of Procedure)，由大會多數票決定；其他重要事項如申請爲會員國的同意及理事會非常任理事國的選舉等，則由大會全體一致同意決定。理事會爲負責國際和平的主要機構。理事會的常任理事國，原始設計中的國家包括有：英國、美國、法國、義大利及日本。美國自始未參加國際聯盟，之後德國於一九二六年加入並同時成爲理事會常任理事國之一，蘇聯於一九三四年加入亦成爲理事會常任理事國之一。在一九三〇年代，日本侵佔中國東北（一九三一年），義大利侵佔阿比西尼亞（一九三四年），德國希特勒當權，蘇聯於一九三九年侵略芬蘭而被開除國際聯盟會籍。這些事件，種下了國際聯盟日後失敗的大原因。與國際聯盟有密切關係的獨立國際機關常設國際法院（Permanent Court of International Justice），爲日後聯合國主要機構之一。

第二次世界大戰後的聯合國憲章，於一九四五年四月二十五日在美國舊金山的聯合國國際組織會議提出討論，並於該年十月二十四日生效。聯合國大會（General Assembly）於一九四六年一月十日在英國倫敦舉行第一次會議。旋即遷移聯合國總部至美國紐約。⑥

聯合國的主要機關有六：大會（General Assembly）、安全理事會（Security Council）、經社理事會（Economic and Social Council）、託管理事會（Trusteeship Council）、秘書處（Secretariat）與國際法院（International Court of Justice）。

(一)**大會**（General Assembly）：大會爲聯合國的立法議事機關，有如西方國家政府的立法機關。聯合國會員國皆爲大會會員，惟一例外是蘇聯的烏克蘭（Ukraine）與白俄羅斯（Byelorussia）兩聯邦由一九四五年二月的雅爾達會議（Yalta Conference）特許爲大會會員，由此，蘇聯在大會裡乃有三個會員。大會每年開年會一次（自九月的第三個星期二開始至聖誕節前休會），討論國際事務，在特別情況下，並可召開特別會議。

大會決議有關「重要問題」者。由出席會員投票的三分之二多數票決定（缺席不計）。「重要問題」多列舉在聯合國憲章第十八條內，但大會經由多數票（a simple majority）的決議，可增列任何其他事項爲「重要問題」。其他「問題」皆由出席會員國投票的多數票（simple majority）決定。憲章並另有規定，國際法院法官的選舉，由大會全體會員的多數決定（詳後）。憲章本身的修正建議須由聯合國全體會員的三分之二多數決定，缺席或棄權(abstentions or absence)皆視爲反對票。一九六三年大會通過一修憲案，將經社理事會(ECOSOC)的理事國由十八國增至二十七國；並將安全理事會的非常任理事國數由七國增至十國。一九七一年修憲案再將經社理事會理事國由二十七國增至五十四國。依據憲章十九條，會員國如果有兩年以上未繳納其應繳的聯合國會費攤額時，聯合國大會經多數票決議得停止該國在大會的投票權(voting rights)。在一九六四年，蘇聯已超過兩年，法國幾近兩年拒繳應繳的聯合國用於一九五六年的聯合國緊急部隊(UNEF: United Nations Emergency Force, 1956)與一九六〇年聯合國駐剛果部隊(ONUC: The United Nations Congo Operation, 1960)攤費。大會曾以使用憲章第十九條款威脅迫使繳納，但蘇聯表示如果大會採取此一行動，蘇聯將退出聯合國，最後經由幕後妥協解決。

又據憲章第五條及六條規定：由安理會提議，經大會三分之二的多數票決議，可停止(suspension)或開除(expulsion)任一會員國會籍。非洲國家與阿拉伯國家曾企圖由大會開除南非共和國與以色列兩國，但皆未成事實。

大會置主席(president)一人，主持會議。大會主要工作則由七大委員會負責。第一或政治與安全委員會(The First or Political and Security Committee)、特別政治委員會(Special Political Committee)、第二或財經委員會(The Second or Economic and Financial Committee)、第三或社會、人道與文化委員會(The Third or Social, Humanitarian, and Cultural Committee)、第四或託管委員會(The Fourth or Trusteeship Committee)、第五或行政與預算委員會(The Fifth or Administrative and Budgetary Committee)、第六或法律委員會（The Sixth or Legal Committee）。聯合國大會會員國皆可為各該委員會的會員。

大會主要職權，分列於憲章第十條至第二十二條。

㈡**安全理事會**(Security Council)：安全理事會可說是聯合國最重要的機關。憲章原規定有五個常任理事國(permanent members)，為英、美、法、蘇及中國。另有六個非常任理事國(nonpermanent members)。一九六五年的憲法修正案增加非常任理事國至十個，此項理事國每兩年改選一次，任何一國不能連續繼任兩屆，會員國的地域分配，自一九六五年起，亞洲國家佔五席，拉丁美洲二席，東歐一席，西歐及其他國家兩席。

安理會置主席一人，由十五個會員國的代表每月輪流擔任（依國名英文字母為序）。主要任務在召集並主持會議，控制議程及會場辯論，主席的裁定(rulings)，可被安理會理事國反對，經表決而予推翻，所以安理會主席較之大會主席並無實權。

安理會的決議方式比較複雜。依憲章第二十七條，每一理事國皆有一投票權，可說是平等的。決議事項分程序事項(procedural matters)與實質或非程序事項(substantive or nonprocedural matters)。有關程序事項者，由十五個理事國中的任何九票多數決定（不論是否有常任理事國在內）。有關非程序事項，雖也由十五個理事國中的九票多數決定，但這九票中必須包括五個常任理事國的全體同意票。如果任何一常任理事國投反對票，就構成了對決議的「否決」(veto)。(「否決」字樣並不見於憲章第二十七條內)。依憲章第六章第五十二條，如安理會理事國是表決事項的有關一造，則無投票權。由於「否決」權的濫用，五個常任理事國常常使用否決權否決不利於該國的事項，這使安理會的職務常陷於癱瘓狀態。截至一九八○年的統計，蘇聯使用否決權次數最多，計約一百一十四次，爲安理會五個常任理事國所行使的否決總數的百分之七十左右。這可由次表見及。

聯合國安全理事會否決權的使用統計表

國家	一九四五—一九五○	一九五一—一九六○	一九六一—一九七○	一九七一—一九八○	一九八○—一九八九
中國	○	一	○	二	○
法國	二	二	○	七	五
蘇聯	四七	四五	一三	九	四
英國	○	二	二	一三	一四
美國	○	○	一	二一	四六
總計	四九	五○	一六	五二	六九

資料來源：U. S. Department of State Bureau of International Organization Affairs, *Uses of the Veto in Meeting of the Security Council of the United Nations*, 1990a.

蘇聯使用否決權最多次數是在一九四五至一九五五年期間，這些否決多用於否決美國支持的國家進入聯合國。在一九五五年，美蘇同意雙方所支持的國家進入聯合國，因之蘇聯使用否決權的次數隨之減少。至一九六〇年代與一九七〇年代，新興獨立國家增多，相繼進入聯合國，聯合國會員國超過一百以上。（見三三頁表）英美兩國逐漸發現在安理會的非常任理事國有時將近半數反對英美在安理會的政策，因而自一九七〇年代起，英美使用否決權的次數反較蘇聯為多。

安理會的主要職權在維持國際和平與安全。這一重擔實際上落在五個常任理事國的肩上。由於安理會常任理事國否決權的濫用，使安理會不能充分發揮其功能，大權漸有旁落於聯合國大會的趨勢。例如大會於一九五〇年通過的「聯合一致共策和平決議」(The Uniting for Peace Resolution)。在一九五〇年夏，北韓侵入南韓，由於蘇聯在最初半年在安理會採取不出席會議的抵制政策，使安理會對此情勢陷入僵局，無法採取有效對策。大會有見於此，終於不顧蘇聯集團的反對，通過「聯合一致共策和平決議」。該案主要內容為：如安理會陷入僵局，不能採取行動時，授權大會於二十四小時內召開緊急特別會議(Emergency Special Session)，討論並決議有關國際和平與安全情勢，及採取有效行動。於是乃有韓戰時的聯合國軍隊。雖然蘇聯集團抗議此為非法，但在一九六七年六月蘇聯代表卻引用「聯合一致共策和平決議」，建議大會召開特別會議討論有關中東問題。自一九五〇年後，大會曾依據「聯合一致共策和平決議」召開特別會議，討論並採取緊急行動應付世界不同時地危機，例如：蘇彝士運河危機(Suez Crisis 1956)、剛果危機(Congo Crisis 1960)、匈牙利危機(Hungarian 1956)、黎巴嫩與約旦(Lebanon and Jordan 1958)、巴勒斯坦(Palestine 1980, 1982)、納米比亞(Namibia 1981)等。

聯合國會員

年份	會員數	年份	會員數	年份	會員數
一九四五	五一	一九六〇	一〇〇	一九七三	一三五
	(創始會員國)	一九六一	一〇四	一九七四	一三八
一九四六	五五	一九六二	一一〇	一九七五	一四四
	(新會員)	一九六三	一一二	一九七六	一四七
一九四七	五七	一九六四	一一五	一九七七	一四九
一九四八	五八	一九六五	一一八	一九七八	一五一
一九四九	五九	一九六六	一二三	一九七九	一五二
一九五〇	六〇	一九六七	一二三	一九八〇	一五四
一九五五	七六		(新會員)	一九八一	一五七
一九五六	八〇	一九六八	一二六	一九八二	一五八
一九五七	八二	一九七〇	一二七	一九八三	一五九
一九五八	八三	一九七一	一三二	一九八四	一八四

㈢**經濟暨社會理事會**(ECOSOC:The Economic and Social Council)：經濟暨社會理事會原有理事國十八國，一九六五年增爲二十七國，一九七三年再增至五十四國，所有理事國皆由聯合國大會選出，任期三年(但三分之一的理事國任期每年改選一次)。聯合國安理會的常任理事國皆爲經社理事會的當然理事國(仍由大會選出)，其他理事國由各區域(regional)分配選出。理事會每年開會兩次。議案由多數票決定。由於理事會理事國多數由小國或開發中國家選出，所以成了小國控制理事會的局面，大國如英、美等國利益反而受制。理事會的重要職權爲(見憲章第六十二條)：⑴討論並建議國際經濟及社會有關問題如人權、衛生、人口、糧食、難民、經濟與社會發展、教育與文化、勞資問題、麻醉品管制等。⑵研究社會經濟並作成報告發表。及⑶協調各有關專門機關及其作業計畫(programs)。

㈣**託管理事會**(The Trusteeship Council)：託管理事會的主要職責在負責監督那些劃歸爲託管領土(trust territories)的「非自治領土」(non-self-governing territories)。這些領土，經由聯合國委託會員國託管，其最終目的在協助被託管領土人民達到獨立自主的地位。在一九五〇年時共有十一個託管領土，由七個國家分別託管。今日除太平洋羣島(The Pacific Islands)外(該羣島由美國託管，經指定爲戰略防區)，其他皆已先後宣佈獨立自主。所以今日託管理事會事實上已不是聯合國重要機關了。

㈤**秘書處**(The Secretariat)：聯合國設一秘書處，行政首長爲秘書長(Secretary-General)。秘書長由安理會推薦，再由大會以三分之二多數票選決定。任期五年，連選連任。安理會常任理事國國民習慣上不能擔任聯合國秘書長，實際上是由各區域(regional)輪流選出。歷任秘書長人名、國籍及任期如次：

賴伊(Trygve Lie)(挪威)，一九四六—一九五三年

哈瑪紹(Dag Hammarskjold)（瑞典），一九五三—一九六一年

宇譚(U Thant)（緬甸），一九六一—一九七二年

華德翰(Kurt Waldheim)（奧地利），一九七二—一九八二年

裴瑞茲(Javier Perez de Cuellar)（秘魯），一九八二年—一九九二年

高立（Boutros Boutros-Ghali）（埃及）一九九二—

秘書處主要負責聯合國行政工作，及安理會、大會、經社理事會及託管理事會所辦的事。秘書長的政治權力：他有權提請安理會注意（attention)其所認爲威脅國際和平與安全的情勢（見憲章第九十九條）。實際上，秘書長的權力遠超過聯合國憲章文字上所認許的範圍，這可由若干秘書長的政治活動證明（詳見第四篇第十三章）。

㈥國際法院(The International Court of Justice 或簡稱 ICJ)：今日的國際法院可說是前國際聯盟時代常設國際法院（PCIJ: Permanent Court of International Justice)的延續。由於它的重要性，將由另一章（詳見第四篇第十四章）有關國際法院與國際法中詳論。

聯合國除上述六大常設機關外，尙有很多專業性機關如：世界衛生組織(WHO: World Health Organization)、糧食與農業組織(Food and Agricultural Organization)、國際民航組織(International Civil Aviation Organization)，萬國郵政聯盟（Universal Postal Union)，國際電信聯盟(International Telecommunication Union)，世界氣象組織(World Meteorological Organization)，國際勞工組織(ILO: International Labor Organization)、教育、科學暨文化組織(UNESCO: Educational, Scientific and Cultural Organization)、國際原子能總署(International Atomic Energy Agency)、國際貨幣基金會(IMF: International Monetary Fund)、世界銀行集團(World Bank Group)、關稅暨貿易總協定(GATT: General Agreement on Tariffs and Trade)、世界智慧財產組織(World Intellectual Property Organization)及其他委員會、基金會與制度化了的計畫(institutionalized programs)，如聯合國貿易與開發會議(UNCTAD: United Nations Conference on Trade and Development)、兒童基金會(UNICEF: Children's Fund)、特別基金會(Special Fund)、裁軍委員會(Disarmment Commission)、難民委員會 (High Commission for Refugees)、訓練及研究學院(Institute for Training and Research)、開發計畫 (Development Program)及工業發展組織 (Industrial Development Orgamization)等。

二、國際區域組織

國際政府組織除全球性的聯合國外，尚有區域性的國際政府組織，如美洲國家組織 (OAS: Organization of American States)、非洲團結組織(OAU: Organization of African Unity)、阿拉伯國家聯盟(The League of Arab States)等，其中以美洲國家組織歷史最久⑦，聯合國憲章第八章計三條款 (第五十二、五十三及五十四條) 有關國際區域辦法(Regional Arrangements)，明文鼓勵區域性的國際組織，並建議凡屬區域性的國際糾紛最好先在各該區域性組織內謀求解決、再訴諸聯合國。聯合國並謀求與區域性組織密切合作維持國際和平與安全。依憲章第五十一條規定，會員國有權運用集體或個別自衛措施抵抗外來武力侵略，但該國等應立即通知聯合國安理會。

本節僅就較爲一般人所熟知的國際區域性組織作一簡介。

美洲國家組織：美洲國家組織原爲一八九〇年的美洲共和國國際聯盟（International Union of American Republics），經數度改名，終於在一九四八年改爲現有名稱。今有會員國二十八（除美國外，餘皆爲拉丁美洲國家）。重要機構有：大會(General Assembly)、常設理事會（Permanent Council)、美洲國家經社理事會（Inter-American Economic and Social Council)、美洲國際教育、科學、與文化理事會(Inter-American Council for Education, Science, and Culture)、及總秘書處(General Secretariat)。其他尚有美洲國際司法委員會（Inter-American Judicial Committee)、美洲國際人權委員會(Inter-American Commission on Human Rights)等。在國際危機情況下，任何會員國可向常設理事會提請召開外交部長級協商會議(Meeting of Consultation of Ministers of Foreign Affairs)，討論有關危及拉丁美洲地區和平與安全事項。美洲國家組織的主要職責在維持區域和平與安全，及促進經濟、文化、社會建設等。常設理事會爲最重要的機關，相當於聯合國的安全理事會，其決議有關程序問題者由多數票決定，有關非程序的重要事項則由三分之二多數票決定。大會決議皆由絕對多數票決定。美洲國家組織憲章原爲一百一十二條（一八九〇年），旋於一九六七年修憲增爲一百五十條。比較來說，在區域性國際組織中，美洲國家組織是最有效的組織。（詳第四篇第十三章）。

非洲團結組織：非洲團結組織是較爲新起的區域國際組織，建立於一九六三年。創始會員國達三十國之多，皆屬非洲獨立國家，南非共和國除外。該組織的目的在：團結非洲國家，維護和平與安全，消除任何方式的殖民地主義等。主要機關有：⑴各國元首及政府首長大會(Assembly of Heads of State and Government)係由各國元首及政府首長組成，每年開會一次，程序問題由多數票決定，其他重要事項則由三分之二的多數票決定。大會議程(agenda)係由各國部長級所組成的部長理事會 (Council of Ministers)籌辦。⑵部長理事會每年開會兩次，並有權召開特別緊急會議。主要任務在執行大會決議。理事會決議皆由多數票決定。⑶總秘書處(General Secretariat)置秘書長一人，負責行政業務。另有五個特別委員會及一個調解委員會 (Commission of Mediation, Conciliation, and Arbitration)。在短短二十多年期間，非洲團結組織遭逢到不少國際糾紛，足以危及該組織的繼續存在。容在第四篇第十三章論述。

阿拉伯國家聯盟：阿拉伯國家聯盟建立於一九四五年埃及首都開羅(Cairo)，創始會員國僅有七個 (埃及、伊拉克、黎巴嫩、敍利亞、沙烏地阿拉伯、約旦與葉門)。今有二十一國，巴勒斯坦解放組織 (PLO: Palestine Liberation Organization)有代表參加。聯盟重要機關有：⑴阿拉伯國家聯盟理事會(Council of the League of Arab States)，由各國代表組成，是爲聯盟的最高決策機關，決議皆由全體同意票決定。⑵十六個常設委員會(Permanent Committees)由每國各派一代表組成，決議亦由全體同意票決定。⑶總秘書處(General Secretariat)置秘書長一人，由聯盟會員三分之二多數票選任，負責行政業務。⑷五個由各國代表組成的特別部長級理事會(Specialized Ministerial Councils)。及⑸十八個獨立的專門機關(Specialized Agencies)。⑧阿拉伯國家聯盟在處理區域國際政治的成效，將於第四篇第十三章中與美洲國家組織、非洲團結組織、及聯合國比較研究。

三、專門性國際組織

專門性國際組織是由有關國家設立，目的在解決共同有關專門性的問題，如軍事、經濟、社會等。本節僅略述北大西洋公約組織(NATO: North Atlantic Treaty Organization)、華沙公約組織(WTO: Warsaw Treaty Organization或Warsaw Pact)、歐洲經濟共同體(EEC: European Economic Community 或通稱 Common Market)、經濟互助理事會(CMEA: Council for Mutual Economic Assistance)、及石油輸出國家組織(OPEC: Organization of Petroleum Exporting Countries)。

北大西洋公約組織(NATO)：原由美國首倡，爲美國阻止共黨國家（尤其是蘇聯）向外擴張的全球性外交政策的一環。發起國家有比利時、加拿大、丹麥、法國、冰島、義大利、盧森堡、荷蘭、挪威、葡萄牙、英國與美國，於一九四九年正式成立。之後希臘、土耳其、西德與西班牙先後加入爲會員。

北大西洋公約組織是現代戰後和平時期首次軍事國際組織。⑨該組織最重要的條款是：「會員國承諾任何其他國家對會員國一國或多國的武裝攻擊，應視爲對全體會員國的攻擊」，各會員國有義務立即採取其認爲必要的有效行動。由於此項規定，北大西洋公約組織雖有一共同軍事機構，但共同的軍事行動卻必需有各國的同意。該組織的最高權力機關是北大西洋理事會(North Atlantic Council)，由各國外交部或國防部長組成。每年至少開會兩次，決議由全體同意票決定。理事會由公約組織秘書處的秘書長兼任會務。其他重要機關有秘書處（置秘書長一人），若干有關政治、軍事、經濟、科技等委員會。在軍事機構方面，最高機關是軍事委員會(The Military Committee)，由會員國（法國除外，法國於一九六六年退出）參謀長或其他代表組成，下轄三大指揮系統：歐洲聯軍指揮部(Allied Command Europe)、大西洋聯軍指揮部

(Allied Command Atlantic)及海峽聯軍指揮部(Allied Command Channel)。在今日核武時代，由於美蘇兩國在這方面的絕對優勢，西歐各國的國防安全可說是繫於美國的防衛。一旦戰爭爆發，西歐將是無可避免的首當其衝的主要戰場。

華沙公約組織(WTO)：與西歐國家的北大西洋公約組織唱對臺戲的是一九五五年五月由蘇聯發起及一手控制的華沙公約組織。會員國有阿爾巴尼亞、保加利亞、捷克、東德、匈牙利、波蘭、羅馬尼亞、及蘇聯。阿爾巴尼亞自一九六一年起就未參加該組織。華沙公約組織的目的不但在維護各國的安全（免受西方國家的攻擊），更爲蘇聯控制東歐共產附庸國的軍事工具，如一九五六年蘇聯軍隊佔領鎮壓匈牙利國內的民主「反」革命，及一九六八年蘇聯軍隊與公約組織的聯合軍事行動，鎮壓捷克國內的反蘇統治等。此後蘇聯對東歐共產國家的控制更爲加緊。華沙公約組織的最重要機關是政治協商委員會(Political Consultative Committee)，由各會員國黨政最高層人員參加組成，會期不定。另一爲聯合指揮部(United Command)，其聯合指揮參謀長長期由蘇聯將領擔任，其他人員包括會員國的國防部長。蘇聯在東德、匈牙利、波蘭各國皆長期駐有軍隊(駐羅馬尼亞的蘇聯軍隊至一九五八年才撤退)。自九十年代初，蘇聯政治大變動，華沙公約解散，蘇聯駐東歐各共黨國家軍隊先後撤出。

歐洲經濟共同體(EEC)：有關經濟方面的組織，首應推歐洲經濟共同體。這是一個很成功的國際經濟組織，由比利時、荷蘭、盧森堡、法國、西德與義大利於一九五七年簽訂的羅馬條約(Rome Treaties)建立歐洲經濟共同體及歐洲原子能共同體(EURATOM: European Atomic Energy Community)。一九七三年丹麥、英國、冰島等國加入（希臘於一九八一年加入），之後有葡萄牙與西班牙的相繼加入。歐洲經濟共同體的權力中心在部長理事會(The Council of Ministers)，有關一般事項決議，西德、法國、義大利與英國具有三分之二的加重投票(weighted votes)的特權，但爲保障其他國家的權利，在重要事項的決議則採取多數(majority)決定。實際上，多數重要決議皆由全體會員國同意決定。理事會的預備工作是由一常設代表委員會（由各國大使級代表組成）負責。歐洲經濟共同體的主要目的：對內在促進會員國間的國際貿易，消除（或減少）國際貿易障礙（尤其是關稅），謀求國際間經濟合作與經濟成長。對外則採取集體協調行動，與其他國家交涉，爭取共同利益。今日歐洲經濟共同體的經濟影響力，足與美國相匹敵。

經濟互助理事會(CMEA)：在共產集團國家，類似的國際經濟組織，最顯著的當爲經濟互助理事會。該組織建立於一九四九年。在蘇聯的領導下，旨在協調與促進各國間的經濟發展計畫。社會的發展，與工業化等。會員國有：阿爾巴尼亞（至一九六一年止）、保加利亞、捷克、東德、匈牙利、蒙古、波蘭、羅馬尼亞、古巴、南斯拉夫、越南與蘇聯。重要機關爲：理事會(Council)、執行委員會(Executive Committee)、計畫合作委員會(Committee for Cooperation in Planned Activity)等。由於近年來美蘇間「和解」(détente)關係及一九九〇年代的東歐國家大變動，東西歐國家間的貿易日漸增加，關係變得更爲密切，蘇聯對東歐國家原擬以經濟互助理事會爲達成政治經濟的整合（integration）之原始目的，成爲泡影。

石油輸出國家組織(OPEC)：最後應提及石油輸出國家組織。該組織成立於一九六〇年，創始國家爲伊朗、伊拉克、沙烏地阿拉伯、委內瑞拉，今有十三個會員國。油產量約佔世界總產量的百分之八十五以上。其中尤以沙烏地阿拉伯，其油產量與儲藏量爲世界之首，對國際油量的供求與油價，大權在握。⑩石油輸出國家組織的最高決策機關，是由各會員國部長所組成的部長級會議，由於各國經濟與社會發展的不同，對石油輸出所得外滙的需求程度隨之而異，因之會議決議常多有不能執行的情形。自一九七〇年代，國際間曾有兩次國際石油危機，影響國際經濟甚大。容在第四篇第九章詳論。

第二節 國際非政府組織

國際非政府組織如跨國企業組織(MNCs: Multinational Corporations)等，在各行業各有其影響力，其中尤以跨國企業今日在國際間龐大深遠的政治經濟權力爲最。

一、跨國企業

由於工商業的發達與科技的進步，超國家企業越來越多，其政治經濟影響力也隨之增大。超國家企業是：一國的企業，其商業活動超越本國散佈在其他國境內。此處所謂活動，係指直接投資(direct investment)。其組織是由上而下的級層關係(hierachically)，即由一國的總部下轄各國各地分部組織，採中央集權決策制。綜合來看，一般跨國（超國家）企業的組織，有如四三頁圖。

在第二次世界大戰以前，由於各國消費者的嗜好相差很大，工商業標準不同，再加上各國對外貿易所設的多種限制，跨國企業的活動，僅限於在其他外國境內設分銷機構(subsidiaries)，各分銷機構有全權處理其業務。此種商業關係通稱爲「母—女」(mother-daughter)商業關係，通見於歐洲國家的跨國企業。⑪該圖(a)爲此種組織的結構情形。

跨國企業組織

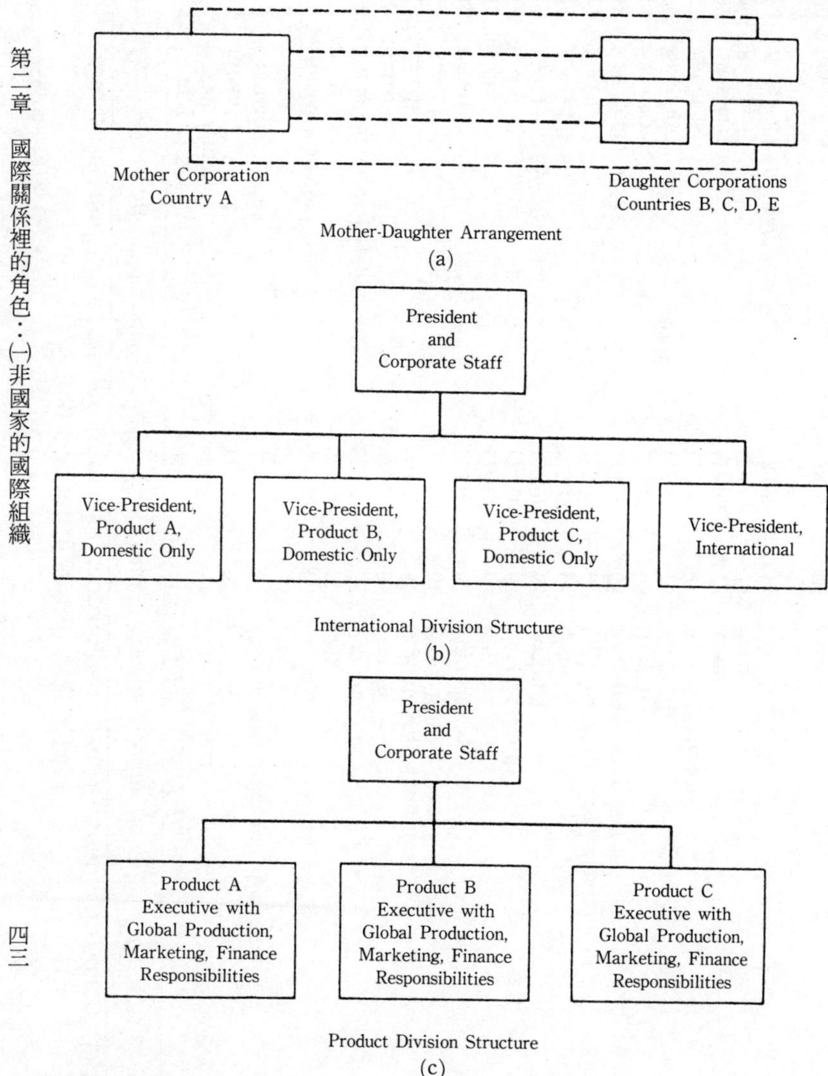

Mother-Daughter Arrangement
(a)

International Division Structure
(b)

Product Division Structure
(c)

資料來源：Daniel S. Papp, *Contemporary International Politics: Framework for Understanding,* New York: MacMillan Company, 1984, p. 63.

1981年國家與企業年生產總值名次

Countries and Corporations Ranked According to Size of Annual Product, 1981

Rank	Economic Entity	Billions U.S.$	Rank	Economic Entity	Billions U.S.$
1	United States	2,946.02	51	*Standard Oil of Indiana*	29.95
2	Soviet Union	1,681.50	52	Pakistan	29.80
3	Japan	1,186.43	53	*ENI*	29.44
4	Germany, West	829.60	54	*International Business Machines*	29.07
5	Fance	657.56	55	*Gulf Oil*	28.25
6	United Kingdom	510.31	56	Egypt	28.16
7	Italy	391.44	57	Chile	28.89
8	China, People's Republic of	299.77	58	*Atlantic Richfield*	27.80
9	Canada	276.22	59	*General Electric*	27.24
10	Brazil	267.73	60	United Arad Emirates	26.91
11	Spain	214.30	61	Hong Kong	26.30
12	Poland	194.60	62	Malaysia	26.11
13	India	176.66	63	Libya	26.08
14	Germany, East	174.60	64	New Zealand	25.46
15	Netherlands	167.98	65	Portugal	24.75
16	Australia	165.46	66	*Unilever*	24.10
17	Mexico	160.23	67	*E. I. du Pont de Nemours*	22.81
18	Czechoslovakia	146.40	68	*Francaise des Pétroles*	22.78
19	Sweden	123.77	69	Hungary	22.55
20	Belgium	117.51	70	*Shell Oil*	21.63
21	Saudi Arabia	117.24	71	*Kuwait Petroleum*	20.56
22	Switzerland	112.85	72	Israel	20.42
23	*Exxon*	108.11	73	Peru	19.98
24	*Royal Dutch/Shell Group*	82.29	74	*Elf Aquitaine*	19.67
25	South Africa	81.84	75	*Petróleos de Venezuela*	19.66
26	Indonesia	78.75	76	*Fiat*	19.61

27	Austria	77.12	77	*Petrobrás (Petróleo Brasileiro)*	18.95
28	Nigeria	76.17	78	*Pemex (Petróleos Mexicanos)*	18.80
29	Argentina	72.12	79	Korea, North	18.10
30	Turkey	70.21	80	Ireland	17.99
31	Denmark	67.19	81	Morocco	17.96
32	Korea, South	66.09	82	*International Telephone & Telegraph*	17.31
33	Venezuela	65.08	83	*Philips' Gloeilampenfabrieken*	17.07
34	*Mobil*	64.49	84	*Volkswagenwerk*	16.82
35	Yugoslavia	62.93	85	*Daimler-Benz*	16.28
36	*General Motors*	62.70	86	*Nissan Motor*	16.24
37	Norway	57.64	87	*Renault*	16.23
38	*Texaco*	57.63	88	*Siemens*	16.03
39	Romania	57.03	89	*Phillips Petroleum*	15.97
40	*Birtish Petroleum*	52.20	90	*Matsushita Electric Industrial*	15.74
41	Finland	51.27	91	*Toyota Motor*	15.71
42	*Standard Oil of California*	44.22	92	*Hitachi*	15.52
43	Greece	42.89	93	*Tenneco*	15.46
44	Algeria	42.01	94	*Hoechst*	15.29
45	Philippines	39.01	95	*Nippon Steel*	15.20
46	*Ford Motor*	38.25	96	*Sun*	15.01
47	Thailand	36.90	97	*Bayer*	14.98
48	Bulgaria	36.40	98	*Occidental Petroleum*	14.70
49	Colombia	36.39	99	Syrian Arab Republic	14.66
50	Kuwait	30.60	100	*Bat Industries*	14.30

資料來源：except as noted, Gross National Product data are from *1983 World Bank Atlas* (Washington, D. C.: World Bank, 1983) pp. 16 passim; estimated Gross National Product data for the Soviet Union, Poland, East Germany, Czechoslovakia, Bulgaria, and North Korea are from Directorate of Intelligence, Central Intelligence Agency, *Handbook of Economic Statistics, 1983* (Washington, D. C.: Government Printing Office, 1983) p. 31; sales of industrial firms from *Fortune* 106 (August 23, 1982)： 181.

[a]Data for the Soviet Union, Poland, East Germany, Czechoslovakia, Bulgaria, and North Korea are in constant 1982 dollars； all other data are in current dollars.

第二次世界大戰之後，歐洲商業突飛猛進，執世界商業之牛耳。各國消費者不同的嗜好程度日漸減少，工商業標準也日漸統一化，各國對外貿易設限也逐漸放寬，因之國際貿易市場增大，跨國企業原有的「母—女」商業組織結構無法適應此一新的情勢，於是在商業組織結構上引起了大的變動。在歐美商業組織中，美國的企業首先採取了冒險的行動。

許多美國的跨國企業採取了新的國際分部結構（international division structure）如四三頁圖(b)所示。這新結構是建立在生產分部（product divisions）的原則上，國內不同生產部門分設國外部門。例如一跨國企業在美國內生產ABC三種不同商品，該企業在國內將有三個分機構分別負責ABC生產業務。另在國外設有一分機構（即該企業的第四個分機構）負責國外業務。在一九五〇至一九六〇年代，國際貿易劇增，跨國企業原有結構中的國外分部業務較之國內其他部門更爲重要，在進一步改進中的結構是：企業的各生產部門各別負責全球性的產銷與財經業務全責，有如四三頁圖(c)。這一結構上的轉變，實爲跨國企業實質上的大變動。自此跨國企業脫出了以國內爲主、國外爲副的業務經營。而成爲名符其實的全球性的跨國企業。

跨國企業通常具有國內外企業的全部所有股權（full ownership），俾便對該企業有完全的控制。但也有合股企業的，就是國外的企業所在國家的政府（尤其是在社會主義國家）或私人合股人，在這樣的情形下，該企業對國外部分就無法完全控制了。跨國企業與國外企業所在地國家政府或私人合股，這是由於所在地國家的國內法所規定（俾保護該國新興企業），或者可以減少未可預料的政治風險。

在一九八〇年代初，全世界至少有七千五百個私人所屬的跨國企業，這些企業分佈在世界各地的公司爲數約在兩萬七千個以上。四四、四五頁表是八十年代世界上最大的跨國企業與國家生產名次，可見跨國企業之富足與世界各國相匹敵。

由於跨國企業的龐大組織與財富，其對本國與駐在國的政治、經濟影響力，是無可否認的事實，是爲有關政府決策者所不能忽視的。跨國企業與國際政治有時極爲複雜，容在第四篇第八章再續論。

二、個人精英(The Elites)

歷史上，不少個人在國際舞臺上扮演了重要的角色。例如昔日英國的邱吉爾(Churchill)、印度的甘地(Mohandas Gandhi)、蘇聯的列寧(Nikolai Lenin)、美國的威爾遜(Woodrow Wilson)、中共的毛澤東、德國的希特勒 (Adolf Hittler)、法國的戴高樂(Charles de Gaulle)、聯合國秘魯長哈瑪紹(Henry Hammarskjold)、及現在的季辛吉(Henry Kissinger)等，甚至如今日羅馬教皇若望保羅二世(Pope John Paul II)亦可包括在內。⑫

這些重要人物，他們個人對國際政治的看法與作爲（造福人類或爲禍世界）足以影響世界大局。例如在第二次世界大戰前，英首相張伯倫(Chamberlain)誤認德國希特勒爲民族主義者，將以維持歐洲現狀爲滿足，致有英國對希特勒的「安撫」(appeacement)政策，終導致大戰。反之，邱吉爾深知希特勒步步爲營的統治歐洲陰謀，終將毀滅整個歐洲，因之邱吉爾極力攻擊慕尼黑協定(Munich Agreement)，不相信它會帶給歐洲和平。⑬最近的另一例是美國甘迺廸與詹森兩總統的外交政策皆具有同一觀點(perceptives)，即深信戰後共產主義的向外擴張赤化世界這一事實，致使美國政策深陷入年久無法自拔的越戰。殊不知在一九六〇年代國際共產主義的活動已不再是蘇聯一統(hegemony)，而是分化的民族國家共產主義(national communism)，所以共產主義在中國、越南、北韓、古巴等皆有其特殊的地方（國家）色彩。⑭如果甘迺廸與詹森兩總統對國際共產主義的現實能有更深的認識，也許美國當年對越戰的政策不會一樣。

近年來國際間的暴力恐怖分子，不但危害個人，即使政府也對之束手無策，有名的暴力恐怖分子有日本的Red Army、中東的Islamic Jihad Organization、西德的Baadermeinkof Gang、義大利的Red Brigades，以及具有高度政治性的中東巴基斯坦解放組織或簡稱PLO (Palestine Liberation Organization)。暴力恐怖分子在國際政治上的影響力，是難以衡量的。此處僅指出其在國際政治上具有的可能影響力。但不欲另列篇章討論。

附註

① Kill, Skielsback, "The Growth of International Nongovernmental Organizations in the Twentieth Century," *International Organization*, No. 25, Summer 1971, pp. 420-445.

② Michael Wallas and David Singer, "Intergovernmental Organization in the Global System, 1915-1966: A Quantitative Description," *International Organization*, No. 24, Spring 1970, pp. 239-287.

③ Yearbook of International Organizations, 1983: 905 ;1994:1699.

④ Michael Wallas and David Singer, "Intergovernmental Organization," *op. cit.*

⑤ Harold K. Jacobson, *Networks of Interdependence: International Organizations and the Global*

Political System, New York: Knopf, 2nd ed., 1984.

⑥ Ruth B. Russell and Jeanell C. Muther, *A History of the United Nations Charter,* Washington, D. C.: The Brookings Institution, 1958; Leland M. Goodrich, Edward Hambro, and Anne P. Simons, *Charter of the United Nations: Commentary and Documents,* New York: Columbia University Press, 1969.

⑦ M. Margaret Ball, *The OAS in Transition,* Durkam, N.C.: Duke University Press, 1969; Louis J. Canton and Steven L. Spiegal, *The International Politics of Regions: A Comperative Approach* (Edwin H. Fedder, *NATO: The Dynamics of Alliance in the Postwar World,* New York: Dodd Mead, 1937); Englewood Cliffs, New Jersery: Prentice Hall, 1970; J. S. Nye, *Peace in Parts: Integration and Conflict in Regional Organization,* Boston: Little, Broun, 1971; Robin Alison Remington, *The Warsaw Pact: Case Studies in Communist Conflict Resolution,* Cambridge, Mass.: The MIT Press, 1977; Gordon Connel-Smith, *The Inter-American System,* London: Oxford University Press, 1966.

⑧ The League of Arab States, published by the Arab Information Center, New York, New York: April 1983.

⑨ Harold K. Jacobson, *Networks of Interdependence, op. cit.,* p. 44.

⑩ Zuhavr Mikdashi, *The Community of Oil Exporting Countries: A Study in Government Coopera-*

tions, Ithaca, New York: Cornell University Press, 1972.

⑪ Raymond Vernon, *Strom Over the Multinationals: The Real Issues,* Cambridge: Harvard University Press, 1977.

⑫ Alexander L. and Juliett L. George, *Woodrow Wilson and Colonel House: A Personality Sutdy,* New York: Dover, 1964; John Wheeler-Bennett, *Munich: Prologue to Tragedy,* London: McMillan, 1948; Tom Wicker, *JFK and LBJ: The Influence of Personality Upon Politics,* Baltimore: Penguin, 1969; Robert A. Isaak, *Individuals Had World Politics,* Mass.: Duxbury Press, 1975.

⑬ John Wheller-Bennett, *op. cit.*

⑭ Townsend Hoopes, *The Limits of Intervention.* New York: McKay, 1969; Arthur M. Schlesinger, Jr., *The Bitter Heritage,* New York: Fawcett, 1967.

第三章 國際關係裡的角色：㈡國家與外交政策

前一章曾經指出：現今國際關係裡雖然角色繁多，但國家仍一貫地扮演着最重要的角色。此處所指國家一詞，是具有一定領土與人口(territory and population)的獨立自主的主權國家(sovereign state)，換言之，該國政府能完全控制其領土與人民，在國家之上另無其他最高權力的存在。

西方學者咸認現代主權國家始於歐洲三十年宗教戰爭(Thirty Years' War)後，一六四八年的威斯特發利亞和約(Peace of Westphalia of 1648)。在此以前，歐洲歷史裡具有文化、宗教與侯爵等的政治交流關係，但並無國與國間的政治關係。自威斯特發利亞和約始，現代主權國家誕生（具有一中央政府並控制一定的領土與人民），當日至高無上的教皇(Pope)與羅馬天主教會(Roman Catholic Church)不再是歐洲國家的最高政治權威。若干西方學者的研究①，發現中國歷史上的周朝（特別是西周，西元前一一二二—七七一年）早就有幾百以上的國家存在，這一事實，多被西方學者所忽視。

在第一次世界大戰後，國際聯盟的創始會員國有四十二個國家，會員國數最高達六十三國。第二次世界大戰後的聯合國創始會員國有五十一國，之後年有增加（見第二章）。今日世界上的獨立自主國家，皆爲聯合國會員國，迄今有一百八十八個國家。

第一節　層次分析

分析一個國家在國際關係裡所扮演的角色，首先應解決的問題是「層次分析」(the level of analysis)。層次分析最早是由申吉(Singer)教授於一九六一年提出②，認爲國際關係的研究可分爲兩個層次：一屬國家(nation-state)，一屬國際體系(international system)。前者爲國家的內政行爲，表現在一國的外交政策與外交行爲上。國家層次的分析，使吾人對國內決策過程(decision-making process)有所瞭解，進而獲知一國在國際體系層面(international system level)的作爲。前者的研究正如吾人對森林的各個單獨樹木的觀察，後者則如對整個森林的全盤鳥瞰。申吉的「層次分析」觀念日後由羅西納(Rosenau)進而發展爲六層次分析：(1)決策者的個性分析，(2)決策者在不同決策過程中所扮演的角色(roles)，(3)政府結構(governmental structure)，(4)社會特性(characteristics of the society)，(5)國際關係裡兩國的國家特性，(6)國際體系（包括區域及全球性的國際體系）。這可由上圖簡單表明③。

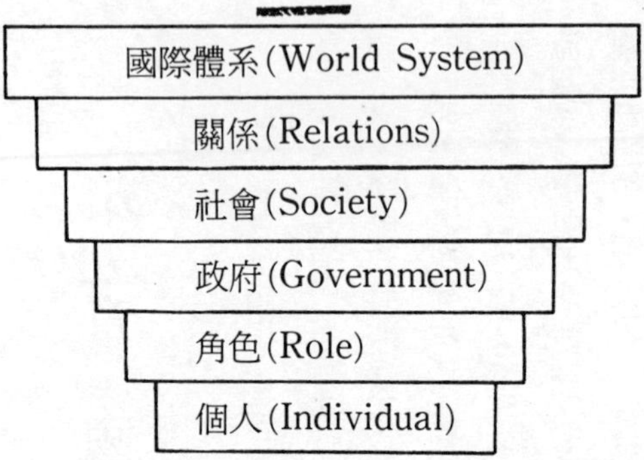

國際體系(World System)
關係(Relations)
社會(Society)
政府(Government)
角色(Role)
個人(Individual)

本書綜合申吉與羅西納兩教授的層次分析，國內部分將包括國家、其他組織、甚或個人精英在國際關係裡所扮演的角色；國際體系層次則注重各國在不同問題(issues)的國際政治交互行爲，或簡稱國際政治。

第二節　國家與外交政策

由於一國在國際關係裡的行爲，是它對不同國際問題的外交政策的表現，所以各國的外交政策構成了國際體系的國際關係，羅西納特名之爲「連鎖政治」(linkage politics)。④兩國間的外交關係可以圖(a)表示。⑤

三國或更多國家的外交關係較爲複雜，可以圖(b)簡略地表示。

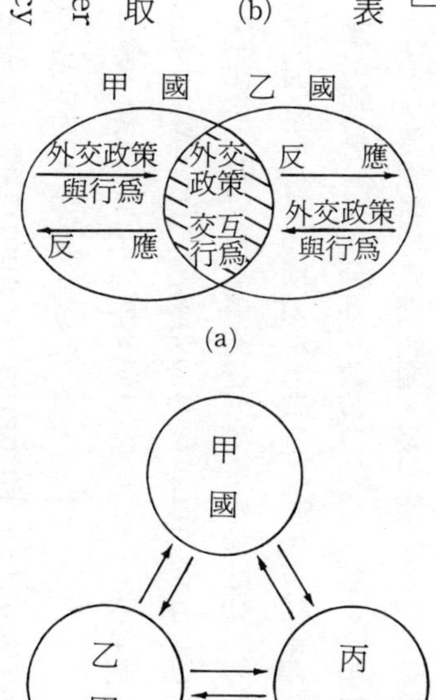

(a)

(b)

本節對外交政策的討論，將集中在：外交政策取向(foreign-policy orientations)、權力資源(power sources)、與外交政策的製定過程(foreign policy process)。

一、外交政策取向

一國的外交政策取向，大概可歸納爲三個類型：

⑴孤立(isolation)而不過問國際事務，此類情形在歷史上不多見，如日本自一八五四年起曾對外孤立數十年之久，中國大陸文化大革命（Cultural Revolution）十年期間幾乎斷絕國際關係。⑵不結盟(nonalignment)，是在軍事上（有時也在外交與經濟上）不支持任何一方或集團，例如冰島、瑞士、瑞典與印度等所採取的不結盟政策，特別是在第二次世界大戰後東西對峙(East-West Conflict)之間不介入任何一方。⑶不參與任何外交上的同盟(diplomatic coalition)或軍事上的聯盟(military alliances)。⑥前者如OPEC、聯合國中的七十七集團(Group 77)，後者如NATO、Warsaw Pact 等。

外交取向的不同是由於一國的「國家利益」(national interest)不同所致。「國家利益」一辭，國際關係學者尚無一共同採納的權威定義。⑦例如：一國的生存(survival)與國家安全(national security)無疑地是國家的最高利益。但是，何者爲一國政治利益或經濟利益？則只有當事國在一特定場地能加以界說了。一國的政治或經濟利益及其政策的執行後果，也許使他國遭受到不利或損害。有見於此，霍仕第建議以外交政策的目的(foreign policy objectives)來代替「國家利益」。霍氏分外交政策目的爲三類：⑴中心利益與價值(core interests and values)如一國政體的生存，重要戰略地區的防衛，及民族、宗教、或語言的統一等，凡此皆爲絕無妥協餘地的國家最高利益，誓死必爭，這些是所謂「短程的」(short-range)外交政策目的。⑵爲「中程的目的」(middle-range objectives)包括有：採取國際行動俾增進國內經濟情況，或由外交途徑與顯示武力來提高一國的國際聲威(prestige)，甚或對外擴張領土或採行帝國主義。⑶爲「長程的目的」(long-range goals)包括那些有關國際體系的將來計畫、法規及國家所扮演的角色等。⑧霍氏的分類惟一缺點是「短程」與「中程」目的難於劃分。

二、權力資源

一國外交政策的決定，大都取決於其內在與外在的權力資源(power sources)。

國際關係學權威摩根索將國家權力要素分爲：地理因素、自然資源（如糧食與原料等）、工業能力、軍備準備程度（如各軍種的科技、領導力、質與量等）、人口（分配情形與成長趨勢）、國民素質、國民道德、外交素質與政府素質等。⑨羅西納將影響外交政策的重要因素分爲三大類較爲適用：(1)國內資源因素有：人口特性(demographic attributes)如人口多少、機動性、技能、同種族程度等；經濟特性(economic attributes)如國民生產總額與全國財富多少；軍事特性、與政府特性如該國政治制度是否爲開放或封閉的政治制度(closed or opened political system)。(2)國外資源因素包括：地理、國際交互行爲與連鎖(international interactions and links)與國際體系結構(international system structure)。最後(3)爲國際精英的特性(idiosyncratic factors)如「偉人論」(the great man theory)所涵蓋的。⑩

研究與比較國家的權力資源最困難的問題是：如何去衡量(measurement)各資源的效能(capability)。一國資源包括有形的(tangible)如人口、軍隊與生產物資等，及無形的(intangible)如人口素質、軍隊士氣、國家領導人才等。吾人應用何種標準去衡量比較？次一問題是：資源的最大效能有賴於決策者如何運用資源，發揮其最大的效能，俾達成一國外交政策的目的。西蒙士(Simonds)與葉米尼(Emeny)兩氏一九三九年的研究比較列強的最重要資源，發現在一九二五年至一九三〇年間，美國是世界上惟一能自給自足的資源豐富國家，列強排名爲：美國、德國、英國、法國、蘇聯、義大利與日本。但如果比較各國在國際政治上的實際影響力，各國排名次序則顯然有別，其次序爲：法國、英國、義大利、德國、蘇聯、日本與美國。前者美國名列第一，後者美國排名最後。⑪可見一國在國際政治上的影響力，不但是由於它的豐富資源，還得看該國對其資源在國際間不同問題場合如何有效地使用。霍仕第教授認爲一國資源是否能有效使用與發揮其對國際政治的預期影響力，這與四個條件有關：⑴在一特殊外交情況下，具有相關的資源，如限武談判的核武力(nuclear force)。⑵一國對另一國資源的特別需要與依賴性，如西方工業國家對中東石油的高度依賴性。⑶科技人才與知識程度(level)。⑷一國能自願作暫時的自我犧牲，俾滿足他國要求。⑫

三、外交政策的制定過程

外交政策的制定過程極爲複雜，各國不同，無一定程式可循。一般來說，包括政策的決定與政策的執行兩階段。

根據柯卜林(Coplin)教授的研究，外交政策依其性質可分爲：⑴全盤的外交政策的決策(general foreign policy decision)：它表現在一連串的外交政策聲明，與直接的外交行動上。例如在第二次世界大戰後，無數國家面臨共產極權的威脅。爲協助此等國家免淪於共產的統治，與遏阻世界共產勢力的到處擴張，美國在一九四七年乃有杜魯門主義(Truman Doctrine)的宣佈。杜魯門對付共產主義擴張的外交政策，通稱之爲「圍堵政策」(Containment Policy)，此一政策初僅對蘇聯的向外擴張而發，日後並施用於韓戰與越戰。近年的另一例是卡特總統的「人權外交政策」。⑵行政性的決策(administrative decisions)：這是政府機關（尤其是外交與軍事機關）的日常一般例行行政決策，不出全盤外交政策範疇。⑶危機決策(crisis decisions)：危機決策的制定情況(條件)是當一國與另一國的國際關係突然面臨轉捩點(turning point)；或一國感受到來自他國的威脅，非採取緊急措施不可；或由於對他國採取意外行動後果的反應；或由於一國最大利益有關。⑬美國一九六二年的古巴飛彈危機(Cuban Missile Crisis)決策，一九四八年柏林封鎖危機(Berlin Blockade Crisis)西方國家的外交政策，與一九七九年伊朗封鎖佔領美國使館並綁架美國使館外交人員時美國所作的外交決策，為最好的例子。

一般人多誤認一國外交政策的決定，是出自政府有關單位對某一國際情勢，精密分析的理性決定(rational decision)。⑭克倫吉的研究證明：多數歷史學者認為外交(diplomacy)是具有理性的人們(rational men)在追求國家利益的決策成果。⑮這是所謂「理性人模式」(the rational man model)。根據此一模式，決策過程應包括下列步驟⑯：

一、對面臨情勢作一界說(define the situation)。

二、研究分析所有有關情報資料後選擇目的(select goals)。

三、尋求達成目的的所有可能的辦法(search alternatives)。

四、決定最後採用的辦法(choosing an alternative)。

觀諸各國的外交實例，外交政策的決定，並不一定是此一理想決策程序的成果。因為國際糾紛，問題複雜，牽涉甚廣，決策者具有的情報資料，並不完全，因之對一情勢的現況與發展，就很難判斷與預測，所謂智者千慮，必有一失。即使決策者能作成一理想的判斷，但何者為一國最大利益有關的目的也難決定。求一國的生存(survival)與國家安全(national security)當為不爭的目的，但是國家安全的國防安全線究在何處？一國的安全感常導致一國的向外領土擴張與控制弱小的鄰國。這是為甚麼國際糾紛的不易解決與國際戰爭的偶發性。例如在第二次世界大戰後美國的參加韓戰、越戰與古巴飛彈危機，美國總統杜魯門、甘迺廸與詹森皆決定採取「強硬政策」(hard-line policy)而不考慮其他的可能政策。⑰這樣的決策行為與美國對其他國家（尤其是共產政治制度）與國際政治的傳統基本觀點(perceptions)具有密切的關係。

一國對他國或國際政治的觀點是相對性的(relative concept)而不是絕對性，它由一國過去的歷史經驗、現時的期望(present expectations)、外來的恐懼與其他的因素而決定。對同一情勢(a situation)，其他國家的觀點與情況解釋，由於不同的歷史文化背景，也許就大有不同。⑱這尤其表現在一國外交政策與行動上。⑲研究一國觀點最大的困難在對有關決策者與其決策的資料的獲得與其可靠性。例如在開放社會的美國，資料獲得較易，但決定何者為最可靠則非易事。反之，在封閉的社會如蘇聯，不但資料難得，而且資料的可靠性更難決定。一般來說，美國對蘇聯的一貫觀點是：蘇聯在國際政治上不斷的向外擴張勢力，赤化世界。反之，蘇聯卻深信美國是資本帝國主義的代表，企圖統制世界經濟，榨取與剝削人民。美國自認為它的外交政策在維護世界政治自由、平等與人權；正如蘇聯自認為在維護世界弱小民族。但是第三世界（或開發中國家）則認為美蘇為國際體系裡的兩個霸權(superpowers)，前者為典型的資本帝國主義(capitalist imperialist)，後者則為新起的共產帝國主義(communist imperialist)，兩者中，沒有一個是善良的。⑳

一國外交政策的決策機構，在西方國家一般包括行政首長，及其所屬外交部與國防部，議會亦在外交決策過程中扮演重要角色。在共產國家，共產黨的中央委員會及其執行委員會獨攬大權。外交政策是否能有效執行，有賴於外交工具(instruments)的運用。爲求達成一國外交政策的目的，適用的外交工具有：外交折衝(diplomatic bargaining)、宣傳(propaganda)、經濟上優惠或制裁(economic reward and punishment)、干預(intervention)他國內政、武力威脅(threats)、武力示威(demonstration of force)、陰謀顛覆(subversion)、訴諸聯合國或國際法院，最後是戰爭一途。㉑

由一國外交政策的執行，進而有國與國間的外交交互關係，是爲國際體系階段。第三篇將略述國際體系的演變史，及現今國際體系的特徵。

附註

① Friedrich Hirth, *The Ancient History of China to the End of Chou,* New York: Columbia University Press, 1923; Richard Walker, *The Multi-State System of Ancient China,* Hamden, Conn.: Shoe String Press, 1953.

② J. David Singer, "The Level-of-Analysis Problem in International Relations," in Klaus Knorr and Sidney Verba (eds.), *The International System: Theoretical Essays,* Princeton: Princeton University Press, 1961, pp. 77-92.

③ James H. Rosenau, *The Scientific Study of Foreign Policy,* Rev. ed., London: Frances Printer, 1980, Chapter 6.

④ James H. Rosenau, ed., *Linkage Politics: Essays on the Convergence of National and Interna-*

tional Systems, New York: The Free Press, 1966.

⑤ K. W. Lee, "A Conceptual Framework for International Political Analysis," *Political Science Receion* (India), Vol. 21, No. 2-3, April-September 1982, 129-148.

⑥ K. J. Holsti, *International Politics: A Framework for Analysis,* Englewood Cliffs, New Jersey: Prentice-Hall, Inc., 1983, 4th ed., pp. 96-116.

⑦ Paul Seabury, *Power, Freedom and Diplomacy: The Foreign Policy of the United States of America,* New York: Random House, 1963, p. 86.

⑧ K. J. Holsti, *International Politics, op. cit.,* Chapter 5.

⑨ Hans J. Morgenthau, *Politics Among Nations: The Struggle for Power and Peace,* New York: Alfred-A-Knopf, 1973, 5th ed., Chapter 9.

⑩ James H. Nosenau, "The Study of Foreign Policy," James H. Nosenau, Kenneth W. Thompson, and Gavin Boyd, *World Politics: An Introduction,* New York: The Free Press 1976, pp. 15-35. Also James H. Rosenau, "Pre-Theories and Theories of Foreign Policy," in R. Barry Farrell, ed., *Approaches to Comperative and International Politics,* Evanston, Ill.: Northwestern University Press, 1966, pp. 27-92.

⑪ Frank H. Simonds and Brooks Emeny, *The Great Powers in World Politics,* New York: American Book, 1939.

⑫ K. J. Holsti, *International Politics, op. cit.*, pp. 151-155.

⑬ William D. Coplin, *Introduction to International Politics,* New Jersey: Prentice-Hall, Inc., 1980, 3rd ed., pp. 134-137.

⑭ Gratham T. Allison, *Essence of Decision: Explaining the Cuban Missile Crisis,* Boston: Little, Brown, 1971, pp. 4-5.

⑮ Thomas A. Krenger, "The Social Orgins of Recent American Foreign Policy," *Journal of Social History,* 7(Fall 1973), p. 93.

⑯ William D. Capin, *Introduction to International Politics, op. cit.*, pp. 137-138.

⑰ Harry S. Truman, *The Presidential Memories of Harry S. Truman, Years of Trial and Hope, 1946-1952,* New York: Signet Books, 1965, pp. 378-379; Address by President Kennedy, October 22, 1962, "Address on Cuban Missle Crisis," printed in the United States, Dept. of State, Bulletin, Volume XLVII, No. 1220 (November 12, 1962), p. 715.

⑱ Otto Klinsberg, *The Human Dimension in International Relations,* New York: Halt, Rinchart and Winston, 1966, pp. 90-92, 99.

⑲ Richard C. Snyder, *et al., Foreign Policy Decision Making: An Approach to the Study of International Politics,* New York: The Free Press, 1962; Also Gratham T. Allison, *Essence of Decision, op. cit.*

⑳ Walter S. Jones, *The Logic of International Relations,* Boston: Little, Brown Company, 1985, 5th ed., Chapters 1-6; K. J. Holsti, *International Politics, op. cit.*, Anate Rapaport, *The Big Two: Soviet-American Perceptives of Foreign Policy,* New York: Pegasus, 1971; Richard C. Snyder, *et al., Foreign Policy Decision-Making, op. cit.*

㉑ K. J. Holsti, *International Politics, op. cit.,* Chapters 7-11; William C. Olson, David S. McLellon, and Fred A. Sondermann, *The Theory and Practices of International Relations,* New Jersey: Prentice-Hall, Inc., 1983, 6th ed., Chapters 6-11.

第三篇　國際體系

第四章　國際體系

國際體系(international system)可說是國際舞臺，爲國際演員的活動範疇。本章先將國際體系作一簡介，次述國際體系的分析。

第一節　國際體系

體系一詞早見於霍布士(Thomas Hobbes)的書中。①但現代政治學者卻由物理學與社會科學借用。在國際關係的學科裡，與體系論有關的尚有「交互行爲」(interaction)與「相互依賴」(interdependence)兩詞彙。前者指體系裡角色的交互行爲，後者指國際政治角色在不同時地對不同「價值」(values)的相互依靠性（例如糧食、石油、與稀有元素等）。②正如中國平劇，由於不同時地及歷史背景，角色就有不同，舞臺結構(structure)與劇情(process)也就隨戲(issue)而變動。

霍仕第(Holsti)教授將歷代國際關係劃分爲若干期：最早是中國周朝(Chou Dynasty, 1122-771 B.C.)國際體系，次爲希臘城市國家(Greek city-state, 800-322 B.C.)國際體系，十五世紀義大利文藝復興時代(Renaissance Italy)國際體系，十八世紀國際體系，近代(一七八九—一九四五)國際體系，與現代（一九四五至今）全球國際體系(global system)。③柯卜林(Coplin)則專就西方國際關係史分國際體系爲古典期(classical period, 1648-1815)，承轉期(transitional period, 1815-1945)，與現代期(contemporary period, 1945至今)。④古典期國際體系的特徵是歐洲國家爲主要角色，如英、法、俄、瑞典、瑞士、西班牙、奧地利等。國際活動主要在領土的擴張與對弱小民族的控制，及帝國主義的建立。列強間則維持一國際權力均衡體系(balance of power)局面。承轉期的國際體系角色日漸增多，尤其是美國的興起，民族國家意識(nationalism)，及科技的發達，戰爭的摧毀力較前更大。在此時期，各列強並從事區域帝國(regional empire)的建立，如英國的亞洲殖民地政策，日本的大東亞主義，與德國、義大利、蘇聯等的向外擴張，列強的競爭終導致第一次世界大戰。戰後的國際聯盟(The League of Nations)是國際體系的顯著發展。第二次世界大戰後國際體系裏的聯合國(The United Nations)幾乎包括了所有世界各國。

比較來說，柯氏的分期爲一般學者所採用。國際體系的開始在一六四八年歐洲有名的三十年宗教戰爭(Thirty Years' War)後各國所簽定的威斯特發利亞和約(Peace of Westphalia)。在十七世紀的中葉，世界上開始有了民族國家(nation-state)或主權國家(sovereign state)的興起，歐洲的封建制度秩序(feudal order)逐漸消失。⑤至一八一五年的維也納會議(Congress of Vienna)，歐洲戰勝國家，重劃歐洲疆土，建立歐洲政治新秩序，開始了國際體系的第二期。一直到一九四五年才開始進入現代國際政治體系時代。第二期與第一期相較，最顯著的事實是很多獨立民族國家的興起，例如第二次世界大戰結束後，國際間的國家角色，爲數在五十國以上。在十九世紀中，英國爲世界霸權。第二次大戰前，世界列強有英、美、法、蘇、德、日與義大利。但第二次世界大戰後，國際舞臺上則是美蘇爭霸之局。

研究國際關係的學者，幾乎都同意：一九四五年八月美國投擲原子彈於日本廣島，揭開了國際體系的新時代。自此國際舞臺上日漸形成了美蘇兩超級強國(superpowers)稱霸之局，以及隨之而來的東西衝突(East-West conflict)。這將在第四篇第五章中論及。

第二節　國際體系的分析

霍仕第(Holsti)認爲國際體系的分析應該注重：體系界限(boundaries of the system)，構成國際體系政治單位(political units)（或稱之爲體系角色）的主要特性，體系的權力結構(power structure)，國際間交互行爲的方式(forms of interaction)與過程(process)，及有關的國際習慣與法規(rules and customs)等。⑥柯卜林(Coplin)則簡單的歸納爲：體系角色(actors)、國際關係交互行爲型態(patterns of interactions)，及權力均衡(balance of power)，可說與霍氏的建議相近，但柯氏更進而建議分析關係體系所遭受到的威脅（如世界帝國主義與大型戰爭），及日漸增強的國際相互依賴關係(international interdependence)。⑦

由於國際體系裡角色的增多，使體系的權力結構與交互行爲過程變得更爲複雜。

在傳統的國際關係研究中，分析國際體系的權力結構最有名的，當推「權力均衡論」(Theory of Balance of Power)（參閱第一篇第一章）。依據權力均衡論，國際體系的權力結構是金字塔式的，換言之，是由上而下的鐘型結構，最上層是兩個或多個緊密的聯盟集團（a tight and cohensive alliance），如今日的美蘇兩霸，其他國家則僅是圍繞在此兩霸的周圍分子，其國家的決策對國際局勢遠不如兩霸決策的有左右世界全局的影響。

權力均衡論多為國際關係學者所採用，尤其是「權力」(power)與「均衡」(balance)兩辭彙，但各學者對此兩辭的解釋多有不同，因之運用在國際關係的分析上也就互異。例如：有的學者認為權力均衡是指權力資源的分配(distribution of power resources)情形，它平均分配於體系內各國間，不偏惠於任何一國，以免造成霸權。有的學者則指若干政策(policy)方面的權力均衡，如與他國結成防衛同盟，俾防止其他國家同盟獲取優越統治地位，破壞國際權力均衡局勢。權力均衡對若干學者卻是一較為抽象(abstract)的國際體系局勢。這些學者指出：在此權力均衡國際體系局勢下，各國的資源分配，及外交政策皆繫於體系的「平衡」(equilibrium)。如果任一條件（均衡的資源分配，或一國外交政策的改向）變動了，它影響全局，一直到另一新的均衡的構成，屆時權力體系結構也就不同往昔。由以上各點，可見「權力均衡」對不同學者具有不同意義，因之權力均衡論用在分析國際政治就不免問題叢生了。

卡卜蘭教授（Kaplan)為當今研究國際體系的權威。在其劃時代的名著「國際政治的體系與過程」一書中⑧，卡氏分國際體系為六大類：權力均衡體系balance of power)，鬆弛的兩極對峙權力體系(loose bipolar)，緊密的兩極對峙權力體系(tight bipolar)，世界性的國際體系(universal-international system)，階層性的國際體系(hierarchical international system)，與單元（組成分子）否決體系(unit veto system)。由其對十九世紀國際關係的研究，卡氏歸納出權力均衡國際體系的「運作規律」(operational rules of the balance of power system)為：(1)各角色都要增強他們的實力，但卻也願意互相談判，俾避免戰爭；⑵各角色寧願作戰，而不願錯過能增加他們權力的機會；⑶各角色願意停戰，而不欲消滅另一體系主要角色之一，以免破壞體系的權力均衡；⑷各角色皆反對任何企圖統制整個體系的權力出現；⑸各角色皆反對任何國家企圖建立任何一超國家的最高權力的意識形態(ideology)；⑹各角色皆願意讓失敗的重要角色重新加入體系，並鼓勵其他次要角色達到充分參與體系的地位。⑨卡氏認爲如果國際體系裡的角色，皆能遵守這六大國際行爲運作原則，則不難維持一穩定的國際權力體系。

卡卜蘭所提出的六大國際體系模式(model)，有助於國際關係學者描述國際權力結構 (power structure)，進而瞭解國際關係裡各角色的權力關係。其缺點在此等模式僅適用靜態(static)國際關係局面角色的固定關係(relations in fixed position)，換言之，就是將時間因素凍結了(freeze time)，而不是分析國際關係裡各角色間的動態關係(dynamic flow of relations)。⑩更未論及體系變動(system change)。

續卡卜蘭之後，瓊斯(Jones)進而指出國際體系一般的特徵：⑴它潛伏着無止境的衝突可能性；⑵權力的永恆性，換言之，國際關係乃權力關係；⑶權力的相對性 (與他國權力相較)；⑷國際權力有其不同資源 (涵蓋了有形無形的)；⑸取得權力是爲了達成目標而設計的手段。⑪

由上所論，吾人研究國際體系應着重在體系權力結構與交互行爲過程，這正是霍布金斯(Hopkings)與夢士巴棋(Mansbach)所著「國際政治裡的結構與過程」(*Structure and Process in International Politics*)一書標題所示，體系結構是指權力結構而言，依據霍夢兩氏，權力結構的分析要點在：⑴資源與態度的分配(distribution of resources and attitudes)，前者爲一國的有形與無形資源，後者指一國決策過程與如何運用資源。⑵體系角色的相互依賴(interdependence)程度。⑫在今日「天下一家」的局面下，由於科技的發達，各國的命運休戚相關，牽一髮而動全身。例如富甲天下的美國尙需輸入百分之四十六以上的國內所需汽油量；共產世界的首領聯蘇尙靠由美國輸入糧食來養活人民。關於第二點可說是第二次世界大戰後，國際關係研究的一大貢獻。

回顧國際關係史，吾人可說在十八與十九世紀的大部分期間，歐洲的國際關係（除拿破崙戰爭時代法國拿破崙企圖統治全歐）存在着相當長的國際權力均衡體系局面，一直到第一次世界大戰才告結束。此後國際關係是一極不穩定的世局。至第二次世界大戰之後，新的國際體系漸漸形成。

第二次世界大戰後的國際局勢，最顯著的事實是：英國不再是左右世界的強國，繼起的是代表兩極端意識形態(ideology)的美蘇兩霸，以及核子戰爭對和平的威脅。

國際體系裡的角色，在戰後漸漸向美蘇兩霸靠攏，形成東西兩大對峙集團。自一九四五年至一九五五年可說是「嚴密的兩極權力均衡國際體系」(tight bipolar balance of power)，在這期間，美國集團的權力資源(power sources)較之蘇聯集團略勝一籌，尤其是美國所具有的巨大核武報復力(massive nuclear retaliation)。至一九五〇年代，蘇聯集團內有一九五六年匈牙利的抗暴運動，赫魯雪夫(Nikita Khrushchev) 的貶史達林運動(de-Stalinization)，促使蘇聯附庸國家要求半獨立(quasi-independence)的趨向，蘇聯在共產集團的領導更受到中共的挑戰，終導致一九六〇年的中蘇分裂。在美國集團內也有不穩定現象，例如拉丁美洲國家對美國的拉丁美洲政策的不滿，古巴統治者卡斯楚(Fidel Castro)的共產黨構成了赤化拉丁美洲的新威脅，卽使美國的西歐盟國也對美國的經濟政策有所不滿，不少人更懷疑美國的核子傘(nuclear umbrella)將來是否能保護西歐國家的安全，也許還會把歐洲捲入不必要的核武戰爭中。

在一九六〇年代國際體系裡，大量新獨立國家的興起，這些國家多是貧窮、落後及非白種民族，並日漸形成了所謂的第三世界(The Third World)，在聯合國內，發揮了不可忽視的政治力量。更進而使「嚴密的兩極權力對峙均衡體系」演變爲較爲「鬆弛的兩極權力對峙均衡體系」(loose bipolar balance of power)。

在一九七〇年代的早期，美國總統尼克森(Nixon)的「和解」(détente)外交政策下，認爲國際關係是五強的國際體系（美、蘇、中共、日本與西德）。但一九七三年由石油輸出國家組織(OPEC)所發動的「石油危機」(Oil Crisis)，充分顯示了特種資源豐富的若干第三世界對國際政治經濟（進而爲對國際體系權力結構）的巨大影響力。話說回來，這不過是特例而已。如果吾人將美蘇與其他國家的權力資源相比較，明顯的事實是：沒有任何一國有足夠能力能向美蘇的全球利益挑戰。今後國際體系是否會走向「多元的權力均衡體系」(multi-balance of power)，要看第三世界、日本、中共與西歐的權力是否足夠對美蘇挑戰。所以在八十年代，國際關係可說仍是在「鬆弛的兩極權力對峙均衡體系」階段。卡卜蘭所說的其他國際體系局勢可能不會出現。

八十年代的國際兩極權力對峙體系，具有下列主要的特徵：

㈠國際舞臺上不同的角色（國家與非國家組織）的增多（詳第二篇第二章及第三章）。

㈡國際舞臺上各角色的貧富懸殊，尤其是已開發工業國家與開發中國家（或第三世界）的差距（詳第四篇第六章）。

㈢國際舞臺上角色圍繞在美蘇兩極權力集團，但由於第三世界的興起，與各國資源的相互依賴性，美蘇兩覇的決策亦無能百分之百地左右世界全局。卽使當美蘇兩覇爲區域戰爭的一方（如美國的越戰與蘇聯的阿富汗戰爭），英雄無用武之地（詳第四篇各有關章）。

㈣在兩極權力對峙體系裡，美蘇兩覇極力避免正面衝突，免導致核武戰爭，例如在韓戰、越戰，蘇聯的入侵匈牙利（一九五六）、捷克（一九六八）與阿富汗（一九七九），美蘇皆爲當事者，但雙方皆採不直接干預政策。其他重要戰爭大皆發生在非洲、中東、拉丁美洲各地，美蘇兩覇多爲幕後支持者。

㈤國際組織如聯合國、國際區域組織、國際法院與國際法的建立及其重要性（詳第四篇第十三章及第十四章）。

八十年代末葉與九十年代初，東歐共產國家發生政治大變動。先是一九八九年東歐共黨政權的沒落，及一九九〇年東西德的複合。繼之有一九九一年蘇聯（U.S.S.R.）的不流血政變。在一九九一年的三與四月間，蘇維埃聯邦主席戈巴契夫與各邦協商主權問題，期維護聯邦統一。該年六月葉爾欽（Boris Yeltsin）經蘇俄（Russia）全民普選爲該邦主席，成爲蘇聯的權力領袖。八月二十至二十一日之間，共產黨與軍人聯合政變，企圖推翻戈巴契夫失敗，共產黨旋被解散。十二月八日蘇維埃聯邦共和國改名爲「獨立聯邦國協」（CIS: Commonwealth of Independent States）包括原有十五個聯邦共和國的十二個（Armenia, Azerbaijan,, Belarue, Caucasus, George, Kazakhstan, Kyrgyzstan, Moldavia, Russia, Tazakhstan, Turkmmenistan, Ukraine, Uzbekistan），其他三共和國（Estonia, Latvia, Lithuania）脫離宣佈爲新獨立國家。蘇維埃聯邦既已消失，戈巴契夫亦隨之於二十五日被迫下台。從一九九二年初開始，在蘇俄（Russia）主席的領導下，開始了自由市場經濟改革。惟改革涉及社會、經濟、政治、文化全面，問題重重，人民生活較前更苦。蘇聯不再扮演國際政治舞台上的霸權角色。今日的國際系統，可說是「多統」（multipolary）的體系，美國、蘇俄、英國、法國、德國、加拿大、日本與中共在各地區皆有其重要角色。

前面曾指出：國際體系權力結構，是各角色間的相互權力關係，它是各角色外交政策與行爲的折衝結果，它反映在國際間不同的問題（issues）上，這是次一篇（第四篇）國際政治各章的論題。

附註

① Thomas Hobbs, *Liviathau,* Introduction by Michael Cakeshott, Oxford Basil Blackwell, 1946, p. 146.

② Robert O. Keohane and Joseph S. Nye, *Power and Interdependence: World Politics in Transition,* Boston: Little, Brown and Company, 1977, pp. 9-10.

③ K. J. Holsti, *International Politics: A Framework for Analysis,* Englewood Cliffs, New Jersey: Prentice-Hall, Inc., 1983, 4th ed., Chapters 2-3.

④ William D. Coplin, *Introduction to International Politics,* Englewood Cliffs, New Jersey: Prentice-Hall, Inc., 1980, 3rd ed., Chapter 2.

⑤ C. J. H. Hays, *The Historical Evolution of Modern Nationalism,* New York: MacMillan, 1948.

⑥ K. J. Holsti, *International Politics, op. cit.,* pp. 28-29.

⑦ William D. Coplin, *Introduction to International Politics, op. cit.,* Chapter 2.

⑧ Morton A. Kaplan, *System and Process in International Politics*, New York: Wiley, 1957, pp. 22-26.

⑨ Kaplan, *op. cit.*, Chapter 2; Also "Balance of Power, Bipolarity and Other Methods of International Systems," *American Political Science Review*, 51, 1957, pp. 684-695.

⑩ Walter S. Jones, *The Logic of International Relations*, Boston: Little, Brown and Company, 1985, 5th ed., p. 282.

⑪ Walter S. Jones, *op. cit.*

⑫ Raymond F. Hopkins and Richard W. Mansbach, *Structure and Process in International Politics*, New York: Harper & Row, 1973, pp. 83-103.

第四篇　國際政治

第五章　東(共產集團)西(西方國家)的對峙

自一九四五年五月德國與一九四五年八月日本先後無條件投降，第二次世界大戰結束。西歐國家忙於戰後復興，美國取代戰前大英帝國的地位，成了新的世界霸權，蘇聯繼起，國際政治乃有美蘇爭霸的局面。前者代表西方國家，後者爲共產集團之首。在美蘇兩極權力對峙系統結構下，美蘇間（或美蘇兩集團內部組成分子——國家——之間）的關係，有衝突(conflict)，也有合作(cooperation)，尤其是美蘇兩霸，在國際糾紛的處理上，皆力求避免正面衝突，免導致核武戰爭。

美蘇兩霸，由於其歷史背景、政治與經濟制度的不同，因而兩國的政治文化與世界觀(perspective)有差異，爲求國家安全與利益的維護，國際間就難免有衝突。本章先論政治衝突，經濟與軍事等方面的關係容在其他各章中分論。

第一節　西方對美蘇關係的研究

研究美蘇關係的學者，大概可分爲四派：一爲現實主義學派(Realist School)代表人物有摩根索(Hans Morgenthau)、季辛吉(Henry Kissinger)、布里辛斯基(Zbigniew Brzezinski)等，認爲國際體系裡，國家爲國際政治的中心，由於國際體系裡沒有一最高權威，國際關係的特性乃是無政府狀態(anarchic in character)，體系裡的國家爲生存與安全，互有競爭，適者生存。所以國際體系裡的競爭、衝突、乃是國際行爲常態，國際和平僅爲列強維持權力均衡的一時現狀而已。

現實主義派認爲國際間的競爭與衝突，主要是由於國與國間的互不信任。美蘇關係爲一最好的實例。在今日核武時代，任何一方不輕易信任對方。因而有核武競賽的緊張世局。如一九四八—一九四九的柏林封鎖(Berlin Blockade)，一九五七年十月人造衛星(Sputnick)的發射，一九五○—一九五三年的韓戰(Korean War)，一九六二年的古巴飛彈危機(Cuban Missile Crisis)，年久的越戰(Vietnam War)，與一九七九年蘇聯的侵佔阿富汗(Afghanistan)演變成了「蘇聯的越戰」。此後美蘇間的核武談判，也無大成果。

十

次一研究美蘇關係的學者可名之爲歷史決定學派(Historical Determinism)。此派認爲美蘇關係的決定在其特殊的歷史因素。這可遠溯至一九一七年蘇聯十月革命後共產制度建立開始。在一九一八年與一九一九年美國曾參加英國、法國與日本欲以武力推翻蘇聯共產政權。美國延至羅斯福當選總統（一九三三—一九四五）初年才正式承認蘇聯的共產政權爲合法政府。之後在一九三九年美國及西歐國家領袖譴責蘇聯與德國希特勒在該年八月二十三日簽訂互不侵犯條約，並秘密協定瓜分波蘭、及同意互不干涉雙方侵佔他國領土行爲。這使希特勒無後顧之憂而侵佔了波蘭（蘇聯與希特勒簽訂互不侵犯條約欲避免介入當時德國與西歐國家隨時爆發的戰爭）。第二次世界大戰後，蘇聯傳統的對外領土擴張，導使美國杜魯門總統採取了有名的「圍堵政策」(Containment Policy)。

第三個學派着重在美蘇兩國「政治文化」(political cultures)的不同。很明顯的，美國的政治文化在個人主義，自由、民主、與開放市場的自由貿易經濟。但蘇聯則恰得其反，蘇聯重集體主義，中央集權的民主制度，與統制的計畫(command or planning)經濟制度。這使美國人與蘇聯人難於瞭解對方，以致在國際關係裡產生了誤解與衝突。

最後是意識形態學派(Ideological Imperative)。美蘇相較，後者的意識形態是馬克斯列寧主義(Marxism-Leninism)爲個人與國家生活與行爲的惟一指導原則，經濟決定政治。但美國卻是一個沒有一權威意識的國家，如果說自由主義(Liberalism)爲美國的意識形態，則其內含有欠明確，學者界說不一。此派認爲今日國際關係乃是一兩極權力對峙局勢(bipolarity)，國際衝突導源於美蘇意識形態的不同。

一般來說，美國學者對蘇聯外交政策的觀點正如瓊斯(Jones)所指出的可分爲強硬派、溫和派、與介於兩者間的混合立場派。①強硬派認爲蘇聯外交政策的動機在追求世界無產階級革命，推行全球性的共產主義擴張，赤化世界，美國應採取全球性的圍堵政策。②溫和派則認爲蘇聯的動機僅是維護該國的安全與生存，它是對西方國家對蘇聯圍困的反應。國際間的共黨革命雖多爲蘇聯所導演（或實際參與），但今日世界各國的共產政權並非完全爲蘇聯所控制。今日的共產政權多係國家共產主義者(National Communism)。因之美國的政策首在維持歐洲的權力均衡，但不應扮演爲全球性的警察角色。③採混合立場的學者，雖視蘇聯爲擴張主義者(Expansionist)，但它只是繼續蘇聯歷史上應付一再遭受外來干預的對策而已，其動機在求國家生存與安全，而非沉醉於蘇聯帝國的建立。④

第二節　歷史文化背景與世界觀

美國的外交政策，深受其傳統政治文化的影響。⑤換言之，自由主義。自由主義可說是「美國的意識形態」(The American Ideology)，它包含了個人主義、天賦人權、自由市場、民主政治、與受限制的政府諸要素。⑥這些基本因素反映在美國歷史上的道德主義(moralism)、人權(Human Rights)外交政策與行為上。

一、美　國

在美國歷史上(尤其是在第二次世界大戰以前)，對美國的外交政策或「自我形象」(self-image)最有影響力的，是孤立主義(isolationism)、道德主義(moralism)、與實用主義(pragmatism)。美國在十九世紀，由於是新興的獨立國家及地緣政治(geopolitics)，採取對外(實即歐洲)不干涉與不結盟的孤立主義，及對拉丁美洲的門羅主義(The Monroe Doctrine)排除歐洲國家在拉丁美洲的政治干預與影響。在第一次世界大戰期間，美國遲至一九一七年才因德國漫無限制的潛艇政策(擊沉載有普通人民的美國商船)才參戰。戰後美國未參加原為美國威爾遜(Wilson)總統發起的國際聯盟，而回復到孤立外交政策。不數年間，義大利的墨索里尼(Mussolini)於一九三五年侵佔阿比西尼亞(Abyssinia，即今Ethiopia)，日本於一九三七年佔領中國東北工業區，德國希特勒於一九三九年進佔波蘭。但美國一直至一九四一年十二月七日日本偷襲珍珠港時才參加第二次世界大戰。

美國在過去曾干預他國政治，但皆以維護自由、民主、與公平道德爲藉口。例如：一八四六年德克薩斯脫離墨西哥宣佈爲獨立國，美國軍隊介入，戰敗墨西哥，德克薩斯終成爲美國領土。一八九八年在古巴的西班牙與美國之戰(Spanish-American War)，戰敗西班牙使其殖民地古巴成爲獨立國家。(萬想不到今日古巴卻是在拉丁美洲對美國製造麻煩的禍首！) 美國威爾遜總統宣稱美國參加世界第一次大戰的目的在：「以一戰止百戰」(a war to end all wars)及「使民主制度獲有一安全的世界」。在大戰結束前，他更提出有名的「十四點」和平計畫(Fourteen Points)，其中包括戰後建立一世界國際組織（爲日後的國際聯盟）。威爾遜的十四點計畫充分表現美國的道德主義外交政策。一九七七年卡特(Carter)就任美國總統之後，提出「人權」爲美國外交的指導原則，但事實上卡特的人權外交對象卻是「選擇性」(selective)的，吃軟（弱小國家）不碰硬（如蘇聯等）。所以實際上，美國的外交政策是「現實主義」(pragmatism)，第二次世界大戰後的美國外交政策更爲明顯。

在第二次世界大戰後，美國無疑地是世界上的第一強國。當時對美國外交政策，有主張回復到孤立主義，有主張道德主義，或現實主義。由於戰後蘇聯向外領土擴張，先有東歐附庸共產國家的建立，法國與義大利國內共黨的顚覆活動，蘇聯對土耳其與伊朗兩國領土與基地的要求，及希臘、馬來西亞、菲律賓、與印尼等國內共產黨所領導的革命運動，這些事實使多數美國人認清蘇聯是世界共產主義運動的領導與指使者，蘇聯不僅在追求自身的安全，旨在赤化世界。這一觀點，表現在一九四七年三月十二日杜魯門主義(Truman Doctrine)及對蘇聯的「圍堵政策」，是爲國際「冷戰」(Cold War)的開始。造成國際「冷戰」

的原因，國際關係學者論點不一，可綜合為三：⑴美蘇兩霸基於地緣政治的利害衝突，⑵美蘇無可妥協的猶如黑白不同的政治意識形態，及⑶美蘇間的誤解。⑦

圍堵政策原始建議人是肯南(Kennan)。⑧政府採取為官方政策，當時遭逢到國內左右兩派人士的夾攻。左派（鴿派）領袖華來士(Henry Wallace)認為美蘇衝突應以正常外交方式解決，圍堵將造成緊張情勢，甚或導致戰爭的威脅。右派領袖為當時參議員塔虎脫(Robert Taft)，堅主美國放棄孤立主義，在圍堵政策下，美蘇的武力競爭，無疑地將導致無可避免的戰爭。另有杜勒斯(John Foster Dulles)領導的「解放學派(Liberation School)反對圍堵政策，因為它是消極的政策，應代之以主動的，將戰鬥帶入鐵幕，解放受制於蘇聯的國家。國際關係研究學者現實主義學派如有名的摩根索，攻擊圍堵政策，因為它實際上與維持歐洲權力均衡的美國傳統利益無關，它僅與維護全球道德原則有關。換言之，美國意在保護世界各地自由民主的國家對抗直接（內在）或間接（外來）對他們的侵略，即共產黨的赤化。雖然美國政府的圍堵政策受到攻擊，但各方對美國的維護國際道義、政治自由、與民主的外交政策則無不支持。

戰後美國的外交政策是反共的，圍堵政策最初是企圖圍堵蘇聯共產主義在歐洲及中東的向外擴張，日後漸漸地適用到對付世界各地共產主義。顯著的例如：一九五〇年的韓戰，一九六二年的古巴飛彈危機，及令人難忘的越戰。由於美國強大的軍力，經濟發展，與高度的科技，美國幾乎成了維護世界和平的國際警察。

但自一九六〇年代末葉至一九七〇年代，拖延不決的越戰，西德與日本的日漸成為世界經濟大國，及蘇聯核武的趕上美國，使美國有了新的世界觀。這顯示在尼克森總統的承認：國際舞臺不再是美蘇兩霸爭奪之局。而是美、蘇、西德、日本、與中共五強的新局面。共產主義世界不再是由蘇聯一手統制的集團、這可由中蘇分裂，及東歐共產國家如阿爾巴尼亞、羅馬尼亞、南斯拉夫對蘇聯的疏遠，尤其表現在獨立的外交政策上。在另一方面，美國承認西方盟國，各有其國家利益，盟國的利益不一定常與美國的利益相合，甚或互有衝突。例如西德對東歐共產國家（尤其是東德）所採取的地緣政治的現實外交政策(ostpolitik)，法國的退出北大西洋公約組織，與日本對美國無止盡的輸入所造成的高度外滙不平衡的貿易衝突。越戰更使美國認識：由於複雜的國際關係，使美國強大的核武無用武之地。同時在蘇聯自史達林於一九五三年去世，蘇聯的外交政策變得較爲溫和。在這樣的國際新形勢之下，產生了尼克森主義(Nixon Doctrine)，它的要點有三⑨：

一、美國將信守所簽條約的義務。

二、美國將協防(provide shield)遭受核武威脅的盟邦、及其他國家（美國認爲該國的生存對美國或該國所在區域的安全有關者）。

三、如果一國直接遭受其他方式的侵略而向美國求援時，美國願提供軍事與經濟的援助。

顯明的，尼克森主義不再強調戰後國際冷戰期間的反共大旗，轉而趨向實用主義的「和解」(détente)外交政策。和解重「談判」(negotiation)而避免兩霸的正面衝突(confrontation)。這見於美蘇間的限武談判與一九七二年限制戰略武器條約(SALT I)的簽訂（詳十二章），美蘇間貿易與文化交流的增加，美蘇領袖間的高峯會議(Summit)，及尼克森於一九七二年二月的訪問中國大陸，重開大陸門戶，與中共重建新的外交關係。這使日後中美蘇的三角國際關係變得更爲複雜，但卻有助於美國的結束越戰。

「和解」政策隨尼克森總統於一九四七年因水門事件(Watergate Scandal)的下臺而不穩。尤其是美國對蘇聯在非洲的擴張有所不滿。舉其要者：安哥拉(Angola)於一九七五年十一月十一日自葡萄牙獨立，旋內戰發生，在蘇聯的支持與協助下，一萬七千古巴軍隊於一九七六年介入安哥拉內戰，使戰局利於安哥拉人民解放運動(Popular Movement for the Liberation of Angola，簡稱MPLA)，MPLA一方面接受蘇聯軍援，另一方面接受古巴軍隊的介入內戰，至一九七六年四月，戰敗其他敵對分子而建立馬克斯政權。至一九七八年初，蘇聯又支持兩萬古巴軍隊介入阿比西尼亞內戰。時美國總統卡特倡「人權外交」，但卻一直到蘇聯大軍於一九七九年侵佔阿富汗，才對蘇聯使用人權外交，提請美國參院停止考慮對SALT II條約的批准案，並減少美國穀物輸入蘇聯，同時與中共及巴基斯坦對阿富汗的反政府游擊隊提供軍經援助。

一九八〇年雷根(Reagon)當選美國總統，有見於一九七九年伊朗的美國人質事件與蘇聯的侵佔阿富汗，美國在國際舞臺上充分顯示它軍事的無能爲力，因之雷根繼續美國對蘇聯向外擴張的「圍堵政策」，其內政之一則在加強軍力，作爲對蘇外交後盾。在拉丁美洲區內，雷根力倡援助反對爲蘇聯與古巴所控制的尼加拉瓜政權，以遏阻另一古巴在中南美洲的建立。中東方面，伊朗自柯梅尼上臺後即與美國斷絕外交關係，由於伊朗在中東所處的重要戰略地位，爲美蘇勢所必爭，因之美國迄今仍企圖協助伊朗國內溫和派的取得權力，或運用各種方法來影響該國政權；致有一九八七年七月間轟動一時震撼雷根政府威信的伊朗軍售換人質(arms-for-hostages)與軍售餘額轉移尼國反抗軍(Contra)案。就實際政治而論，雷根的中南美政策如果沒有拉丁美洲重要國家的充分合作，是難有成果的。其中東政策，雷根的強硬政策雖有成效，但仍需阿拉伯與西方重要國家的協助，無疑地，蘇聯是無時不待機而動。美國與蘇聯間的限武談判，幾年來時斷時續（詳第十二章），但雷根所堅持的大原則是對的。一九八八年布希（Bush）主政，外交政策仍繼續雷根原則。一九九二年柯林頓（Clinton）當選總統，一九九六年十一月當選連任，未見有整體的外交政策。

二、蘇　聯

蘇聯的外交政策與世界觀，有其歷史、地緣政治、與意識形態等因素。⑩

在蘇聯的歷史上，尤其是十八世紀與十九世紀帝俄時代，是不斷地尋求外海出口，向南方的領土擴張，由地中海出口，此一企圖，在一八五〇年代克里米亞戰爭（The Crimean War）爲英法所阻。向東走由日本海外出，一九〇五年日俄戰爭，受辱於日。另一辦法，同時也是蘇聯的傳統，是統一斯拉夫民族（Slavic People），特別是東歐斯拉夫民族國家，因之有東歐領土的擴張。再轉向西歐，卻爲德國所阻。一九一七年爲德國所敗。一九一七年十月革命，俄國尼古拉二世皇帝（Czar Nicholas II）被推翻而有共產政權的建立。在內戰期間（一九一七—一九二九）英、美、法、義及其他西方帝國主義國家，曾聯合派遣一國際軍隊協助反革命分子（白俄軍）作戰（美國曾派遣一萬四千人參戰，死傷約一千人），但大勢已去，無能爲力。這一歷史事實，使蘇聯共產政權初次體會到西方資本主義對它的「圍困」（Capitalist Encirclement）。

蘇聯的傳統政策，建立在馬克斯・列寧主義（Marxism-Leninism）上。馬列主義源出自馬克斯（Karl Marx, 1818-1883）與恩格斯（Friedrick Engels, 1820-1895）的學說。後經列寧（Vledimir Lenin, 1870-1924）及其他蘇聯馬克斯學者等的無數增修而成。馬列主義認爲它是世界上最具科學的知識（true scientific body of knowledge），惟有它能解釋人類社會的過去、現在、與未來，並能領導人類達到幸福的將來：那無政府、無階級、人皆平等的共產主義社會（Communist Society）。馬列主義的要點在：(1)經濟唯物史觀(Economic Materialism)：認人類歷史是經濟階級的鬥爭，與⑵歷史唯物史觀(Historical Materialism)：認爲全世界被壓迫的人民終有一天由奴隸(Slavery)、封建(Feudalism)、資本主義(Capitalism)而社會主義(Socialism)，最後進入共產主義(Communism)的境地。依照此一程序，馬克斯預言：共產社會將由已發展的工業社會開始(因爲無產階級革命靠工人)，再逐漸推展到其他國家。明顯地，一九一七年十月的俄國革命與共產政權的建立，首次證明了馬克斯學說的錯誤。這是爲甚麼日後馬克斯主義經過無數修正，旨在使它能適用於社會實況。

蘇聯的外交政策首見於列寧一九一六年的「帝國主義：資本主義的最高峯」一書。⑪列寧分世界各國爲兩大集團：一爲社會主義集團，另一爲資本主義集團。馬克斯的學說認爲兩者間的衝突是無可避免的，但列寧加以修改爲和平共存的關係(peaceful coexistence)，兩大集團的戰爭是可以無限期地緩和的，不過到最後，最根本的階級區別終將導致共產主義與資本主義的衝突。列寧的外交政策顯然地是在使一九二〇年代內戰後的蘇聯喘一口氣，(求生存之不暇，那有能力談世界革命！)並爲爭取西方外資重建蘇聯社會經濟。西方國家見有利可圖而與蘇聯合作，因而有一九三一年的「新經濟政策」(New Economic Policy)，全力集中國內社會與經濟的重建。

列寧於一九二四年一月二十一日去世，時共產黨領袖對蘇聯未來的方向大約有三派不同意見：托洛斯基(Trotsky)派堅主蘇聯應立即同時促進國內的全部社會主義化(full socialism)與世界革命，另一派領袖爲布哈林(Bukharin)同意托洛斯基的蘇聯的社會主義有賴於世界革命觀點，但認爲蘇聯應繼續列寧的經濟政策，因爲其他國家尚未達無產階級革命的成熟階段。次一派以史達林(Joseph Stalin)爲首，同意布哈林的經濟政策，但深信雖然沒有世界革命，蘇聯的社會主義也一定會達成。史達林對托洛斯基與布哈林各個擊破，最後成爲蘇聯的大獨裁者。

史達林的內政，在求國家的工業化與加強軍事建設。在外交政策方面，可綜合爲數要點⑫：⑴國家建設爲重點，世界革命次之；⑵繼續與西方資本主義國家和平共存，特別與德國關係的「正常化」(normalization)；⑶與愛沙尼亞(Estonia)、拉脫維亞(Latvia)、立陶宛(Lithuania)，及東歐國家分別簽訂互不侵犯協定；⑷爭取(courtship)中國與美國的友誼，俾對付日本向蘇聯與蒙古的領土擴張，⑸建立並利用共產國際組織(Comintern-Communist International)作爲鞏固蘇聯的外圍，及在資本主義國家與西方殖民地製造麻煩的工具。

史達林時代的對外擴張政策理論根據是：在國際上的兩大集團國家，共產主義集團受到了資本主義集團國家的圍困。資本主義國家企圖消滅共產主義制度。因之蘇聯非繼續向外突圍不可，並在世界各地協助發動國際共產革命運動，世界上的共產國家應在莫斯科的領導下效忠，世界上第一個社會主義制度的蘇聯必須優先建立與保衛。同時蘇聯爲了自衛與生存，非加速工業化不可。在史達林時代的工業化、農業集體化、與大整肅(purge)之下，千百萬的反史達林政策者及無辜共產黨人遭遇死亡。具體事實見於一九五六年赫魯雪夫(Nikita Khrushchev)對蘇聯第二屆共產黨全國代表大會的秘密講辭。⑬

在第二次世界大戰前夕，德、義、日三國締結反共同盟，這使西方國家存有遐想：讓希特勒與蘇聯在歐洲火拚，同歸於盡。英首相張伯倫(Chamberlain)與希特勒在慕尼黑(Munich)簽訂慕尼黑協定（一九三八），對希特勒採姑息政策(appeasement)。史達林爲求自保，乃於一九三九年八月與希特勒簽訂震驚世界的互不侵犯條約。史達林相信如果希特勒侵佔波蘭，英、法一定出而維護波蘭，在此情勢下，蘇聯當可鞏固其在波蘭與芬蘭的既得領土。這是史達林的如意算盤。因爲當希特勒於一九三九年九月一日侵佔波蘭，英、法果然立即對德宣戰，蘇聯亦於九月十七日侵佔波蘭，至此，波蘭正式爲德國與蘇聯所瓜分。但是希特勒突於一九四一年六月二十四日攻擊蘇聯，直逼史達林格勒(Stalingrad)與莫斯科，至一九四二年底在史達林格勒戰役，蘇聯才站穩脚步。爲抵抗希特勒的侵略與獲取英、美軍經援助，蘇聯被迫放棄世界共產主義而呼籲民族主義(Nationalism)，保衛祖國的生存。在此期間，日本突於一九四一年十二月七日偷襲美國珍珠港，致有美國對德、義、日的宣戰，加入世界第二次大戰。史達林的與英、美、法合作，並不是說史達林對西方國家有了新的信心，史達林深知英、法原擬蘇聯與德國互相殘殺，坐收漁人之利，後來在萬不得已的情形下才與蘇聯合作。這是爲甚麼蘇聯在戰時的加緊控制東歐國家，建立共產政權。⑭爲應付此一新的局勢，杜魯門總統乃有杜魯門主義與對蘇的「圍堵政策」，在西歐建立馬歇爾計畫(Marshall Plan)，協助歐洲經濟的重建，次年（一九四九）並有北大西洋公約組織(NATO)的設立。自此國際政治進入了「冷戰」時期。

蘇聯對世界的兩大集團理論(two-camps theory)至赫魯雪夫有了修正。赫魯雪夫認爲繼續維持高度國際緊張局勢，將導致東西集團的直接衝突。共產與資本主義集團間的戰爭並不是絕對不可避免的，兩者可和平共存下去；但共產主義將獲得最後勝利。赫魯雪夫相信共產主義可以在不同國家、在不同的國情下單獨建立發展，而不必一成不變地仿製蘇聯的發展模式(Soviet model of development)。顯明的，蘇聯的政策，外在的受到新起的共產中國的挑戰。由於國內農業政策的失敗，與一九六二年古巴飛彈危機蘇聯的受挫，赫魯雪夫於一九六四年十月被迫下臺。繼起的是布列茲涅夫(Leonid Brezhnev)。

布列茲涅夫的外交政策原則上標榜爲馬列主義，事實上卻是隨實際政治而修正。

布列茲涅夫時代的對美外交政策是「和解」(détente)，要點在求美蘇間的和平共存，避免直接衝突，尤其是武力衝突。在另一方面，「和解」政策下並不停止其他政治、經濟、社會、與意識形態(ideology)等方面的衝突。這使蘇聯在第三世界(Third World)或稱發展中國家(Developing Countries)得以促進共產主義運動。⑮

在「和解」政策下，蘇聯於一九七〇年與西德簽訂條約，爲解決兩國間懸而未決的問題奠基。西德所採取的地緣現實政治(ostpolitik)促使以承認歐洲現狀爲建立歐洲新國際關係的基礎(包括承認東西德國之分裂)。一九七一年，美、英、法、蘇四國簽訂有關柏林的協議。至一九七二年，美蘇簽訂了戰略核武限制條約(SALT I)。次年進入所謂「和解」的國際關係時代。據賽米士(Simes)的研究，和解對蘇聯而言，它並不是維持國際權力分布的現狀的協議，因爲蘇聯仍可使用非軍事方法與行動來達成蘇聯的政治利益。⑯之後美蘇於一九七八年簽訂SALT II，但由於一九八〇年八萬蘇聯軍隊的入侵阿富汗，而未得美國參院的批准(但兩國實際上仍遵守該條約的約束)。

布列茲涅夫於一九八二年去世，後繼蘇聯的領袖因老病而相繼去世的有安得羅卜夫(Andropov 一九八四年二月去世)及契爾年苛(Chernenko一九八五年三月去世)。因之蘇聯共產黨中央委員會一反常例，於契爾年苛去世四小時之後即宣佈年輕的(五五歲)戈巴契夫(Mikhail Gorbachev)爲黨的新總書記(General Secretary)及國家的新領導人。下面是自一九一七年以來的蘇聯領袖任期。

人名	在職期間	生死日期
列寧	一九〇三—一九二四	一八七〇—一九二四
史達林	一九二四—一九五三	一八七九—一九五三
赫魯雪夫	一九五三—一九六四	一八九四—一九七一
布列茲涅夫	一九六四—一九八二	一九〇六—一九八二
安得羅卜夫	一九八二—一九八四	一九一四—一九八四
契爾年苛	一九八四—一九八五	一九一一—一九八五
戈巴契夫	一九八五—迄今	一九三〇—

由四年來的跡象看，戈巴契夫企圖親自掌握外交決策大權，漸漸疏遠過去格羅米苛(Andrei Gromy-ko)的外交方式，而採取更積極與主動的外交政策，它的範圍是全球性的，但首要在與美國尋求一限武協定，對美國高度的優越國防科技予以約束或限制，俾便蘇聯爭取時間，迎頭趕上，同時使戈巴契夫能全副精力集中國內迫切的黨政改革與經濟發展。⑰就地緣政治(geopolitical)來看，今後美蘇國際關係的重心仍在歐亞地區(Eurasia)，正如布里辛斯基所指出的：美蘇的衝突地在三個戰略地區：(1)西歐（尤其是共產附庸國

家與鄰近西方國家），⑵遠東（包括日本、中國、越南等）與⑶中東主要爲石油出產國家，伊朗、巴基斯坦、阿富汗、土耳其等國。下圖所示更爲明顯。⑱

昔英國首相邱吉爾曾說：蘇聯的政策是「一謎中謎……但……解謎的鑰匙是蘇聯的國家利益。」(a riddle wrapped in a mystery inside an enigma……But……The key is Russian national interest.)⑲就第二次世界大戰後蘇聯的外交政策與行爲分析，蘇聯逐漸趨向於將國家利益置於世界共產主義之上。換言之，馬克斯的理論今日被蘇聯用爲證實蘇聯政策與行爲的工具而已。

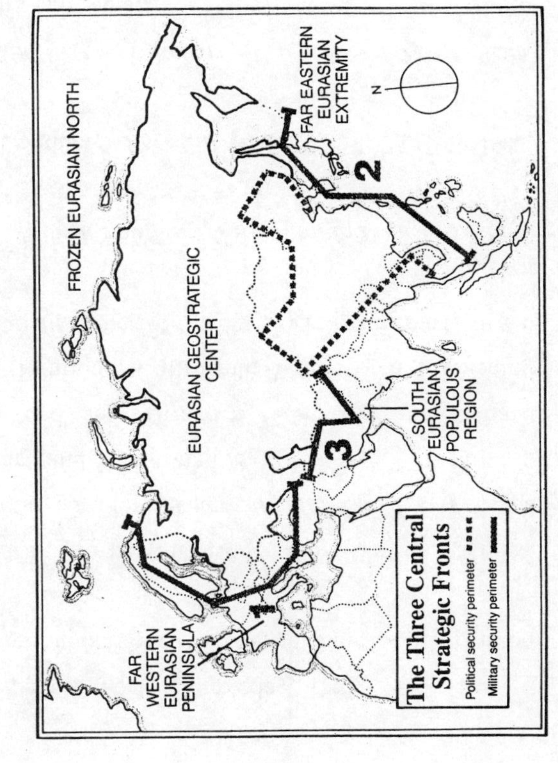

附註

① Walter S. Jones, *The Logic of International Relations*, Boston: Little, Brown and Company, 5th ed., 1985, pp. 64-65.

② Elliot Goodman, *The Social Design for a World State*, New York: Columbia University

Press, 1960.

③ Denna F. Fleming, *The Cold War and Its Origins*, New York: Doubleday, 1961.

④ William Welch, *American Images of Soviet Foreign Policy*, New Haven, Conn.: Yale University Press, 1970.

⑤ Louis J. Hall, *The Cold War as History*, New York: Harper and Row, 1967; Walter S. Jones, *The Logic of International Relations*, *op. cit.*; John Spanier, *American Foreign Policy Since World War II*, 8th ed., New York: Holt, Rinehart and Winston, 1983.

⑥ Richard P. Young, "Liberalism: The American Creed" in Edward S. Greenberg and Richard P. Young eds., *American Politics Reconsidered*, Belmond, California: Wadsworth Publishing Company, 1973; Louis Martz, *The Liberal Tradition in America*, New York: Harcourt, Brace and World, 1955.

⑦ Charles W. Kegley, Jr., and Eugene R. Wittkopf, *World Politics: Trend and Transformation*, New York: St. Martin's Press, 2nd ed., 1985, pp. 39-48.

⑧ George F. Kennan ("x"), "The Sources of Soviet Conduct," *Foreign Affairs*, Vol. 25, July 1947, pp. 566-582.

⑨ William P. Rogers, *United States Foreign Policy 1969-70: A Report of the Secretary of State*, Washington: U.S. Government Printing Office, 1971, pp. 36-37.

⑩ Zbizniev Brzezinski, *Game Plan: A Geostrategic Framework for the Conduct of the U.S.-Soviet Context*, Boston: The Atlantic Monthly Press, 1986; Walter S. Jones, *The Logic of International Relations*, *op. cit.*, Chapter 1.

⑪ V. I. Lenin, *Imperialism: The Highest Stage of Capitalism*, Selected works, Vol. V., New York: International Publishers, 1943.

⑫ Alvin Z. Rubinstein, *Soviet Foreign Policy Since World War II: Imperial and Global*, Cambridge: Winthrop, 1981 p. 9; Also George I. Kennan, *Russia and the West Under Lenin and Stalin*, Boston: Little, Brown and Company, 1960; Adam B. Ulam, *Expansion and coexistence: Soviet Foreign Policy, 1917-1973*, New York: Praeger Publishers, Inc., 1974.

⑬ Nikita, Khrushchev, *Khrushchev Remembers*, Boston: Little, Brown and Company, 1970, p. 583.

⑭ Adam B. Ulam, *Expansion and Coexistence*, *op. cit.*, pp. 250-279.

⑮ Adam B. Ulam, "Forty Years of Troubled Coexistence," *Foreign Affairs*, Fall 1985, pp. 12-31. Also James Schlessinger, "The Eagle and the Bear: Rumination on Forty Years of Superpower Relations," *Foreign Affairs*, Summer 1985, pp. 937-961.

⑯ Dimitri K. Simes, "Dětent, Russian-Style," *Foreign Policy*, No. 32, Fall 1978, pp. 47-62; Also Colt D. Blacker, *Reluctant Warriors: The United States, the Soviet Union, and Arms Control*,

New York: W. H. Freeman and Company, 1957.

⑰ Jerry F. Hough, "Gorbachev's Strategy," *Foreign Affairs*, Fall 1985, , pp. 33-55.

⑱ Zbizniev Brzezinski, *Game Plan*, *op. cit.*, Chapter 2.

⑲ Winston Churchill, *The Gathering Storm*, Boston: Houghton Mifflin, 1948, p. 449.

第六章　南（第三世界）北（已開發工業國家）的衝突

今日世界上有一百八十八個國家，事有巧合，北半球的國家幾乎全是工業發達國家、南半球包括亞洲與大洋洲（除日本、澳洲與紐西蘭外）、非洲（南非共和國不計）、中東（除沙烏地阿拉伯、科威特、卡達等石油輸出國外）與拉丁美洲等國家，皆是比較貧窮落後的國家，一般統稱之爲發展中國家(developing countries)或第三世界(The Third World)，以別於共產集團第二世界與已開發的工業國第一世界。由此事實，發展中國家與已開發的工業國家間的衝突，近年來皆通稱爲南北衝突(North-South conflict)，但這一詞彙不包括共產國家在內。

南北國家的衝突，明顯地表現在聯合國內外，尤其是在國際經濟方面，這與源於意識形態與政治的東西(East-West)衝突有所不同。此處先須指出的是：經濟問題常與政治糾纏難分。本章簡述：發展中國家概況，發展中國家與工業發達國家之比較，發展中國家的政治經濟發展問題，發展中國家的要求與工業國的對策。

第一節　發展中國家簡介

發展中國家的人口、疆域、文化、政治與經濟制度各有不同，例如：大國有印度（人口已超過十億），小國卡達（Qatar）僅約七十萬人口，阿拉伯聯合大公國（United Arab Emirates）約有二百萬人口。有的國家如印度與埃及有數千年的歷史文化，無數小國皆是第二次世界大戰後的獨立國家。有較發展的南韓、中華民國臺灣、新加坡、以色列、南非共和國等，更有石油輸出國的新富沙烏地阿拉伯、科威特、阿拉伯聯合大公國等。極少數的發展中國家具有一穩定的社會與民主政治制度，多數卻是軍人獨裁或不穩定的政治制度，政變頻繁，政治經濟爲極少數人所操縱，絕大多數人民無法參與政治。有的國家具有資本主義的自由經濟制度(free enterprise under capitalism)，但也有實行社會主義的政府統制的計畫經濟(central planning)制度。半數以上的發展中國家戰前爲英、法、葡、西班牙等歐洲國家的殖民地，戰後才先後成爲獨立國家。

就政治經濟發展而論，哈佛正吉(Hafziger)教授列舉發展中國家具有的共同特徵爲①：

一、國民經濟收入普遍低而且高低差距很大。據一研究報導②：大約半數以上的發展中國家國民收入的差距很大；在非社會主義的發展中國家人口中，最低層的百分之四十人口僅佔全國總收入的百分之十二點五左右。

二、政治制度的不同。發展中國家中，大約只有十八個民主制度國家，極少數的政治精英(political

elites)操縱全國政治經濟，人民的政治參與甚低，若干由戰前西方殖民地成爲獨立的國家仍受西方國家的控制。

三、農業爲主的農業社會。在發展中國家大約有百分之七十以上人口居住在農村，全國百分之八十的窮人在農村。生產落後，無法現代化。

四、大家庭制度，人口成長率高，增加快速，勢如脫韁野馬。政府缺乏有效的控制生育計畫。糧食生產供不應求。

五、畸形的雙軌經濟(a dual economy)。經濟制度一方爲農民爲主的農業社會，另一爲小部分的而且幾乎爲外資所控制的新工業社會。導致經濟發展的極度不平衡。

六、勞動人口（約百分之七十）集中在農業。勞動人力中多數爲非技術性(unskilled)勞力。一旦面臨經濟的進一步發展，技術人員就供不應求。

七、國際貿易爲大多數國家的外滙收入來源。輸出主要爲生產原產品(primary products)，且限於少數項目如銅、咖啡、香蕉、茶、糖等，由於需求缺乏彈性，國際市場消費量一定，市場一旦飽和，售價下跌，非減少產量（即減低市場供應）所能爲力（控制價格）。

八、科技(technology)與資金(capital)的奇缺，無投資，無能經營。更加以低儲蓄率(low saving rates)。

九、教育不發達，文盲特多（佔人口半數以上），這不是一朝一夕所能改進的。

今日世界約有五十六億（5.6 billion）人口，其中約百分之七十五分佈在發展中國家（尤其是中國有

全世界工業國家與其他國家人口成長（1750-2225年估計）

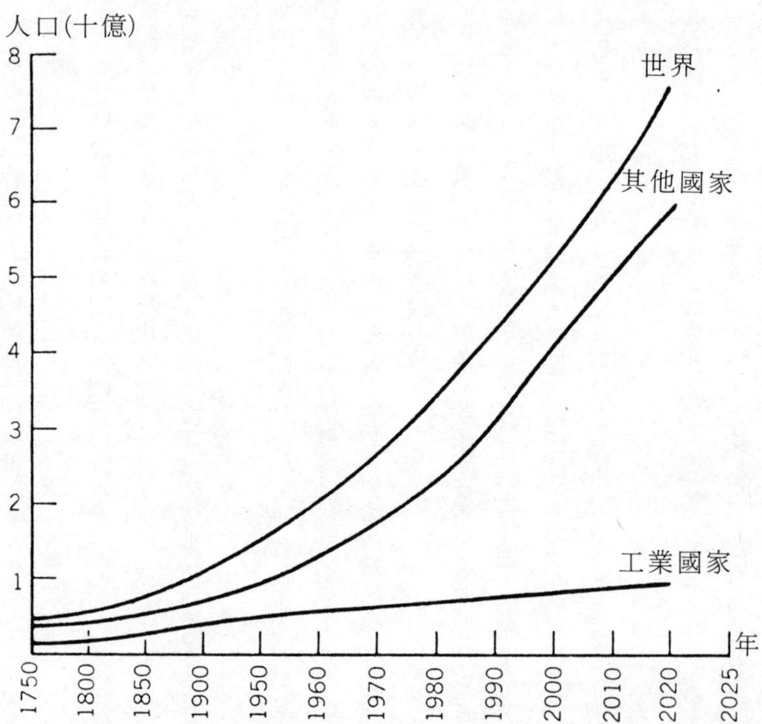

資料來源：The United Nations, *World Population Trends and Policies, 1981 Monitoring Report*, Vol. I and *The Population Debate: Dimensions and Perspectives,* Vol. 1974.

十億以上，印度次之），世界人口成長趨勢如九八頁圖示，當務之急在如何加速工業化與養活這些人口。

第二節　工業國家與發展中國家之比較

比較國家的發展，窮與富，首先要解決的問題是：用何標準比較？國際上最通用的辦法是比較兩國個人在國民生產毛額中平均所得(per capita GNP)。例如世界銀行(World Bank)用此標準將一九八〇年世界各國分爲三大類：低收入國(low-income)（低於四一五美元），中收入國(middle-income)(收入在四一五—四、五〇〇美元之間)，及高收入國(high-income)（收入超過四、五〇〇美元）。最後一類是所謂工業發達國家(DCs)或富裕國家。前兩類則歸爲發展中或低度發展中國家(LDCs)，絕大多數爲貧窮落後，但例外的有石油輸出的富裕國如沙烏地阿拉伯、科威特、卡達、與阿拉伯聯合大公國等。由於此一標準有其缺點，因之更有其他附加的標準如：比較各國貨幣的購買力（或稱Kravis purchasing power）③，或生活實質指標(PQLI: The Physical Quality of Life Index)包括項目如文盲(literacy)多少、平均壽命(life expectancy)、嬰兒死亡率(infant mortality)等。一〇二頁附表爲各國經濟與社會指標比較，顯示個人在國民生產毛額中平均所得(per capita GNP)與生活實質指標(PQLI)有密切的關係，就是前者高的，後者亦高，這是富裕國家的指標，貧窮國家（少數例外）則兩者指標俱低。

據路易士(Lewis)與凱來伯(Kallab)的研究發現：在一九八一年，世界上有二十九國的個人平均所得佔各該國國民生產毛額至少在三、五〇〇—八、八五五美元之數，但這二十九國的人口總和，僅佔全世界

抽選國家的三大發展指標

Three Measures of Development: Selected Countries

	HUMAN DEVELOPMENT INDEX 1992	REAL GDP PER-CAPITA (PPP$) 1991	GNP PER-CAPITA (US$) 1991
United States	0.925	22,130	22,340
Hong Kong	0.875	18,520	13,580
Korea, Republic of	0.859	8,320	6,350
Costa Rica	0.848	5,100	1,870
Mexico	0.804	7,170	3,080
Brazil	0.756	5,240	2,920
Saudi Arabia	0.742	10,850	7,900
Botswana	0.670	4,690	2,580
Cuba	0.666	NA	NA
China	0.644	2,946	370
Philippines	0.621	2,440	740
Indonesia	0.586	2,730	610
Nicaragua	0.583	2,550	400
Egypt	0.551	3,600	610
Vietnam	0.514	NA	NA
Zimbabwe	0.474	2,160	670
Kenya	0.434	1,350	340
Pakistan	0.393	1,970	400
Ghana	0.382	930	420
India	0.382	1,150	330
Zambia	0.352	1,010	420
Zaire	0.341	469	NA
Tanzania	0.306	570	120
Ethiopia	0.249	370	120
Guinea	0.191	500	500
All Developing Countries	0.541	2,730	880
Least-Developed Countries	0.307	880	240
Industrial Countries	0.918	14,860	14,920

資料來源：United Nations Development Program, *Human Development Index, 1994*, New York: Oxford University Press, 1994, 95, 129-133.

人口的四分之一。其他國家的個人平均所得卻在三、五〇〇美元以下，最低者僅百餘元。在一九九一年低收入國國民收入平均所得（Per Capital GNP）爲一、〇九七美元，高收入國則高達一六、九二〇美元。④發展中國家與工業國家在國民生產毛額中的個人平均所得日益擴大其差距有如下表。

富裕國家與貧窮國家國民收入的差距，隨日月而增大。差距的縮小，需要漫長的歲月。據莫拉威支（Morawetz）所作一九五〇至一九七五年間的經濟發展研究

日漸擴大的差距

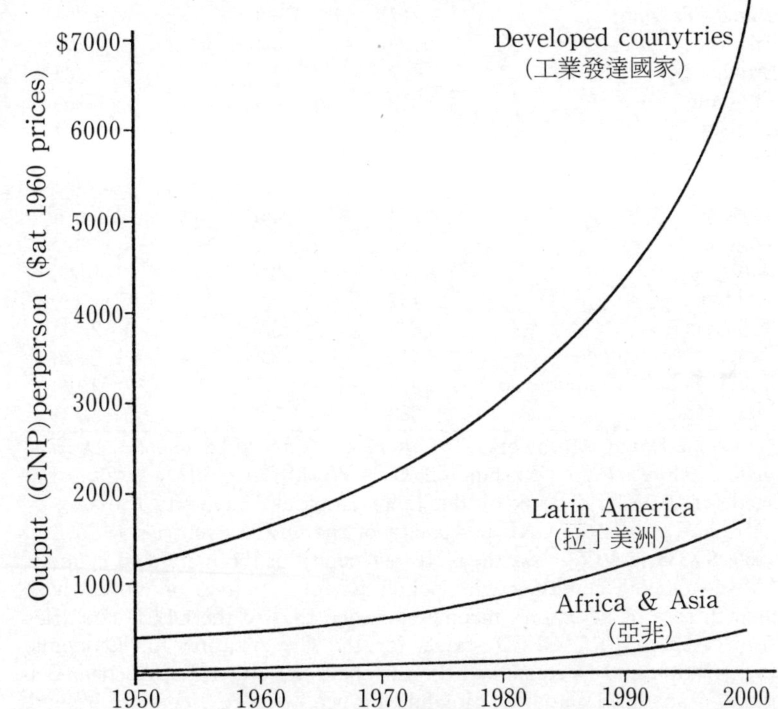

資料來源：From Barbara Ward, J. D. Runnalls and Lenore D'Anjou, eds., *The Widening Gap.* ©1971, Columbia University Press. Reprinted by permission of the publisher.

貧窮與富裕國家的差距能拉平嗎？

Country[b]	*GNP per capita, 1975 (1974U.S.$)*	*Annual growth rate, 1960-1975 (%)*	*No. years until gap closes if 1960-1975 growth rates continue*
OECD countries	5,238	3.7	-
Libyan Arab Republic	4,675	11.8	2
Saudi Arabia	2,767	8.6	14
Singapore	2,307	7.6	22
Israel	3,287	5.0	37
Iran	1,321	6.9	45
Hong Kong	1,584	6.3	48
Korea	504	7.3	69
China (Taiwan)	817	6.3	75
Iraq	1,180	4.4	223
Brazil	927	4.2	362
Thailand	319	4.5	365
Tunisia	695	4.2	422
Syrian Arab Republic	604	4.2	451
Lesotho	161	4.5	454
Turkey	793	4.0	675
Togo	245	4.1	807
Panama	977	3.8	1,866
Malawi	137	3.9	1,920
Malaysia	665	3.8	2,293
Papua New Guinea	412	3.8	2,826
China, People's Republic of	320	3.8	2,900
Mauritania	288	3.8	3,224

資料來源：David Morawetz, *Twenty-Five Years of Economic Development, 1950 to 1975* (Washington, D.C.: World Bank, 1977), p. 29; published for the World Bank by the Johns Hopkins University Press.

[a]Absolute gap is the GNP per capita of the OECD countries ($2,378 in 1950, $5,238 in 1975), less the GNP per capita of the individual country.

[b]All developing countries with population of 1 million or more whose growth rate of per-capita income exceeded that of the OECD countries from 1960 to 1975. OECD stands for the Organization for Economic Cooperation and Development. Its members are Australia, Austria, Belgium, Canada, Denmark, Finland, France, Greece, Iceland, Ireland, Italy, Japan, Luxembourg, the Netherlands, New Zealand, Norway, Portugal, Spain, Sweden, Switzerland, Turkey, the United Kingdom, the United States, and West Germany. For purposes of this table, Greece, Portugal, Spain, and Turkey are not considered members of the OECD.

結果，世界上僅有十幾個國家能達到縮短此差距的希望。這可由一〇四頁表見及。⑤貧富國家的差距愈來愈大，原因所在，各家理論解說不一。「自由經濟發展論」（Liberal Economic Development Theory）認為貧窮國家經濟發展落後的主要原因在其本身有問題，因之，如何求得改進為首要之途。次為「依靠論」（Dependency），源出於列寧（Lenin）的「帝國主義論」（Imperialism），貧窮國家發展落後是由於受到資本主義國家的剝削與限制所致。最後有「世界體系論」，近於馬克思對資本主義的分析，但認為在國際經濟體系裡，工業發達國家為此一系統的核心（core），其他貧窮國家為其外圍附庸（periphery），外圍的經濟發展受制於核心。

第三節　南北貧富間的衝突

今日發展中國家所面臨的問題，在政治方面是如何維持政局的穩定。除極少數外，發展中國家皆為非共產主義的政治制度。但軍人政變(military coup)頻繁，視為常事，其結果或為軍人獨裁或為軍人所控制的文人政府。政府機關，不但組織結構欠健全，效能低，缺乏科技人才，貪污尤甚。⑥

在經濟方面，是如何管理國家經濟(managing the economy)。⑦重要課題，是發展經濟與消除貧窮。經濟發展有三條路線可資遵循：西方化的自由放任的資本主義(laissez-faire capitalism)路線，蘇維埃化(Sovietization)的國家社會主義(state socialism)路線，與前二者的混合經濟，發展中國家的統治階層似乎偏愛國家社會主義的經濟制度。在社會主義的低度發展中國家(socialist LDCs)，凡屬利潤、租金、利息等皆由政府平均分配給國民。資本主義的低度發展中國家(capitalist LDCs)則採政府不干預政策，由市場經濟自然地求得人民的平衡收入。資本主義與社會主義混合的發展中國家，其政策介於社會主義的國家統制經濟與資本主義的自由市場經濟兩者之間，企圖用較溫和的手段求得社會經濟收入的平均分配(income distribution)。⑧蘇聯的一九一七年十月革命，與一九四九年中共政權的建立，先後皆證明馬克斯的歷史唯物觀發展理論的錯誤。如果比較今日共產主義國家與資本主義代表美國的經濟發展，工業生產，與人民生活程度水準，則前者遠不及後者。這是為甚麼今日中蘇經濟政策的趨向資本主義路線的原因。有見於此，發展中國家多採混合經濟政策。

今日發展中國家的政治經濟重要政策，大約可歸納為次列數點⑨：

一、土地改革：發展中國家，皆屬農業社會，土地多集中在少數地主之手。據聯合國糧食與農業組織(FAO)的資料，在拉丁美洲國家人口中，百分之一點三的地主擁有百分之七十二左右的全部耕地。土地集中在少數地主之手，此一事實，並不是導致發展中國家貧窮落後的惟一原因。與它相關的是佃農制度(land-tenure system)。在這一制度下，農地生產低，無自動自發力，與缺乏科技的運用等。所以治本的辦法，在改革佃農制度，逐漸使耕者有其田，在過去有臺灣與南韓的土地改革成功史例。

二、減低失業：失業是造成社會與政治不穩定的大原因。解決失業的有效政策如：迅速發展工業，着重勞力密集工業(labor-intensive production in manufacturing)，增加農村經濟發展與社會服務業(social services)，並配合教育制度與經濟發展計畫。

三、普及教育：一國教育的發達與否，與其國家的政治經濟發展，及國民收入有密切的關係。教育普及非朝夕間的事，必須有一長期計畫。

四、加強研究與科技：與教育密切相關連的是加強農業的研究與科技的引進與運用。如「綠色的革命」(the green revolution)增加了貧窮國家的糧食生產，及農民收入，是一最佳的例。

五、改進稅收制度：發展中國家的稅收制度，多不上軌道，或有名無實。累進所得稅(progressive income tax)，對減少貧富收入的不平均，是爲良策。

六、實施社會福利政策：協助老幼殘廢貧窮無依國民，使有棲身之所，免於饑寒。

七、創設重點計畫：政府創設特別重點計畫，幫助社會裏特別的民族或落後地區，如印度政府「被排斥階級」(outcastes)人等的特別援助。

八、加速經濟成長(accelerating economic growth)：採取成長取向的經濟政策(growth-oriented policy)，是發展中國家減少貧窮的最佳政策。但在經濟發展的過程中，應力求農村與都市的平衡發展，避免畸形的雙軌經濟。

發展中國家的經濟發展，主要靠本身的自立更生，但由於本身的貧窮落後，資金與科技就有賴於西方工業發展國家的援助。

發展中國家要求在國際經濟制度裏，建立一新的國際經濟秩序(New International Economic Order簡稱爲NIEO)，俾縮小國際間貧窮國家與富裕工業發達國家間貧富的大差距。(詳第七章)

新國際經濟秩序的倡導，應追源於一九六四年日內瓦的聯合國貿易與發展會議(UNCTAD: United

Nations Conference on Trade and Development)的第一次會議。(在共產集團的支持下，此後若干會議皆集中在國際間貧窮與富裕國家問題上) 在會議期間，由七十七個貧窮國家組成的「七七集團」(通稱爲 Group of 77 或 G-77)，對富裕的工業發達國家施壓力，要求改變現有的不公平國際經濟制度，另建立一新國際經濟體系。(今日此一集團國家已超過一二五個國家)此時首當其衝的富裕國家爲美國、西歐與日本。由於各國的外交政策，對發展中國家的需要與利害關係不同，因之對來自貧窮國家的要求反應 (政策) 就有所不同。至一九七九年與一九八〇年代，由於先後兩次的「石油危機」(詳見第九章) 與世界經濟的普遍不景氣，工業發達國家自顧不暇，就不願多過問發展中國家所遭遇的困難與要求了。在另一方面，在發展中國家，由於發展的程度不同，貧窮如洗的國家如孟加拉(Bangladesh)，正在工業化的臺灣、南韓、新加坡、以色列、南非共和國等，更有與西方國家有着密切歷史關係 (如非洲戰後獨立國家與英法等國的歷史關係，拉丁美洲與美國的傳統關係)，因之對工業發達國家的政治經濟關係也就互有差異，而影響到發展中國家集團對工業發達國家的共同對策。

一般而論，發展中國家深信現有的國際經濟制度是導致它們貧窮的最大原因。爲求得它們經濟的獨立，非改變現有基本的國際結構(structures)、原則(principles)、法規(rules) (它們決定國際間的貿易、服務、資金、勞力、與科技等) 不可。這一目的有賴於集體行動，不是傳統的個別雙邊國家關係(bilateral relations)所能解決的，發展中國家求獨立，不但表現在經濟方面，而且在政治方面，如一九五五年亞非二十九個國家在印尼萬隆(Bangdung)會議開始的不結盟運動(nonalignment)，但效果並不顯著。(詳第七章) 發展中國家今後的政治經濟發展，有賴於工業發達國家的合作與協助，如果企圖憑衝突來改革現有世界經濟制度，不勞而獲（經濟成果），恐將難有所成。

附註

① E. Wayne Hafziger, *The Economics of Developing Countries*, Belmont, California: Wadsworth Publishing Company, 1984, Chapter 3; Also Weatherly Long Alexander, Walsh C. Gooden, and Kranzdorf H. Culver, *The Other World: Issues and Politics in the Third World*, New York: MacMillan Publishing Company, 1987, Chapters 1 & 3; Hans Singer and Javed Ansadro, *Rich and Poor Countries*, London: Allen and Unwin, 1982.

② Mentek S. Ahluwalia, "Income Inegnality" in Hollis Chenery, Mentek S. Ahluwalia, C. L. G. Bell, John H. Duloy, and Richard Jolly, *Redistribution with Growth*, London: Oxford University Press, 1974.

③ Irving B. Kravis, Alan Heston, and Robert Summers, *United Nations International Comparison Project: Phase II: International Comparisons of Real Product and Purchasing Power*, Baltimore: The Johns Hopkins University Press, 1978, pp. 204-205.

④ John P. Lewis and Valeriana Kallab, eds., *U.S. Foreign Policy and the Third World: Agenda 1983*, New York: Praeger, 1983, p. 200. World Development Report 1993, New York.

⑤ David Morawetz, *Twenty-Five Years of Economic Development, 1950-1975*, Washington, D. C.:

World Bank, 1977.

⑥ Monte Pabner, *Dilemmas of Political Development: An Introduction to the Politics of the Developing Areas,* Itasca, Ill.: F.E. Peacock Publishers, 1980, 2nd ed., Chapter 7.

⑦ Christopher Clapham, *Third World Politics: An Introduction,* Madison, Wis.: The University of Wisconsin Press, 1985, Chapter 5; Also Weatherby L. Alexander, Walsh C. Gooden, Kranzdoaf H. Culuer, *The Other World: Issues and Politics in the Third World. op. cit.*, p. 11.

⑧ Charles R. Frank Jr. and Richard C. Webb, eds., *Income Distribution and Growth in the Less-developed Countries,* Washington, D. C.: Brookings Institution, 1977.

⑨ E. Wayne Nafziger, *The Economics of Development Countries, op. cit.*, pp. 103-107.

第七章　國際政治經濟：

㈠國際貿易、國際貨幣與國際負債

國際間的糾紛，主要是政治、經濟與軍事問題。軍事衝突不是常有的事，可說是反常的國際關係現象。政治與經濟是日常的國際關係。政治與經濟在國際關係裏常糾纏一起，難以分開。一國的政治決策，經濟常為重要的決定因素。反之，經濟關係常取決於政治因素。學者稱之為政治經濟（political economy）。在國際政治經濟的範疇裏，本書僅略述：⑴國際貿易、國際貨幣制度與國際負債；⑵跨國企業；與⑶石油政治。本章先論前者。

第一節　國際貿易

國際貿易（international trade）與國際貨幣制度（international monetary system）是不包括在傳統的國際關係研究範圍內的。由於先進國家的工業化，科技的發達，交通運輸的普及，國際貿易的日日增加，國家幣值的波動對世界各國的影響，以及發展中國家今日所面臨的外債危機，凡此皆說明國際貿易與國際貨幣制度在國際關係裏的重要性。

簡單來說，國際貿易是一國進口其所不能生產或生產成本過高（較之由其他國家生產同樣產品）的貨物，同時輸出超過國內需要量的產品。如果世界各國遵守此一國際分工原則，生產並輸出有利於本國的不同產品，輸入廉價的國外產品，則雙方皆蒙其利。這是十八世紀經濟學家李嘉圖(David Ricardo)有名的「比較利益論」(The Ricardian Theory of Comparative Advantage)的概說。換言之，在自由貿易的情況下，兩個或多個有關國家由國際貿易所獲得的利益，要較限制貿易或自給自足的生產所得的成果多些。李嘉圖的理論，爲西方傳統經濟學家所採用，深信國際間自由貿易有利於貧富國家兩者。一九三〇年代各國採取高度的保護貿易政策，不但使國際貿易萎縮，而且導致全球經濟的蕭條。但馬克斯社會主義學者卻認爲國際貿易是西方工業國家用來剝削貧窮落後的發展中國家的工具。

在第二次世界大戰後的一九五〇年代，西方國家漸趨向於自由貿易，先有一九四四年國際貨幣基金(IMF: International Monetary Fund)的建立，旨在促進國際貨幣的穩定與國際貨幣的自由交流 (Transactions)。繼之有一九四七年關稅暨貿易總協定(GATT: General Agreement on Tariffs and Trade)。最重要之點在「最惠國」(MFN: most-favored-nation)原則，各國一視同仁，應無岐視。這兩個機構及國際復興開發銀行(IBRD: International Bank for Reconstruction and Development)成了第二次大戰後國際間阻止經濟國家主義(economic nationalism)對國際政治經濟發生不良後果的經濟組織基礎。①

在一九五〇年代，西歐國家與日本致力於國家經濟的重建，美國成了戰後國際經濟秩序(international economic order)重建的首領。美國在世界經濟的領導地位，一直至一九六〇年代中葉才受到挑戰。(詳見本章後) 許多亞洲新獨立國家 (多屬英、法、葡等國戰前殖民地) 及拉丁美洲國家，爲保持國家獨立自主，當時皆極力避免捲入戰後東 (共產集團) 西 (西方工業國家) 政治衝突，免爲任何一方控制，而採取了所謂「不結盟」外交政策。「不結盟運動」(nonalignment movement)始於一九五五年在印尼萬隆(Bandung)舉行的二十九個亞非國家會議。在經濟方面，咸認西方工業國家的自由市場貿易，並不如西方國家所說的有助於發展中國家的經濟發展，實際上卻是在摧毀萌芽的工業。因之發展中國家應採取閉關保護政策。希望國內市場等爲國內生產所有，俾保護萌芽的幼稚工業(infant industry)，待工業基礎建立之後，保護政策方可取消而進入國際自由貿易市場。在這一基本政策下，發展中國家對工業國家要求改革現有自由市場系統(free trade system)，解除進口限額(import quotas)，重訂產品優惠稅率待遇制度(preferential trading system)，建立商品生產者與消費者的商品協定(commodity agreements)，俾穩定發展中國家原產品的外銷市場與銷售價格。工業國家（尤其是美國）認爲這些完全違背自由貿易原則，無法接受。②

至一九五〇年代末葉，發展中國家發現自一九三〇年來以鄰爲壑的保護貿易政策（如關稅、進口額外索價、進口限額、對國內產品的優惠稅率待遇、多滙率制等），不但未能促進本國工業的發展與對外的獨立，反而產生國際貿易上的負效果(negative impact)：國際經濟蕭條。在一九五〇年代，發展中國家的經濟，一般皆日漸變壞。重要原因大概有：(1)以本國貨代替進口貨(import substitution)並不是經濟發展的良策，它雖然多少增進了國內工業化，但卻相對地付出了太高的代價，因爲新工業常常效率欠佳（人才缺乏，成本過高，科技落後），而且無助於失業問題的解決。(2)工業化的資金大部來自農業部門(sector)，同時政府對農業的投資日漸減少，形成農村與工業區收入的高度不平均，促使農村勞力大量湧向工業城市，城市工業就業有限，人口供過於求，造成嚴重失業。(3)以本國貨代替進口貨無助於外滙收支平衡(balance of payments)，這是由於國內製造業生產成本高，無法與國外市場競爭，結果是退而限於內銷。另一方面因爲本國幣值估價過高(overvalued currency)，使傳統外銷的農產品價格受損。最後⑷以本國貨代替進口貨這一政策下，並沒有減少進口，僅是變動了進口貨的種類而已。例如在不進口製成品(finished products)政策下，卻又大量進口原料，配（零）件，及農產品等。③

發展中國家的新經濟政策，注重出口貿易的增加。出口的增加，可使生產達到最高效率，增加利潤與工業發展所需的外滙。發展中國家深信要達到此一目標，必須先改革現有的國際貿易系統。因爲在此一系統下，發展中國家的貿易遭受到長期的衰退(long term deterioration)，發展中國家的主要產品不但受制於工業國家的保護政策(protectionist policy)，工業國家更操縱國際市場。發展中國家的策略，首先施壓力於GATT。因爲GATT取代哈瓦那憲章(Havana Charter)而成爲國際間貿易的新秩序(new trading order)，它無視於發展中國家的利益。從一九五五年的萬隆會議，一九六二年的開羅(Cairo)會議，及一九六四、一九六八，與一九七二年在聯合國貿易與發展會議(UNCTAD: United Nations Conference on Trade and Development)，並在GATT的本身會議上，發展中國家提出了新的國際經濟秩序的要求。在此期間，蘇聯也開始介入了這一南北衝突。

由於在一九五〇年代，許多新獨立的國家進入了國際舞臺。爲了爭取這些國家，蘇聯開始用經援與貿易與他們建立了新的關係。在一九五六年與一九五八年，蘇聯曾建議在GATT外召開一國際貿易會議並另建新機構取代GATT。西方工業國家極力反對蘇聯的建議，但卻願意改革GATT。發展中國家有見於一九五八年的哈伯萊報告(Haberler report)（GATT於一九五七年指派研究發展中國家貿易問題專家小組所提）建議，一無所成，更增加發展中國家對GATT的不滿。但事實上證明改革GATT本身機構的不可能，因而只能求諸外在的行動。

從一九六一年起，發展中國家開始建立了一鬆弛的聯盟(a loose coalition)，企圖由集體行動對付工業發達國家，改變國際貿易的管理制度(trade management)與國際貿易系統。在一九六一年九月亞非國家在印尼萬隆會議時，呼籲世界有關國家舉行一國際經濟會議。同年，發展中國家在聯合國大會通過（工業發達國家反對）建議，作成決議，由聯合國諮商各有關國家政府舉行國際貿易會議。次年（一九六二）七月，在開羅所舉行的發展中國家問題會議，拉丁美洲國家亦開始加入亞非國家陣線，更增強了發展中國家對工業發達國家的壓力。在這一新情勢下，工業發達國家不得不改變過去的政策，開始同意聯合國經濟暨社會理事會一九六二年的決議，召開聯合國貿易與發展會議(UNCTAD)。UNCTAD的第一次會議於一九六四年在日內瓦召開。並成爲一永久性的國際組織。該組織認爲今日國際經濟中，工業發達國家爲其中重心所在，發展中國家則爲外圍(periphery)。由於工業發達國家的保護政策(protectionist policies)與貿易岐視(discrimination)政策，造成了國際貿易市場上對發展中國家的不利，導使長期對外貿易的失去平衡。因之聯合國貿易與發展會議在七七集團(77-Group)國家的領導下，提出三大要求（見一九六三年聯合國宣言與聯合國貿易與發展第一次的卜內畢棋報告：Prebisch report)：(1)改革現有組織結構，(2)增進發展中國家的工業品出口，及(3)促進發展中國家的商品貿易(commodity trade)。關於第一點，工業發達國家的讓步是在一九六四年日內瓦會議時建議將UNCTAD成爲聯合國內的永久機構之一，這一設施給予發展中國家參與國際貿易系統的管理(Management)與改革的機會，並成爲發展中國家提出要求的國際管道(channel)。但是惟一的弱點是：UNCTAD仍無實力迫使工業發達國家執行該會的決議。

關於第二點增進發展中國家的工業品出口，惟一的成果是一九六八年在新德里(New Delhi)聯合國貿易與發展第二次會議(UNCTAD II)協議建立一優惠待遇制度原則。之後一直至一九七六年美國的貿易革新法案(U.S. Trade Reform Act)通過施行。其他工業發達國家也隨之相繼設立優惠制度(preferential schemes)。雖然發展中國家對工業發達國家所給予的有限優惠制度仍有所不滿，但亦無可奈何，何況有勝於無。

發展中國家所最關切的是第三點促進商品出口貿易。由於出口貿易是發展中國家爭取外滙的最大泉源，但問題複雜。如波動的物價影響到經濟發展所依賴的外滙盈入，工業發達國家的保護與岐視關稅政策，使出口受限制。發展中國家更受到本身的限制，例如在一九八〇年，發展中國家的出口，百分之八十左右是原

1973 年工業國家由發展中國家輸入的鑛物（消耗量的百分比）

	美國	日本	西歐
鋁(Bauxite and Aluminum)	67.0%	47.0%	22.0%
鉻(Chrome)	31.0	38.0	38.0
銅(Copper)	51.0	49.0	57.0
鐵礦石(Iron ore)	34.0	44.0	30.0
鉛(Lead)	25.0	16.0	16.0
錳(Manganese)	68.0	21.0	42.0
鎳(Nickel)	7.0	88.0	2.0
磷酸鹽(Phosphates)	—	39.0	67.0
錫(Tin)	94.0	90.0	85.0
鎢(Tungsten)	61.0	96.0	58.0
鋅(Zinc)	11.0	32.0	16.0

資料來源：Council on International Economic Policy, *International Economic Report of the President* (Washington, D. C.：U. S. Government Printing Office, March 1955), pp. 161-162.

料出品（primary products），僅百分之二十是工業成品（manufactured goods）。相反的，工業發達國家的貿易收入中，百分之七十五左右來自工業成品其他來自原料成品。有些發展中國家，更只依賴一特別的輸出品來賺取外匯。這可見發展中國家在國際貿易上所受到的本身先天限制。④

一九七〇年度是轉捩點。由於一九七三年石油輸出國(OPEC)發動的首次「石油危機」(石油禁運)，發展中國家首次顯示了它們經濟與政治的潛力（詳第九章）。由於工業發達國家的高度工業化，有賴石油及其他重要原料(raw materials)，發展中國家使用它們所能控制的特有原料（見一一六頁表）對工業發達國家在國際政治經濟上爲討價還價的工具。不過發展中國家是否能達到這一目的，有賴於團結集體行動。由於發展中國家工業發展程度不同，經濟需求不同，特別是原料出口的市場，及原料品的供需彈（伸縮性，這些因素使發展中國家難以像石油輸出國家組織的有效運用，所以最大的團結力量是來自石油輸出國（尤其像沙烏地阿拉伯）的支持。

在七七集團策動下，聯合國大會在一九七四年五月一次特別會議通過發展中國家所建議的建立一「新國際經濟秩序」(New International Economic Order)，其要點如次：

一、增加並擴大外援(foreign aid)。

二、重新協商（意卽減少）第三世界(Third World)的國際負債。

三、對外國直接投資的轉移權(right of expropriation of foreign direct investment)，但駐在國應予公平足夠的補償。

四、加強對跨國企業的控制。

五、加強對西方科技的獲得與改善科技轉移的條件。

六、對第三國際產品設立「普遍化優惠關稅制度」(GSP: Generalized System of Preferences)，同時減少西方工業國家的國際貿易障礙。

綜觀發展中國家所要求的「新國際經濟秩序」項目，有數點值得吾人注意：⑴雖然它是對第二次大戰期間與戰後自由或市場國際經濟體制 (the liberal or market-based international regimes) 的基本挑戰與要求，但它卻不是一個革命性的方案。因爲它並未推翻資本主義或拒絕成爲全球資本主義制度的一環。它接受現代歐洲左派的「社會市場經濟」(social market economies) 或「社會凱因斯主義」(social Keynesianism)，企圖改進現有制度，俾使發展中國家對國際經濟市場與財富，有較更公平的分享權。這實際上可說是對資本主義與全球自由市場經濟制度的加強與維護。⑤⑵發展中國家的要求重點在增加對第三世界的資金轉移 (capital transfers) 與減少外國的控制。⑶發展中國家的要求，遵循過去傳統，是集體國家。它們集體（而非個別）要求工業發達國作政治經濟上的實質讓步。⑥

十

發展中國家的「新國際經濟秩序」是它們首次成功地將經濟發展問題轉變成爲政治問題。之後聯合國大會歷次特別會議，一九七五—七七年國際經濟合作理事會 (CIEC: Council of International Economic Cooperation)，一九七六年五月及一九七九年五月的UNCTAD會議，發展中國家繼續提出要求與挑戰。

在這強大的壓力下，法國首先在一九七四年聯合國第六次特別會議上提議召開生產國家與消費國家會議，俾避免與美國當時所採自由貿易政策的直接衝突。之後英國與西歐工業國家先後皆提出較富彈性的建議。大勢所趨，美國亦於一九七五年九月在聯合國大會第七次特別會議宣佈美國對新國際經濟秩序的提議。

但由於當時國內反對勢力、經濟的不景氣與通貨膨脹、保護貿易呼聲很高，因之美國在聯合國的政策一無所成。不過自此以後，聯合國與有關國際經濟機構擔負重大的責任。

在一九七〇年代發展中國家與工業國家間的協商有賴於他們特別具有與控制的商品的權力(commodity power)。但是在一九八〇年代，南北間的貿易卻經過大的變動，它影響到南北間的政治經濟關係。⑦

在一九七九年第二次石油危機之後，世界各國經濟進入衰退時期(recession)：國際貿易自第二次世界大戰後開始日漸萎縮，失業人數超過過去記錄，商品價格低落（尤其是發展中國家的產品與外債的高築），無法控制的通貨膨脹（油價暴漲為主要原因）。加之美國經濟恢復的不平衡，如美元的大幅升值，居高不下，以及商品貿易的大赤字(merchandise trade deficits)由一九八〇年的三百六十億美元昇高至一九八五年一千四百八十億美元的驚人數字。這些因素使各國深覺舉行國際貿易會議的必要性。另一重大原因，則是由於國際貿易基本結構(structure)有了大的變化，例如美國在國際貿易上已不再具有權威的領導地位（美國在國際貿易上由一九五〇年代的百分之二十降至一九八五年的百分之十二），各國日漸採取對內保護政策，以及GATT的無能為力。⑧

雖然發展中國家希望早日舉行國際貿易會議，俾解決迫切的經濟發展問題，但在經濟不景氣的工業國家，當務之急則在控制通貨膨脹，減低失業人數，與保護國內貿易，因之無暇顧及發展中國家的經濟發展問題，更無意改革現有偏惠於工業國家的國際貿易組織。工業發達國家認為今日經濟的不景氣，並非嚴重的根本危機，它僅是經濟循環性的低潮(a cyclical downturn)而已，待通貨膨脹控制之後，若干國家（尤其是美國）的經濟當逐漸復甦(recovery)這將不但有利於工業發達國家，而且有助於發展中國家的經濟發展。

⑨由於以上諸原因，GATT於一九八〇年代在東京舉行的回合會議(Tokyo Round Conference)，雖爲發展中國家外長等所控制，但卻難有所成。今後發展中國家是否能達到它們的目的，要看它們的團結性，以及若干發展中國家（尤其是拉丁美洲）所面臨急待解決的外債危機(debt crisis)的處理。（見第三節）

第二節　國際貨幣制度

第二次世界大戰後，西方國家爲了重建國際貿易秩序，而於一九四七創設GATT。在此以前（一九四四年）盟國已在美國不列登森林(Bretton Woods)創設了國際貨幣基金(IMF: International Monetary Fund)，俾穩定國際貨幣。在美國的領導下這兩個機關着重自由貿易與貨幣的自由流通，免重蹈於第一次世界大戰後一九三〇年代由於各國過度的貨幣與貿易保護政策所導致的國際經濟蕭條。

國際貨幣基金的目的，在貸款給有關國家，俾解決其國際貿易收支的不平衡(balance-of-payments deficit)。基金的經費來自會員國（今有一五二國）的攤額(quotas)，會員國認攤數字依其經濟能力（如GNP、貿易量等）而定。例如在一九八五年，國際貨幣基金共約九百億美元，其中美國認攤基金額爲一百八十億。國際貨幣基金會議時，各國的投票權(voting power)與其認攤基金額成正比例，由於此辦法，今日美國大約有百分之二十的投票權。由於基金多來自工業發達國家，國際貨幣基金很自然地爲工業國家所控制。國際貨幣基金訂定各國貨幣在穩定的外滙率(exchange rates)下的各國貨幣兌換(現)規定。自二次大戰後，美金成爲國際間的強勢貨幣，當時美金價值爲三十五美元兌換黃金一盎斯(ounce of gold)。美國政府允諾，任何美金持有者，隨時可向美國銀行要求兌現。其他國家的貨幣價值，則隨其對美金的滙率而定。因之戰後的美金價比黃金，美金成了國際貨幣，國際貿易的計帳也以美金（或折合美金）爲單位。

強勢的美金，更增強了美國海外政治、經濟與軍事的活動，在對蘇聯「圍堵政策」下，美國軍經援到處都是。自一九四七年至一九六〇年，美國尚能保持貿易赤字的平衡，美國對外貿易一直保持在輸出超過輸入的數量。間或有支出超過收入的情形，這卻是由於海外龐大的軍經援，如援助西歐經濟重建的馬歇爾計畫(Marshall Plan)。一般來說，世界各國對美金一直具有信心，因爲當時美國保有世界上黃金存量(gold stocks)的百分之七十左右。美國間或出現的貿易赤字，咸被認爲是一短暫的現象，絕不會影響到美國的經濟及美金爲國際貨幣的地位。另一個事實是：美國海外大量的軍經援，爲各國戰後經濟復甦所迫切需要，美援的成功運用在南韓與臺灣是世人公認的佳例。

但是好景不常。在一九六〇年代，美金開始有了問題。國際上對美金信心開始動搖。因之有一九六〇年九月倫敦市場(London Market)的兌換美金危機。次年有英國金鎊(pound)危機（在此以前，金鎊爲次於美金的強勢國際貨幣）。有見於此，國際貨幣基金乃開始對國際貨幣管理(management)加強活動，期穩定國際貨幣制度。自一九六五年至一九六八年間，經美國等十個有關工業國家協商，終於一九六九年建立一特別提款權(SDRs: Special Drawing Rights)辦法。此爲國際基金下的特別國際儲備金，供作國際經濟特別情況下之用；及解決各國中央銀行的帳款(accounts)問題。由所謂「十人組織」(Group of Ten)（包括美國在內的十國財長）經管。但就在此期間，國際間相繼發生金融危機：一九六七年的金鎊危機，一九六八年三月的美金危機，及一九六八年九月的（法國）法郎與（西德）馬克危機，各國中央銀行皆失去了控制。國際貨幣基金的「十人組織」對之也無辦法。⑩

美國在一九七一年春夏兩季的國際貿易在二十世紀中第一次顯示了一百億以上的赤字。⑪該年美國官方具有的海外美金已超過美國黃金存量的百分之三百。⑫國際上對美金已完全失去信心。美國政府對此非採取非常政策不可。在一九七一年八月十五日美國總統尼克森未經國際貨幣制度國家或本國國務卿商討，而突然宣佈美國的新經濟政策：卽此後美金不能再兌換黃金，美國對進口納稅的貨品一律增收百分之十的附加稅(10 percent surcharge on dutiable imports)。此一政策不啻是不列登森林經濟秩序與國際貨幣制度的末日，世界爲之震撼，不知所措。

美國認爲此時西德與日本兩國應提高該國幣値，協助美國貿易的平衡，但西德與日本的反應並不佳。美國一九七一年的政策並無助於貿易赤字的減少，在一九七三年美金不得不再貶値。該年世界主要國家皆不再維持一固定滙率(fixed exchange rate)，而採取市場上的「浮動」或名「彈性」滙率(floating rate)。同年十月十六日更有國際上有史以來第一次震撼全世界的「石油危機」及一九七九－一九八〇與一九九〇年的石油危機，此後幾年，各國皆忙於應付突然猛升的石油價格所造成的經濟後果。

一九七五年中葉，美、英、法、西德、義大利與日本各國代表在法國集會商討國際貨幣改革問題。並於次年（一九七六年元月）牙買加(Jamaica)會議通過國際貨幣基金協議條款(Articles of Agreement of the International Monetary Fund)的第二次修正案(Second Amendment)，修正條款於一九七八年四月正式生效。雖然第二次修正案爲將來國際基金的改革奠立基礎，但卻未解決國際貿易與貨幣的現實問題。自一九七五年起，英、美、法、西德、義大利、加拿大與日本等國首領幾乎每年皆舉行高階層經濟會議(economic summits)。

一九八一年雷根總統當政，先有一九八六年的烏拉圭會議（The Uruguay Round），商討禁止貿易約束或不合理的設施，以及GATT有關禁止的規定，成效不佳。九十年代的國際貿易新發展是「新保護主義」（New Protectionism）及「區域化的貨幣協定」（Regionalized Monetary Agreement），如「歐洲貨幣制度」（EMS: European Monetary System）採取會員國間的固定匯率（fixed exchange rate）及對外（國）的浮動匯率（floating exchange rate），俾保護會員國的利益。近有一九九二年十月美國與加拿大及墨西哥三國簽訂的北美自由貿易協定（NAFTA: North American Free Trade Agreement），兩者對亞洲、中東、非洲等國家形成了貿易威脅。亞洲有關國家先於一九八八年成立亞洲太平洋經濟協會(APEC: Asian-Pacific Economic Cooperation），在一九九四年的會議決定在2020年推進全盤自由貿易。一九九五年會議更計畫整合計畫。

今日的國際貨幣制度大約有下列特徵：(1)浮動（彈性）的外滙率；(2)黃金不再扮演重要角色，黃金價格正如其他商品決之於市場供需；(3)美金仍爲國際間最強勢貨幣，次爲西德的馬克，但較美國強勢地位仍甚遠；(4)自一九七一年後，國際貨幣制度裏國際債務淸償(international liquidity)增加益多。⑬

第三節　國際負債

一國的經濟發展，有賴於資本的形成(capital formation)。資本來源，一方是國內本身的儲蓄(saving)，另一則是外來投資(capital from abroad)。外資的來源有不同的方式：或由他國個人或機構的贈與(grants)，或外來投資(investments)，最後是外來貸款(loans)。發展中國家的經濟發展幾乎全靠外來投資與貸款，尤其是後者。據世界銀行(World Bank)的估計：在一九六〇年代與一九七〇年代，外資對發展中國家提供了約百分之十至二十的資金。

在一九六〇年代中葉以前，國際間各國大銀行的興趣，僅限於國內市場；或僅投資或貸款給那些經濟發展較快速的國家，而無意於那些貧窮落後發展慢與信用低的發展中國家，即使偶有此類貸款，也只限於「短期」(Short-term)的貿易貸款。在一九六〇年代末葉與一九七〇年代初期，國際經濟情況有了改變。工業國家的發展，自一九七三年因石油危機而緩慢下來，國內需用資金不迫切，但此時若干新起的工業正在起步的發展中國家卻大量需要資金，來發展國內工業，由於國內資金的有限，外資來源是國際私人銀行。各國的私人大銀行當然不會放過此大好機會。因之石油危機後，各國私人大銀行對發展中國家的貸款日漸增多。此處特別指出：石油輸出國家，尤其是中東的沙烏地阿拉伯、科威特等國，石油賺來的錢，國內無法消用，因之多存入西方工業國家如美、英、西德等國銀行，或直接投資工業國家（尤其是美國），這使西方國家銀行具有大量的石油錢(petrodollars)，由於國內出路有限，投資或貸予發展中國家乃認為是一良策。因之發展中國家的私人外債由一九七七年的一千六百七十億美金增高至一九七九年的二千四百八十億美金驚人數字。⑭在一九七九年由於伊朗內戰而又有第二次的世界石油危機。發展中國家較之工業國家所受影響更大。出口貿易減少，出口貨價亦低落，外滙隨之劇減，國內生產成本因猛漲的石油價格而昇高，國內經濟日漸變得蕭條。通貨膨脹，失業日增，但政府的支出無錢莫辦，此時唯一的來源是國外借貸。雖然貸款利息日再升高，但亦莫可奈何，不斷的外債，成了以債養債。從一九七八年至一九八二年間，發展中國家的私人外債 (private debt) 增加了百分之八十。又自一九八一年至一九九三年間，外債由六百六十八億增至一千七百七十億（$1.7 trillion），這一數字超過其國民生產（Grass Domestic Product）所得的三分之一。⑮發展中國家對外大量舉債的另一原因是：以爲在當年美國通貨膨脹，貨幣貶值的情況下，發展中國家今日的借款明日可以較廉價的美元來還債。但在一九七〇年代末葉，美國收緊銀根，提高利率，導使大量外國資金內流，增加了美金的強勢。由於利率高，使負債累累的發展中國家產品價格降低，外匯收入隨之降低，經濟生產萎縮，外債利息變得難以償付。

國名	單位(美金十億)	國名	單位(美金十億)
1.巴西	九二	8.菲律賓	二一
2.墨西哥	八七	9.南斯拉夫	一九
3.阿根廷	三九	10.智利	一八
4.南韓	三七	11.阿爾及利亞	一五
5.委內瑞拉	三五	12.奈及利亞	一四
6.波蘭	二七	13.秘魯	一二
7.印尼	二三	14.羅馬尼亞	一〇

資料來源：Pedro-Pabla Kuezyuski, "Latin American Debt: Act II", *Foreign Affairs*, Fall 1983, pp. 17-88 at p. 19; and *the Washington Post*, September 25, 1983, p. H1.

在一九八三年發展中國家外債最高的前十四名（總數超過三十）及其負債數字有如一二四頁表。十四國外債總數在一九八三年約爲六千八百億美金，其中約半數爲拉丁美洲國家的外債，尤其是巴西與墨西哥，其嚴重性有如火山的待爆發。例如在一九八五年，拉丁美洲外債最高的國家與數字如次表所示⑯。拉丁美洲國家的外債總數超過三千五百億，這些貸款多由政府或私人銀行與企業向工業發達國家的政府與私人銀行貸得。其中百分之八十爲私人銀行（美、英、法、西德與日本），尤以美國爲最。美國貸款中最大的九家私人銀行企業是（以數字多少爲序）：Manufacturers Hanover, Citicorp, Chase Manhattan, J. P. Morgan, Bank of America, Godser National, Continental Illinois, Chemical New York, Bank of Boston等。貸款對象集中在阿根廷、巴西、墨西哥與委內瑞拉等國政府，但約半數的貸款是貸予各國私人企業。由於美國貸款最多，所以國際外債乃成了美國的問題。如果任何一國宣告不能履行付款(default)，它不但會引發當事國的政治經濟社會危機，並影響國際金融，後果是難以設想的。

國名	單位（美金億）
阿根廷	五二・三
巴西	一〇八・〇
委內瑞拉	三五・〇
墨西哥	一〇五・〇

在龐大的外債壓力下，墨西哥首先於一九八二年八月要求有關國家對利息付款日期的後延。一九八五年十月在南韓首府舉行的世界銀行與國際貨幣基金年會時，世界各國政府財政首長與銀行首長等磋商對國際外債的解決方法。美國一反過去政策，由新任財長貝克(James Baker)建議國際貸款應着重在協助舉債國長期的經濟發展，而改變世界銀行傳統的短程貸款如水壩、橋樑等的建築等，並由世界銀行監視貸款的使用情形。行未見效，而阿根廷與巴西兩政府於一九八七年三月宣稱無法償付貸款定期利息，龐大的貸款利息（例如 Citicorp 貸給第三世界的貸款，在一九八六年賺得二千五百七十億美金，此數字爲 Citicorp 該年全部收入的百分之二十四）[17]，將導致該國社會經濟的總崩潰。有關國家（美、西德與日本等）迫而與國際貨幣基金研訂新貸款與重訂貸款利息償付日期，暫時解決問題。

話說回來，解決外債專靠以債養債，不是長久之計，根本仍靠舉債國的痛下決心，從事政治經濟社會的改革，杜絕貪汚，根除浪費，緊束開支是爲重點。如何善用貸款是一大問題。例如阿根廷在一九八二年間，該國曾用六十億美金購買武器在福克蘭羣島(Fulkland Islands)戰爭對付英國。⑱其他外債高築的發展中國家亦有類似情形。據硏究報導：在外債較高的百分之二十的發展中國家，在一九七六年至一九八〇年間，其武器輸入的增加數等於所增加的百分之二十外債數。⑲茲以墨西哥爲個案硏究⑳，或可概括外債國家的情形。

墨西哥的外債危機，導源於一九七〇年末葉。在一九七六年十二月墨西哥大選後，新任總統羅培茲(Lopez Portillo)就職當時面臨幾十年最高的通貨膨脹，工業生產下降，失業人衆，工會罷工示威要求提高待遇。政府最初兩年的政策是調整與減緩經濟成長(economic growth)。隨之意外消息來臨：墨西哥新油源的發現。證實的石油(proven oil)與瓦斯(gas)的儲存量由一九七六年的六十三億桶(barrels)增至一九八〇年的七百億桶。政府收入突增，由一九七七年的九億八千八百萬美金增至一九八一年的一百三十三億美金。墨西哥政府從一九七八年卽開始工業化，並增加政府對各項增加節目的開支（希望加速工業化來造成更多的就業機會）。由於過去稅制的缺陷與國內的低儲蓄，工業化一時所需龐大資金，國內無法籌集，惟一快速的辦法是大舉外債。恰巧在這期間，國際經濟衰退，石油輸出國（墨西哥不是會員）在工業國家（尤其是美國）的大量存款，正找尋出路，於是乃放手貸給墨西哥。深信以墨西哥的新油源擔保，定無風險，至一九八二年墨西哥向美國銀行的貸款佔美國九個大銀行貸款總數的百分之四十四，這一數字顯示了貸款的可能風險。果然，石油收入好景不常，自一九八〇年後，油價逐漸下跌，但墨西哥工業化（集中在少數大都市工業區）速度不減，政府開支龐大，有增無減，加之貪污橫行，政府入不敷出，墨西哥貨幣披索（peso）貶值，日瀉千里，無法收拾，至一九八二年八月，墨西哥政府面臨無法償付貸款定期利息，於是不得不向美國緊急求援。經有關各方（包括國際貨幣基金）緊急協商，重訂付款日期(reschedule)解決了墨西哥燃眉之急。但卻沒有解決墨西哥經濟的根本問題。

曾幾何時，在一九八六年墨西哥政府又提請延緩貸款利息的償付日期與新貸款。貸款工業國家(尤其是美國）騎虎難下，無可奈何。終於在一九八九年春，由美國財政部長布芮德（Nicholas Brady）提出布芮德計畫（The Brady Plan），要點在降低發展中負債國家對私人（非國家）貸款的負債數目，辦法在由貸款私有銀行註銷一部分貸款數，另方面由各該行將其舊的貸款（old loans）變換爲本（principal）息（interest rate）皆低的新債券（Bonds）。墨西哥政府首先換用此一新辦法。至一九九四年，其他爲數約十八個負債國家亦先後採用此辦法。上表爲一九九二年各國的外債情形。

一九九二年最高外債發展中國家

Most Heavily Indebted Developing Countries, 1992

Ranked by:

Total External Debt in Millions of U.S. $		As % of Exports		As % of GNP	
Brazil	121,110	Guinea-Bissau	6,414.2	Nicaragua	750.3
Mexico	113,378	Nicaragua	3,161.7	Mozambique	494.8
Indonesia	84,385	Sudan	2,961.8	Guinea-Bissau	200.5
India	76,983	Mozambique	994.5	Côte d'Ivoire	191.0
China	69,321	Uganda	906.5	Tanzania	177.7
Argentina	67,569	Tanzania	784.4	Congo	166.0
Egypt	40,018	Madagascar	649.4	Jordan	163.2
South Korea	42,999	Sierra Leone	574.0	Mauritania	158.4
Thailand	39,424	Côte d'Ivoire	473.7	Sierra Leone	158.3
Venezuela	37,193	Argentina	449.8	Jamaica	131.7

資料來源：World Bank, *World Development Report, 1994*, New York: Oxford University Press, 1994, 200–201, 206–207.

附註

① David H. Blake and Robert S. Walters, *The Politics of Global Economic Relations,* New Jersey: Prentice-Hall, Inc., 1987, 3rd ed., p. 13; Charles Pearson and Nils Johnson, *The New Gatt Trade Round,* Washington, D. C.: The Johns Hopkins University, 1986; Also, William Ashworth, *A Short History of the International Economy Since 1850,* London: Longman, 1975; Miriam Camps and Catherine Gwin, *Collective Management: The Reform of International Economic Organizations,* New York: McGraw-Hill, 1981.

② William Adams Brown, Jr., *The United States and the Restoration of World Trade,* Washington, D. C.: Brookings Institution, 1950, pp. 97-104, 152-158.

③ Joan E. Spero, *The Politics of International Economic Relations,* New York: St. Martin's Press, 1985, 3rd ed., pp. 225-226.

④ Joan E. Spero, *op. cit.,* pp. 225-239.

⑤ Stephen D. Krasner, *Structural Conflict: The Third World Against Global Liberalism,* Berkeley: University of California Press, 1985.

⑥ David A. Lake, "Power and The Third World: Toward a Realist Political Economy of North-South Relations" (Review Essay), *International Studies Quarterly,* Vol. 31, 2(June 1982), pp.

217-234; Also, Jeffrey A. Hart, *The New International Economic Order: Cooperation and Conflict in North-Soveit Economic Relations,* 1974-1977, New York: St. Martin's Press, 1983; Karl P. Sauvant and Hajo Hasenpflag, *The New International Economic Order: Confrontation or Cooperation Between North and South?* Boulder, Colo.: Westview, 1977.

⑦ Joan E. Spero, *op. cit.,* pp. 225-253.

⑧ Charles Pearson and Nils Johnson, *The New GATT Trade Round,* Washington, D. C.: The Johns Hopkins University Press, 1986, pp. 11-14.

⑨ Joan E. Spero, *op. cit*., p. 261.

⑩ International Monetary Fund, *International Financial Statistics, Supplement 1972*, Washington, D. C.: IMF, 1972, pp. 2-3.

⑪ *International Economic Report of the President*, Washington, D. C.: G. P. O., March 1975, p. 137.

⑫ David H. Blake and Roberts S. Walters, *The Politics of Global Economic Relations, op. cit*., p. 67.

⑬ *Ibid*., pp. 72-78.

⑭ International Monetary Fund, *World Economic Outlook: A Survey by the Staff of the International Monetary Fund*, Washington, D. C.: IMF, April 1984, p. 205.

⑮ *Ibid.* and World Bank, 1993: 33.

⑯ *Time*, March 2, 1987, p. 46.

⑰ *Time*, June 1, 1987, pp. 48-52.

⑱ *Washington Post*, September 13, 1982, p. 18.

⑲ Ruth Leger Sivard, *World Military and Social Expenditures 1983*, Washington, D. C.: World Priorities, p. 24.

⑳ Roger S. Leeds and Gale Thompson, *The 1982 Mexican Debt Negotiations*, Washington, D. C.: The Johns Hopkins University, 1987.

第八章　國際政治經濟：㈡跨國企業與國際政治

在前第三章非國家的國際組織論述中，曾提到跨國企業（MNC）。由於它超國界的龐大組織與財富，其對本國與所在國家影響力之大，是無可否認的事實。本章分析跨國企業的分佈情形，其財富與世界上若干國家歲入的比較，對本國與駐在國的影響，及國內外的控制問題。

第一節　跨國企業的分佈

依據聯合國跨國企業中心的資料，在一九八〇年全世界大約有九萬八千個跨國企業。這些跨國企業的總部半數以上設在美國、英國與西德，而美國更佔四分之一以上。①第二次大戰後，跨國企業發展迅速（詳第三章），但僅限於工業發達國家，例如在這些九萬八千跨國企業中，百分之七十六分佈在工業國家，約四分之一是在發展中國家。這可由下頁表一九八〇年間全世界兩百家最大的跨國企業銷售數字及四十四頁附表一九九二年的資料見及。

由該表更見美國跨國企業強大的經濟權力，例如在一九八〇年總部設在美國的跨國企業的銷售數字佔兩百家跨國企業銷售總數的一半。在美國的這一批跨國企業中，最有名的是：Exxon, General Motors, Ford Motor, Texaco, Mobil, Standard Oil of California, Gulf Oil, IBM, General Electric, 與

200 家最大跨國企業銷售變動概觀(1960-1980)

The Changing Profile of the Top 200 Multinational Corporations (MNCs), 1960-1980

Country[a]	*Number*			*Sales (billions of U.S.$)*			*% of sales*		
	1960	*1970*	*1980*	*1960*	*1970*	*1980*	*1960*	*1970*	*1980*
United States	127	123	91	144.6	313.5	1,080.4	72.7	66.0	50.1
Germany, Federal Republic of	20	15	21	13.4	34.6	209.0	6.8	7.3	9.7
United Kingdom	24	17	16½[b]	19.6	39.2	199.5	9.9	8.2	9.2
France	7	13	15	3.5	19.8	161.0	1.8	4.2	7.5
Japan	5	13	20	2.9	28.1	155.2	1.5	5.9	7.2
Netherlands	3	3	5	6.4	15.0	89.6	3.2	3.2	4.2
Italy	3	5	4½[b]	1.9	9.6	69.5	0.9	2.0	3.2
Canada	5	2	5	2.6	2.4	32.5	1.3	0.5	1.5
Switzerland	2	4	4	2.0	6.4	31.9	1.0	1.3	1.5
Belgium	1	1	2	0.5	1.3	14.5	0.2	0.3	0.7
Sweden	1	1	2	0.4	1.0	11.0	0.2	0.2	0.5
Republic of Korea	–	–	2	–	–	10.0	–	–	0.5
Others	2	3	12	1.1	4.4	91.1	0.5	0.9	4.2
Total (excluding United States)	73	77	109	54.4	161.7	1,074.8	27.3	34.0	49.9
Total	200	200	200	199.0	475.2	2,155.2	100.0	100.0	100.0
Top 200 as% of GDP				17.7	19.1	28.6			

資料來源： Frederick F. Clairmonte and John H. Cavanagh, "Transnational Corporations and Global Markets: Changing Power Relations," *Trade and Development* 4 (Winter 1982): 155. Based on *Fortune's* listings of leading industrial corporations.

[a]Countries were selected with more than one corporation in the top 200 in 1980, and ranked according to 1980 sales. (在 1980 年 200 家最大跨國企業具有一個以上企業的國家。名次依銷售量排列)

[b]Corporations owned by interests in two countries are counted as one-half. (兩國共有的企業作半個計算)

International Telephone and Telegraph，其中半數以上與石油業有關。美國的跨國企業，在世界上所佔的數量，實際上日漸減少，在兩百家中由一九六〇年所佔的一二七個降爲一九八〇年的九一個。其他國家如法國及日本等則逐漸迎頭趕上，這可由四十四及四十五頁附表見及。

第二節 跨國企業的金權

跨國企業，富甲天下，它的金權可由第二章四四—四五頁附表一九九〇年若干跨國企業與若干國家的國民生產毛額（GNP）的比較②見及。跨國企業中，如Exxon, Royal Dutch／Shell Group的收入僅次於表列國家中的二十二個國家。在表列前五十名中，跨國企業佔八位，但在後五十名中卻佔有三十四位之多。與跨國企業有極密切關係的是國際間的大銀行。跨國企業的擴張，需要龐大的貸款，這有賴於跨國際大銀行（TNB: transnational bank）。相對的，跨國企業是大銀行重要主顧。因之，跨國銀行正如跨國企業，在國際政治經濟關係裏，扮演重要的角色（參閱第七章）。例如在九八一年世界上最大的一百家銀行總資產（assets）高達四點四兆美金（$4.4 trillion），此一數字超過全世界國民生產毛額（GNP）的半數以上，較之世界上兩百家最大跨國企業的銷售數高出一倍。在一九八一年世界上最大百家銀行的資產，百分之四十爲美國與日本（蘇聯未計入）在一九九二年全世界的二十五個跨國際大銀行的五分之二總部設在日本。③

今日跨國企業的發展地域方向，是針對發展中國家，發展中國家對此眞是又驚又喜。喜的是跨國企業的來臨，或有助於該國的經濟發展與工業現代化；驚的是跨國企業金權將造成什麼後果。

第三節　跨國企業的影響

跨國企業的活動，不但對駐在國政治、經濟、社會與文化等有莫大的影響，即使對其本國亦然。（請參閱作者之美國社會管窺第十一章有關跨國企業的金權與美國的政治經濟。）因之論者對跨國企業的毀譽不一。凱格萊(Kegley)與魏特苛撲(Wittkopf)兩教授綜合各方正反兩面論點如次④：

贊成跨國企業因爲它：

1. 增加國際貿易數量。
2. 有助於投資資金的積聚與經濟發展。
3. 鼓吹自由貿易及消除國際貿易障礙如關稅等。
4. 簽訂科技革新的研究與發展。
5. 引進工業發達國家的高科技。
6. 鼓勵依據比較利益原理從事生產，俾減低成本。
7. 推動就業。
8. 產品國際化，生產新貨品並推廣銷售機會。

9.派出市場專家與從事羣衆廣告至世界各地。
10.增加發展中國家收入與經濟成長，並促進工業進度。
11.鼓吹和平國際關係，俾維持對貿易與利潤有益的安定秩序環境。
12.破除國家之間的障礙，加速國際經濟、及文化、以及國際商品條規等的全球性化。

反對跨國企業因為它：

1.促進大型壟斷企業，減少自由競爭貿易。
2.在地主國昇高資本，不但剝削當地工業的投資，而且輸出利潤至跨國企業母國。
3.供應負債國家，使貧窮國靠借貸為生。
4.由對生產的壟斷與世界市場分配的控制，限制了商品的供應。
5.跨國企業輸入的科技不適用於發展中國家經濟。
6.限制萌芽工業與本地科技的發展，使發展中國家的科技依賴工業國家。
7.協助建立各業「加特爾」(cartels)，導致通貨膨脹。
8.裁減職工，驅使勞工無法在市場競爭。
9.限制勞工加薪。
10.限制國際市場現有原料供輸。
11.腐蝕傳統文化與民族特性，代之以消費導向價值(consumer-oriented values)一統的世界文化。
12.增大貧富國家財產差距。

13.增加本地「精英」(elites)財富，貧者愈窮。
14.藉安定與秩序之名，支持迫害人民的政權並使之合理化。
15.對國家主權挑戰，妨礙民族國家自治。

據施比羅(Spero)指出：今日有關跨國企業對其所在國家的影響力程度，僅有極少數的實證研究(empirical studies)。⑤但跨國企業對所在國與其本國皆有大影響力，卻是不爭的事實。因爲它們的龐大金權，乃爲當今爲政者（尤其是所在國）所不能忽視的。主要問題是：如何控制跨國企業。

第四節 跨國企業的控制

跨國企業的控制是雙方面的：它來自跨國企業的本（母）國與所在國。

本章前面曾指出跨國企業總部與分佈地區，多數在工業發達國家。例如富裕美國，國內仍有許多外來的跨國企業。今日更有來自英國、西德、加拿大、日本等國跨國企業在美國大量收買大企業，大運銷商場，石油企業、汽車工廠、房屋及摩天辦公大樓房地產等，美國幾乎成了本身的販賣者。⑥比較來說，跨國企業對這些國家是利多於弊的。因之對跨國企業的管制就無大興趣。美國是一好的例證。

美國對於出口貿易的法律管制，最早是一九一七年與敵國貿易法(The Trading with the Enemy Act of 1917)，一九四九年出口管制法(The Export Control Act of 1949)，及一九六九年出口行政法(The Export Administration Act of 1969)等。一九一七年的法律授權美國總統在戰時或緊急(emergency)期間，管制外國或外人商業與金融事務(commercial and financial transaction)。這一法律曾用以防止美商古巴、北韓、北越及中共的貿易。後兩法則授權總統禁止或減少商品輸出至世界工業國家。美國聯邦最高法院曾判決，此等法律對跨國企業與其國外公司一體適用。第二次大戰後，較為世界所注目的事件如：美國曾藉口法國未曾簽署防止核武蕃衍條約(Non-Proliferation Treaty)而禁止IBM-France(在法國的美國IBM公司)出售任何有關太空與核子電腦程式(space and nuclear programs)的器材給法國政府。又在一九八二年，美國政府通令國外跨國企業遵守美國對蘇聯的禁運政策，禁止出售蘇聯用以建築蘇聯與西歐間的天然氣(natural gas)輸送管的美國高科技器材。此一禁令，隨波蘭政府實施全國緊急或戒嚴法(martial law)後於一九八一年十二月間宣佈，至一九八二年六月更適用於美國跨國企業暨其海外所屬公司，以及外國領有美國執照的企業。美國這一政策，當時引起西歐盟國的不滿與抗議。西歐有關國家要求當地美國的跨國企業依約交貨，但美國政府隨即對該等企業予以處罰，包括出口執照的取消。事後美國與北大西洋公約盟國同意研究東西貿易(East-West trade)，美國乃於五個月之後變更此一禁運政策。

對跨國企業的管制，最關切的是所在國，尤其是發展中國家。一般所在國家對跨國企業的管制辦法是對原始投資資金的控制(control of initial capital investment)。所在國的政府規定何者為本國投資的範圍(如交通、郵電、國防工業)，外人不得揷手。又對開放給跨國企業的部分(sectors)，政府對其所有權(ownership)皆加以規定與管制。

據研究報告：一般工業國家對跨國企業或外來投資有一套完整法規或國家政策的，為數極少。今日只有日本一貫地採有一套完整的限制進口政策。⑦日本在第二次大戰後，有關投資與貿易的法規有一九四九年的外滙管制法(Foreign Exchange Control Law)，與一九五〇年的外國(在日)投資法(Foreign Investment Law)，兩者授權日本政府全權處理新的外國在日投資。重點在限制而非開放，外國對投資的新工業所有權(ownership)絕不能超過百分之四十九。從一九六七年起，日本外滙平衡加強，在國際的壓力下，日本被迫採取較開放的外人投資政策，約束的工業範圍亦隨之縮小，若干工業更准外人保有百分之百的所有權。在一九七九年與一九八〇年間，日本國會通過外滙與國際貿易管制法(The Foreign Exchange and Foreign Trade Control Law)，更放寬對外滙的控制。法雖如此，但日本對外資與外商的控制，實際上大權操之在大藏省內外滙與其他交易委員會(Committee on Foreign Exchange and Other Transaction)之手，經常運用行政上的特別程序規條限制外來投資。因之日本較之其他經濟合作與發展組織(OECD: Organization for Economic Cooperation and Development)等工業國家的外資投資量(foreign investment inflow)爲最低。

國際間對跨國企業的控制，在一九七〇年代才開始。在此以前，雖也曾有對跨國企業管制之圖，如一九五三年聯合國經濟暨社會理事會與一九六〇年GATT的努力，惜皆無大成果，聯合國在發展中國家的壓力下，又於一九七四年與一九七五年間設立了跨國企業中心(The Center on Transnational Corporations)與跨國企業委員會(Commission on Transnational Corporation)。但對編訂「跨國企業行爲法典(Code of Conduct)迄今尚無所成。

第五節 跨國企業與發展中國家

跨國企業在發展中國家的聲譽，一般來說是欠佳的。由前第三節所述，跨國企業對發展中國家雖然利弊互見，但多數發展中國家認爲跨國企業是經濟的殖民地主義象徵。⑧

今日跨國企業在發展中國家的分佈，多集中在五個國家：墨西哥、巴西、委內瑞拉、阿根廷與印尼，佔國際跨國企業在發展中國家投資總數的百分之四十，其他九個國家與地區如智利、哥倫比亞、秘魯、香港、印度、南韓、馬來西亞、菲律賓與新加坡佔約百分之二十一左右。⑨跨國企業在所在國的金權是顯而易見的，例如在一九八〇年在巴西的跨國企業控制了巴西工業資產的百分之二十五與銷售數的百分之四十。⑩跨國企業之富足與發展中國家相匹敵，這可由一四二頁表見及。

跨國企業控制了發展中國家的重要工業。在第二次世界大戰前，跨國企業控制中東的石油，智利與尙比亞的銅(copper)，牙買加與蓋亞納的鐵鋁氧石(bauxite)。戰後發展中國家對重要工業的收歸國有，但在一九八二年世界上百分之四十六的鐵鋁氧石業，百分之五十的礬土業(alumina)，及百分之四十五的鋁業(aluminun)，凡此皆爲發展中若干國家特產，卻仍爲六大跨國企業所壟斷。⑪發展中國家雖然對跨國企業無好感，但爲發展新工業需要大量資金與科技，本國對此皆無能爲力，只有求之於富裕的跨國企業。跨國企業乃漸漸控制了所在國的重要工業。

跨國企業在本（母）國亦有金權影響。在美國的政治過程中(political process)，跨國企業爲具有權勢

(錢）的大壓力集團(pressure groups)之一。有時本國政府爲其國外行動作後盾。跨國企業常常捲入所在國的政治漩渦，跨國企業常利用其在所在國的特殊經濟地位及其與本(母）國政府的政治利益關係，不少有使用合法（甚至非法）手段，幫助當地友善的政府，或破壞與陰謀推翻當地政府。國際間最有名的是一九七〇年代美國國際電話與電報公司(ITT: International Telephone and Telegraph Company)干預智利內政的惡例。⑫

從一九七〇年至一九七二年，在智利的ITT曾積極地設法阻止阿倫得(Salvado Allende)當選爲智利的新總統。阿倫得當選之後，ITT則暗地支持推翻此一馬克斯社會主義政權的當地活動。在此期間，ITT常以合法或非法手段，在

1983世界十大跨國企業與若干國家生產總額之比較
A Comparison of the World's Top Ten Multinational Corporations (1983) with the GNPs of Selected Other World Countries

Rank	*Corporation*	*Headquarters*	$ *Sales* ($000)	*Equivalent to the GNP in*
1	Exxon	U. S.	88,561,134	Indonesia*
2	Royal Dutch/ Shell Grup	England／ Netherlands	80,550,885	Algeria, Peru, and Libya combined**
3	General Motors	U. S.	74,581,600	Thailand, Pakistan, and Uruguay combined**
4	Mobil	U. S.	54,607,000	Venezuela**
5	British Petroleum	England	49,194,886	Iraq and Ecuador**
6	Ford Motors	U. S.	44,454,600	Sudan, Chile, and Bangla-desh combined**
7	I.B.M.	U. S.	40,180,000	Syria, Ivory Coast, Zaire, and Singapore combined**
8	Texaco	U. S.	40,068,000	Algeria**
9	E.I. du Pont	U. S.	35,378,000	Columbia
10	Standard Oil (Indiana)	U. S.	27,635,000	Egypt**

資料來源：Reprinted by permission from the 1984 FORTUNE Directory.
*1981 GNPs;**1980 GNPs

本（母）國內運用其龐大金權，企圖影響美國政府對智利的政策。ITT反對阿倫得政權的主要原因是恐怕該企業在智利的奇特苛(Chiltelco)電訊公司資產在一億五千三百萬美金，將被阿倫得政權收歸國有。因之在一九七〇年的智利總統選舉期間，ITT捐贈智利右派報紙反對阿倫得，並期望美國中央情報局供應與捐款給智利右派競選人，但未達到目的，待阿倫得當選之後，ITT又與美國中央情報局接觸，使智利政府政局不穩倒臺。ITT曾擬具八點政治經濟計畫，希望由美國政府及駐在智利的其他跨國企業執行干擾智利政府。⑬在一九七二年三月，由於美國國內報載ITT圖謀推翻阿倫得政權而導致美國國會參院對此事件的調查，並揭示ITT對智利政局干預的程度。阿倫得政府當即停止與ITT對奇特苛電訊公司收歸國有有關補償的談判。自此，智利政局變化迅速莫測，至一九七三年九月一日，阿倫得政權被軍人政變推翻。

在國際政治經濟關係裏，跨國企業像ITT在所在國智利使用金權的例案，也許是絕無僅有，但跨國企業對發展中國家政治經濟的影響程度，幾乎威脅到國家的獨立自主。

國際間對跨國企業的管制，確有迫切需要。但如施比羅(Spero)教授指出：今後除非國際間對跨國企業的管制有一共識(international consensus for management)，國際間對跨國企業的控制(control)將難有成效。⑭

附註

① Center on Transnational Corporation, *Transnational Corporation in World Development: Third Survey*, New York: United Nations, 1983, pp. 34, 327-335.

② Charles W. Kegley, Jr. and Eugener R. Wittdopf, *World Politics: Trend and Transformation*, New York: St. Martin's Press, 1995.

③ The Economist, 1992: 52-53.

④ *Ibid.*, pp. 146-147; Also Joan E. Spero, *The Politics of International Economic Relations*, 3rd edition, New York: St. Martin's Press, 1985, pp. 139-146, 274-278.

⑤ Joan E. Spero, *The Politics of International Economic Relations*, *op. cit.*, p. 140.

⑥ Stephen Koepp, "For Sale: America," *Time*, September 14, 1987, pp. 52-62.

⑦ Robert Black, Stephen Blank, and Elizabeth Handson, *Multinationals in Contention: Responses at Governmental and International Levels*, New York: The Conference Board, 1978, pp. 91-131; And M. Y. Yoshimo, "Japan As Host to the Corporation," in Charles P. Kindelberger, ed., *The International Corporation*, Cambridge, Mass.: MIT Press, 1971, pp. 345-369; Noritake Kobayashi, "Foreign Investment in Japan," in Isaiah A. Litrak and Christopher J. Maule, ed., *Foreign Investment: The Experience of Host Countries*, New York: Praeger, 1970, pp. 123-160.

⑧ Weatherby Long Alexander, Walsh C. Gooden, and K. H. Culver, *The Third World: Issues and Politics in the Third World*, New York: MacMillan Publishing Company, 1987, pp. 28-30.

⑨ Center on Transnational Corporation, *Transnational Corporations in World Development: Third Survey*, *op. cit.*, pp. 298-310.

⑩ Joseph Mooney and Richard Newfarmer, *State Enterprise and Private Sector in Brazil,* New York: United Nations Centre on Transnational Corporations, June 1982, Mimeo.

⑪ Center on Transnational Corporations, *Transnational Corporations in World Development: Third Survey, op. cit.,* p. 210.

⑫ Adalberto J. Pinelo, *The Multinational Corporations As a Force in Latin-American Politics: A Case Study of the International Petroleum Company in Peru,* New York: Praeger, 1973.

⑬ *Ibid.*

⑭ Joan E. Spero, *The Politics of International Economic Relations, op. cit .,* p. 164; Also David H. Blake and Robert S. Walters, *The Politics of Global Economic Relations,* New Jersey: Prentice-Hall, 1987, 3rd ed., Chapter 4.

第九章　國際政治經濟：㈢石油與國際政治

世界各國的大量使用能源，是第二次世界大戰以後。在一九五〇年，世界人口大約是二十五億，當時能源消耗量相當於二十五億噸的煤能源。至一九七六年，世界人口尚未增加一倍，即四十二億，但能源八十七點六億噸的消耗量卻增高到相當於八十七點六億噸的煤能源，換言之，在三倍以上。①這是由於世界上已開發工業國家經濟成長迅速的原因。例如：美國從四十年代後期，石油在工業上就已經取代了煤的地位。世界上其他開發國家，由煤的使用轉換到石油，要到五十年代才開始。在一九五〇年世界上石油產量佔世界能源總產量的三分之一還不到，至一九六五年石油產量才與煤相等。之後石油很快地就成爲各國工業上主要能源。這一發展的原因之一是當時油價不貴，從韓戰後至七十年代初，世界上石油價格，較之其他商品，反而降低了，但是好景不常，一九七三年的冬天發生了世界上的第一次石油危機。

從一九五一年至一九七四年間，石油輸出國家組織（下面各節用其英文縮寫 OPEC）供應自由國家石油需要量的百分之九十以上。當時石油尚未完全被產地國收歸國有，石油的生產、煉製與運銷，完全操之於跨國石油公司之手，石油供應尚未成爲國際間重要問題。②一直到一九七三至一九七四年冬，OPEC國家由於不滿跨國石油公司的操縱，突然宣佈減低石油產量，並且大幅度提高油價（由一九七三年十月六日的每桶三・〇一美元增高至一九七四年元月一日的每桶一一・六五美元）。在這次前，石油價格的決定，是由產地國與跨國公司協商決定，這一次跨國公司卻是一直蒙在鼓裡，從報上得知油價上漲的消息！顯然地，它們已失去了控制。自此後，世界石油經濟與政治，有了一百八十度的大轉變。

爲求瞭解今日世界的石油問題與將來的可能發展，本文分節討論：(1)今日世界的石油鳥瞰，(2)石油輸出國、OPEC與跨國石油公司，(3)石油進口國與OECD（經濟合作與發展組織），(4)美國與世界石油，(5)中共與蘇聯石油管窺，及(6)世界能源的展望與期望。

第一節　今日世界的石油鳥瞰

世界上最重要的能源，戰前是煤，今日是石油。前面提過，美國在四十年代後期，石油在工業上就已經取代了煤的地位，其他發展國家則遲至五十年代才開始由煤轉換到石油。在一九五〇年全世界的石油消耗量每天大約在一千一百萬桶左右，在一九七八年高達六千萬桶。③從一九五〇至一九七八年間，美國、歐洲與日本等國家的能源消耗量，增加了三倍之多。美國由石油輸出變成了石油進口國家，石油進口由一九五〇年的百分之二十三增加到今天的百分之四十六。歐洲與日本等國由於本身的缺乏供應，自六十年代起，幾乎完全依靠進口石油。

當一九七三至一九七四年冬，OPEC 突然宣佈大幅度提高油價時，美國進口的石油量只佔國內石油總供應量的百分之十七，其中百分之四來自阿拉伯的石油，所以石油禁運目標之一雖然是美國，但美國人並沒有受到油價暴漲的影響。反之，當時西歐國家進口的石油佔其國內總供應量的百分之六十以上，其中百分之四十二來自阿拉伯石油國家；日本進口的石油量佔當時國內總供應量百分之七十八以上，其中百分之三十四來自阿拉伯石油國家。因之石油禁運期間，受影響最大。④

世界石油需要的有增無減，可由下面數字得知一概念。

表一　世界石油生產量與消耗量（單位：百萬公噸）

年份	消耗量	生產量	年份	消耗量	生產量
一九五〇	四七八	五一四	一九八一	二、九〇二	二、一七六
一九六〇	一、〇五一	一、〇三六	一九八二	二、八二四	二、〇五一
一九七〇	二、二八一	二、二一六	一九八三	二、八〇一	二、〇二八
一九八〇	三、〇〇二	二、三八四	一九八四	二、八四四	二、〇七八

資料來源：一九七七年國際石油百科全書（*International Petroleum Encyclopedia 1977*, The Petroleum Publishing Co., Tulsa, Okla. 1977, pp. 277-279, 392-393; *BP Statistical Review of World Energy*, The British Petroleum Company (London), June 1985, pp. 4, 5, 7.

各國石油的消耗量與供應量，由一九七七年（表二）的數字可知：

表二 一九七七年各國石油消耗量與供應量（單位：每日千桶）

國名	國內消耗量	國內消耗量佔世界總消耗量的百分比	國內供應量	國內供應量佔世界總供應量的百分比
美國	一八、三二五	三〇・一	八、一七九	一五・六六
加拿大	一、六六四	二・七	一、三三二	二・四五
拉丁美洲	三、九九九	六・五	四、五〇六	七・五九
西歐	一四、二三五	二三・四	一、二六二	二・一五
蘇聯與東歐	一〇、〇八七	一六・六	一一、四〇七	一八・五八
非洲	一、一六五	二・〇	六、二一一	一〇・一五
中東	一、五七〇	二・六	二一、一三一	三五・九二
日本	五、〇一五	八・二	一三	〇・〇二
澳洲與新幾內亞	七九五	一・三	四四二	〇・八〇
中國大陸	一、四六五	二・四	一、八〇七	二・八九
其他亞洲國家	二、五九〇	四・二	二、三三一	三・七九
世界總數	六〇、九〇一	一〇〇・〇	五九、五一一	一〇〇・〇〇

資料來源：採用一九七八年世界期刊（*World Oil*, August 15, 1978, p. 48.略去數欄。）

上表中最值得注意的事實是一九七七年，中東供應世界石油需要量的百分之三十六，但其本身只消耗全世界總消耗量的百分之三還不到！西歐國家石油消耗量佔世界的百分之二十三強，但西歐國家所能提供的石油僅佔世界供應量的百分之二。情形最差的是日本，其所消耗的石油量約佔世界的百分之八左右，但日本本身所能供應的石油幾乎是零！最後是美國（有關中共及蘇聯容在後面第五節中分析），美國雖然是世界上大產油國家之一，但由於它本身消耗量大（佔世界總消耗量的百分之三十），國內供應量僅佔世界總供應量的百分之十六左右。

由於美國、西歐、日本等國內石油的高度需求，隨經濟的迅速成長而有增無減，但國內卻無法供應，除進口外，別無良策。就北美、西歐與日本三地區的進口石油每年成長率看下表三。

表三　一九六〇—一九八〇年進口石油每年成長率（百分率）

地區	一九六〇—一九七〇	一九七〇—一九八〇	一九七四—一九八〇	一九六〇—一九八〇
北美	五・二	一一・六	九・九	八・四
西歐	一二・六	〇・四	負二・一	六・三
日本	一九・九	六・二	四・八	一二・九

資料來源：一九七七年經濟合作與發展組織（*Oil—The Present Situation and Structure Prospects and World Energy Outlook*, 1977, OECD.），略去若干欄。

西歐與日本的進口石油率，年有減少。相反的，美國卻是一直有增無減，但是如果比較一九六〇至一九八〇年二十年間，日本進口石油的每年平均率卻是遠較其他國家爲高，這是由於日本自身無其他能源取代石油，以及經濟成長率快速的結果，表內一九七四至一九八〇年爲第一次（一九七三）與第二次石油危機（一九七九）特別期間，西歐與日本石油進口率皆特別降低，但美國除較一九七〇至一九八〇年間的平均率較低外，仍較一九六〇年至一九八〇年的平均率高。這現象是由於西歐與日本由中東進口的石油百分比較高的原因，另一原因是北歐北海（North Sea）地區新油礦的發現（詳後）。下表四是一九六七年與一九七六年各國石油消耗量與進口石油量的比較，爲一實例。

表四　一九六七—一九七六年各國石油消耗量與進口石油

國名及年份		石油消耗量（單位：百萬噸）	與世界石油消耗量的百分比	進口石油與總石油消耗量的百分比	中東石油與總消耗量的百分比（包括北非）
美國	一九六七	五九五・八	三三・七	一九・三	二・一
	一九七六	八二三・四	二八・六	四二・九	一六・八
西歐	一九六七	四五八・一	二五・九	九九・九	七四・三
	一九七六	七〇六・四	二四・五	九六・五	七七・四

日本				
一九六七	一二二・九	六・九	九七・五	八三・〇
一九七六	二五三・八	八・八	一〇〇・〇	七八・二
蘇聯東歐與中國大陸				
一九六七	二六〇・七	一四・七	負二〇・七	
一九七六	五三六・〇	一八・六	負一七・四	

資料來源：英國石油公司世界石油工業統計調查（*B P Statistical Review of the World Oil Industry*, London: British Petroleum Company, 1967 and 1976 Issues）。

在一九八〇年代，由於工業國家在先後兩次的石油危機，經濟復甦較慢，工業化進度減速，石油消費量隨之減少，需要降低。（見一五二頁表五）在一九七九年與一九八四年間，西歐國家石油進口量減少了百分之三十四，日本減少了百分之二十六，美國減少了百分之四十。⑤但自一九九〇年初，由於伊拉克侵占科威特，石油需要又增（美國石油生產量在一九八六與一九九三年間降低了百分之二十五，進口石油則由一九八五年的百分之二十八增至一九九四年的百分之四十五），皆由 OPEC 供應。（其石油產量在一九九〇年占世界總產量的百分之三十八）。⑥

在一九七〇年與一九七七年間，有中東、美國阿拉斯加、墨西哥、英國與挪威的北海石油等新油鑛的發現。之後雖也有新石油的發現，但皆無足重視。北海石油為英國與挪威開發生產，在一九八四年日產三百萬桶以上，大大地減輕了西歐對OPEC的石油輸入依賴度。據專家估計：北海石油的產量在一九九〇年將達其最高峯，自一九九〇年代起將日漸下落。墨西哥的石油是近年的產物，據估計其蘊藏量約在四百八十億桶之數，較美國為高，次於沙烏地阿拉伯、科威特與蘇聯。由於墨西哥政府的現代化工業建設的快速，國內需用能源甚多，輸出不如理想。如長此以往，墨西哥在二〇〇〇年代也許變為石油進口國。⑦由於北海石油與墨西哥石油在石油市場與OPEC競爭，OPEC在世界上所佔的石油出產量由一九七九年的百分之五十三，降至一九八五年的百分之三十以下。⑧但從遠處看，今後世界的石油仍有賴於中東（尤其是沙烏地阿拉伯）的供應。

由於能取代石油的其他能源還沒有更好的發現，由一五二頁表六所示世界主要石油國家每年的石油生產量與其蘊藏量之比，可見世界上的石油遠景似不太樂觀。

美國能源部在一九八〇年估計，一九七八年全世界石油每天的平均生產量大概在六千萬桶，已知的石油蘊藏量為六、四〇六億桶，假設目前石油只是消耗而無貯存，換句話說，依目前的消耗率，世界上所蘊藏的石油大概可供用一萬天左右，或只可繼續供應到這一個世紀末而已。⑨在八十年代，唯一可靠的是中東石油，其蘊藏量佔世界上總數的四分之一以上（見表六）。因之中東成了今日世界局勢最令人注目所在。中東政局複雜不穩，變幻莫測，下節僅就石油政治一項，作簡要分析。

第二節　石油輸出國、OPEC與跨國石油公司

表五　1973, 1979與1984年世界石油消耗量
World Oil Consumption, by Region, 1973, 1979, and 1984

Region	1973	1979	1984	Change (1979-84)
	(million barrels per day)			(percent)
North America	18.6	19.8	16.6	−16
Western Europe	15.2	15.0	12.3	−18
Japan	5.5	5.5	4.6	−16
Europe and Soviet Union	8.4	11.1	11.4	+ 3
Latin America	3.4	4.2	4.5	+ 7
Other Asia／Oceania	3.9	5.6	5.8	+ 4
Middle East	1.2	1.5	1.9	+27
Africa	1.0	1.4	1.7	+21
Total[1]	57.1	64.1	58.9	− 8

資料來源：British Petroleum Company, *BP Statistical Review of World Energy* (London: 1985).
[1]Numbers may not add to totals due to rounding.

表六　1984年主要石油產國的石油產量、蘊藏量與分布的百分比
Oil Production,Reserves, and Reserves／Production Ratios, Major Oil-Producing Nations, 1984

Country	Annual Production	Reserves	Reserves／Production
	(billion barrels)		(ratio)
Kuwait	0.36	90.0	250
Iraq	0.43	44.5	104
Saudi Arabia	1.71	169.0	99
United Arab Emirates	0.44	31.9	73
Iran	0.80	48.5	61
Libya	0.40	21.1	52
Mexico	1.10	48.6	45
Venezuela	0.68	25.8	38
Nigeria	0.51	16.7	33
United Kingdom	0.94	13.6	14
Soviet Union	4.53	63.0	14
United States	3.79	34.5	9
World Total	21.10	707.2	34

資料來源：British Petroleum Company, *BP Statistical Review of World Energy* (London: 1985).

世界上的工業（除共產國家外）由煤的使用轉換爲石油，主要的推動力量來自八大跨國石油公司：艾克森(Exxon)、海灣(Gulf)，美孚(Mobil)、加州標準石油公司(Standard Oil of California)、德士古(Texaco)皆爲美商，英國石油公司(British Petroleum)、殼牌石油公司（英荷合資的Royal Dutch Shell)與法國石油公司(Compagnie Francaise des Pétroles)，前七個通稱爲「七姊妹」(Seven Sisters)。業務最大的是艾克森石油公司，這可由一九七八年七姊妹公司石油經銷贏利情形見及（見時代雜誌一九七九年五月五日）：

艾克森	六〇、三三四、五二七、〇〇〇美元	殼牌石油公司	四四、〇五四、四〇〇、〇〇〇美元
美孚	三四、七三六、〇四五、〇〇〇美元	德士古	二八、六〇七、五二一、〇〇〇美元
英國石油公司	二七、三九〇、九一五、〇〇〇美元	加州標準石油公司	二三、二三二、四一三、〇〇〇美元
海灣	一八、〇六九、〇〇〇、〇〇〇美元		

中東石油工業開始於一九〇一年，波斯政府頒給當時英國一工程師戴石(Willian Knox D'Arcy)以特權研究並發展油礦，另方面則繳付波斯政府現金與石油股票，並保證每年淨利所得。至一九〇九年，英波石油公司(APOC)組成並開始建立油廠。一九一四年英國政府據有該公司的百分之五十一的股權。之後中東國家如伊拉克、科威特與沙烏地阿拉伯的油源相繼由「七姊妹」公司開發生產，因而壟斷石油的產運銷大權。這些跨國公司由於得有石油產地國的特權，又有本國政府的權力支持，乃能互相溝通，劃分勢力範圍，排擠其他（尤其是獨立的小油商）油商，儼然形成石油王國。

由於這些跨國公司的惟利是圖，絲毫不顧及產地國家人民的福利，因之皆被認爲是西方國家經濟殖民地主義的變形制度，有損國家獨立主權。從一九四九年起，中東石油國家開始與跨國公司修訂舊有的特權協定。這時跨國石油公司已面臨若干美國小獨立石油公司挑戰，這些獨立公司憑其科技智識與營業上的讓步條件，到處搶生意。(例如：在一九五〇年七姊妹在北美洲外生產百分之九十的石油，但由於獨立商的競爭，在一九六八年減低到只有四分之三。)在一九五八年，美國實行進口石油限額制，減少石油進口，因之世界各地石油市場供過於求，迫使跨國石油公司降低油價。由於中東石油輸出國家的唯一外滙來源（或唯一國庫收入）是石油，今油價猛跌，使國庫收入劇減，無法承受。因之各國認爲有採取一致對策的必要。事實上，一九五九年OPEC的建立原始建議爲南美洲的委內瑞拉。當初OPEC國家僅要求與跨國石油公司平等享有石油利潤。當時跨國公司認爲這一組織不過是一時的「現象」而已，未予注意。待至一九七〇年的卡拉卡斯會議時，各國協議採取共同有效行動，終於在一九七三至一九七四年冬，摒除跨國公司影響，決定大幅度提高油價並減低石油生產量。這一發展，出乎跨國公司意料之外，而措手不及，但世界石油經濟與政治卻自此轉入了新的世紀。

石油輸出國家，在六十年代的大目標在求與跨國公司平等享有石油利潤；同時並進一步採取石油工業國有化政策。使石油的控制權漸漸由跨國公司轉移到石油產地國政府之手。這一個大轉變程序發生在六十年代與七十年代的短暫期間。例如伊拉克石油工業開始於一九二五年，由伊拉克石油公司(IPC)取有特權，至一九七二年六月一日，伊拉克將該公司收歸爲國有。伊朗於一九七三年將伊朗國家石油公司收歸國有，沙烏地阿拉伯於一九三三年給予加州標準石油公司以特權，日後並以同樣特權給予其他油商，至一九七五年起，開始將石油工業收歸國有。科威特在一九七三年以特權給予科威特石油公司（KOC），但在一九七五年收歸國有。在北非，法國協助阿爾及利亞於一九五二年開發石油，建立油廠，至一九七一年石油工業被收歸國有。利比亞在一九六九年九月政變，軍人當政，大刀濶斧改革，並個別迫使各石油公司減低出產並提高油價。這個史無前例的事實，告訴了其他石油生產國家，跨國公司並不是無法對付的，因而影響到其他國家日後的強硬政策。利比亞於一九七三年將石油工業收歸國有，南美洲委內瑞拉於一九七六年將石油工業收歸國有。

所以自七十年代中葉以後，世界石油操縱大權，已由跨國石油公司轉移到石油產地國之手。例如在一九七三至一九七四年間，跨國公司幾乎操縱世界石油市場的百分之八十，但在一九八〇年卻降低至百分之四十三。⑩但是這不是說：自此跨國公司就被石油輸出國家一脚踢開，由於跨國公司的科技智識與市場貿易，它們仍是石油輸出國間的最重要媒介——經銷商。在一九八五年，OPEC國家所佔世界石油市場已由一九七九年百分之五十三降低至百分之三十以下，如前所述，這主要是由於美國阿拉斯加、墨西哥與北歐的北海大量開發生產所致。因此，石油輸出國家更需要跨國公司爲之爭取國際市場了。

由於OPEC（尤其是沙烏地阿拉伯）具有大量油源，及世界各國（尤其是OECD的工業發展國家）對石油需求的有增無減，OPEC藉石油產量增減的控制，幾乎完全操縱了世界的石油市場。傳統經濟學的價值供需原則，對之也失去了解釋能力。今天OPEC國家政策在由石油生產量的控制，求達最高的利潤收入。各國石油產量的決定，大多基於短程國庫需要程度、石油的蘊藏量以及其他社會環境；由下面三個表中資料，可得一概念。

表七　石油所佔政府收入的百分比

國名	一九六七年	一九七〇年	一九七三年	一九七五年
阿爾及利亞	二三	二一	四〇	六二
伊朗	四九	四九	六三	八五
伊拉克	五七	五四	七四	八五
科威特	八七	八三	八五	九八
利比亞	七七	八五	八八	九〇
沙烏地阿拉伯	九〇	八八	九三	九五

資料來源：採用自依登士，中東石油與發展（David G. Edens, *Oil and Development in the Middle East*, New York: Praeger, 1979, p. 120），略去一欄。

表八　一九七〇年上半年各石油國家的科技人員與全國勞動力的百分比

國名	專業技術人員	行政與經理人員	醫生	教員
阿爾及利亞	三・四	〇・八	一・三	一一・〇
伊朗	二・七	〇・一	三・二	二一・六
伊拉克			四・〇	一七・九
科威特	一〇・七	〇・七	七・九	八〇・〇
利比亞	三・一	一・四	三・八	三三・四
沙烏地阿拉伯	四・八	〇・五	六・六	一九・六

資料來源：採用自依登士，中東石油與發展，一六四頁。

表九　OPEC國家石油蘊藏量與人口

國名	一九七八年蘊藏量（單位：十億桶）(1)	人口（單位：千）(2)
阿爾及利亞	六	一七、七九〇
厄瓜多	一	六、七〇五
加彭		五三五
印尼	一〇	一三四、四一四
伊朗	五九	三四、四二四
伊拉克	三二	一一、七五九
利比亞	二四	二、六〇七
奈及利亞	一八	八〇、〇〇〇
委內瑞拉	一八	一二、五四二
第一類總計	一六七	三〇〇、七七六
科威特	六六	一、一一二
卡達	四	一八二
沙烏地阿拉伯	一六六	九、四三〇

阿拉伯聯合大公國	三〇	六五二
第二類總計	二六六	一一、三七七
OPEC 總計	四三三	三一二、一五三

資料來源：⑴一九七九年美國中央情報局（見前表五）。⑵一九七七年世界政治手冊（*Political Handbook of the World*, 1977, New York: McGraw-Hill, 1977.）。

由上面三表可見：石油輸出國家，主要（或唯一）國庫收入來自石油一項，其他糧食、衣物、居住等必需品幾乎全由國外輸入。由於科技人員、經管人員與教員的缺乏，加之文盲比率之高（百分之六十以上），因之國家工業化受到影響，最嚴重的情形是全國經濟發展的失去平衡（重於都市忽略了鄉村）。科技與醫護人員有賴於其他先進國家的借助（例如時代雜誌一九八一年的報導，沙烏地阿拉伯聘有一百七十萬外國工作人員，佔全國勞動力的百分之四十三）。⑪各國人口多少與其經濟發展更息息相關，如何善用其蘊藏的石油，也就由於上述諸不同情況而政策迥異了。

石油專家諾倫格（Oystein Noreng）依照各國物資環境與經濟條件，區分 OPEC 國家爲兩大類及沙烏地阿拉伯爲一特例（見前表九）。⑫第一類爲急進派，包括石油蘊藏量少而人口多的國家，憑石油換取外滙的期限大概不到三十年。這些國家因爲人口多，經濟發展需要大量資金，這只能從短程最大的石油收入得來，價格越高越好，同時利用石油爲政治後盾，爭取長遠政治影響力。第二類是保守派，包括那些石油蘊藏量多而人口少的國家，石油換取外滙的期限五十年以上。由於人口少，經濟發展過速，但人民科技知識落後，經濟發展反而造成社會大差距，因之不得不減低發展速度而先從人民基本教育紮根着手。由於這些國家已有剩餘資金，所以外滙需求不大，只求石油市場長程的維持與穩定，保持其由石油所獲得的長遠政治影響力，並維護其國外的大量投資。這是爲甚麼在OPEC國際會議上，第一類國家每次要求大幅度提高油價，而第二類國家則採取溫和政策，尤其是沙烏地阿拉伯。

沙烏地阿拉伯是第二類輸出國的特例，沙國不僅是今日世界上石油蘊藏量最多的國家（見上表九），同時也是輸出最多的國家，次爲伊朗、伊拉克、科威特、委內瑞拉與利比亞等國。沙烏地阿拉伯已有過多的儲存資金，它的基本政策在保持其長短程的政治影響力，保持爲世界上石油的最大輸出國地位，對外來保護其龐大的國外投資（維持OECD國家經濟的穩定）。事實上，有時沙烏地阿拉伯在國際政治上，爲了應付第一類國家的經濟迫切需要，同時顧及到世界經濟的穩定，也跟隨作適度的石油提價與減產。

一般而論，那些石油蘊藏量多，人口少的國家，由石油收入造成過剩資金，既爲本國社會消化不了，唯一途徑是投資西方國家（尤其是OECD國家），因之資金又回流到石油輸入國家。由於此，OPEC與OECD在經濟上乃形成了連鎖關係。如油價過分高漲，拖垮OECD經濟發展元氣，或將導致物價膨脹，造成失業的世界經濟不景氣，間接也就影響到石油輸出國家進口貨物價格，不良後果，甚或可能威脅到它們國外投資的安全。

雖然OPEC國家因其國家地理自然環境，與油蘊藏量的不同而對石油生產量與價格政策或有差異，但在國際政治上，尤其是阿拉伯國家對以色列的外交政策上，卻是步伐一致的聯合陣線。一九七三至一九七四年冬的石油禁運，主要是對付美國的以色列政策。在一九七八年底，伊朗內戰發生，伊朗石油出口暫停，造成了世界上的第二次石油危機。在一九七八年初，伊朗出口石油佔OPEC出口量總數的百分之十七，爲了穩定世界因石油危機引起的經濟不穩定，沙烏地阿拉伯主動地增加油產量，從一九七八年每天的八百萬桶增高至一九七九年每天的九百五十萬桶⑬，仍難完全塡補伊朗所造成的大空隙。加之在這段期間，各國（尤其是西歐與日本）皆付任何高價就地搶購石油，更造成了石油市場的混亂，即使OPEC與沙烏地阿拉伯對石油價格也暫時失去了控制。

世界石油價格在一九八一年達最高峯，每桶價値美金三十五元，較之一九七三年石油危機時價格高出五倍以上。但好景不常，之後油價卻日趨下落。至一九八五年跌至每桶美金二十七元。至一九八六年二月，續跌至二十六元，至二月間，降至二十元，至四月間，更猛跌至美金十元。⑭

油價跌落的原因很多，重要的是工業國家消耗量的減少，以及OPEC與非OPEC國間的石油戰。幾年來居高不下的石油價格，導使世界自第一次世界大戰後經濟大蕭條（The Great Depression）以來最大的經濟畏縮（economic slump），各國石油量的消耗也隨之減少，如前表五所示。加之各國改進能源的使用效能及能源節約，也減少了石油的消耗量。例如在一九七三年至一九八二年之間，西方工業國家能源效力（energy efficiency）增加了百分之三十以上。⑮

但直接的原因卻是石油輸出國間的競爭，及沙烏地阿拉伯政府石油政策的後果，當石油價格自一九八一年後日趨下落時，OPEC國家曾先後舉行會議，協議減產增價，沙烏地阿拉伯更率先大量減產，由一九八一年的每日一千萬桶以上減至一九八五年夏的兩百萬桶。在此期間，沙烏地的石油歲入由一千三百三十億美金降至二百八十億美金。沙烏地雖富，但這不能不說是一筆大損失。其他OPEC國家，由於國情不同，如上所述，有些國家的惟一國庫來源專靠石油收入，因之不少國家陽奉陰違，反而暗地大量產油出售，從中牟取高利，這些國家包括利比亞、委內瑞拉、奈及利亞等。伊朗、伊拉克兩國由於拖延不決的經年戰爭，更不受約束。較此情形更壞的是沙烏地阿拉伯所不能控制的 OPEC 國家以外的石油輸出國家的增產石油政策。尤其是英國與挪威的北海石油，以及墨西哥石油。最初 OPEC 組織暗示其他石油輸出國家自動減產，免導致石油戰爭。但英國與挪威置之不理，墨西哥由於國債高築，每年借款利息也難於付出，急需大量現款，增產石油，惟此一途。其他世界上石油輸出國家如蘇聯，該國由西方國家大量購買機器與科技，所需外滙，多靠該國對外輸出的石油與瓦斯所得。因之在OPEC等國減產時，反而大量增產輸出，坐收漁人之利。在此國際情況下，沙烏地阿拉伯在科威特與阿拉伯聯合大公國的支持下，乃採取大量生產政策，期迫使世界油價猛跌，至相當程度，當英國與墨西哥等國無法忍受時，也許會改變原有政策而與OPEC重新妥協。但至一九八六年底，雙方仍相持不下。石油價跌至美金十元以下，是爲OPEC國家所不能忍受，尤其是伊朗大施壓力。沙烏地阿拉伯王室終於免除該國石油部長雅曼尼(Yamani自一九六二任石油部長)職位，另任命納支(Hisham Nazer)爲石油部長，並即改變石油政策。在OPEC的協議下，決定自一九八七年初起，硬性提高油價，油價回升，但終難扳回一九八五年以前的高數字。

一九八七年夏，伊朗與伊拉克戰爭昇高，伊朗攻擊波斯灣來往伊拉克的油船，並在波斯灣佈雷，影響各國石油運輸路線安全。至有美國軍艦掃雷與護航（保護美註册油船）。美國軍事行動雖有英、法、德、日等國支持，但卻無軍艦參與。中東局勢幾乎發展到美國與伊朗戰爭一觸即發之勢。在美國的壓力下，於是乃有聯合國安全理事會通過決議，要求伊朗與伊拉克限期停火，並由聯合國秘書長親訪兩國協商停火停戰。

中東局勢，由於美國的強硬政策與聯合國的一致行動，而暫保波斯灣石油供應線的安全。一九九〇年八月二日伊拉克侵占科威特，是爲世界上的第三次石油危機。幸有在美軍爲首的聯合國軍隊行動下，粉碎了伊拉克的侵略野心，而挽救了中東又一次危機。

第三節　石油進口國與OECD

世界上石油進口國中，以OECD(Organization for Economic Corporation and Development—經濟合作與發展組織）國家最重要。據一九八五年英國石油公司資料，一九八四年 OECD 國家消耗全世 界石油總消耗量的百分之七十七以上，但本身只生產百分之二十六左右，其蘊藏量約只佔世界的百分之十左右。

表十　一九八四年OECD國家石油生產量與消耗量（單位：百萬公噸）

OECD 國家	石油生產量	石油消耗量	平衡
北美	五六七・七	七九一・四	
西歐	一八六・五	五九一・〇	
澳洲與紐西蘭	二六・五	三五・五	
日本	〇・四	二一四・六	
總計	七八一・一	一六三二・五	負八五一・四

資料來源：*B P Statistical Review of World Energy* (London) 1985, pp. 2, 4.

可見各國石油消耗數字遠比其生產數字爲高（尤其是日本），唯一辦法是大量進口石油。根據一九七九年的數字，各國進口石油的百分率是：美國百分之四十六，英國百分之十七，法國百分之九十一，西德百分之九十七，義大利百分之八十五，日本百分之九十八。⑯自一九七九年與一九八四年期，各國進口石油量減少，如前所述，西歐減少百分之三十四，日本減少百分之二十六，美國減少百分之四十。下面將各別分析日本與西歐各國處境與石油政策。

今天日本工業，幾乎完全依賴進口石油，日本與西歐一樣處境，戰後由於資金與人力的缺乏，設備的陳舊，重建以煤爲主要能源的工業極爲困難，當時石油價格還算便宜，所以工業上改用石油爲既經濟而又便速的辦法。加之盟方佔領軍大力協助重建日本工業，俾成爲一穩定強大的經濟體系，圍堵蘇聯共產主義在遠東的擴張。最後日本一反傳統政策，於一九五〇年給予美國跨國石油公司在日本設廠煉油特權，條件爲該公司充分供應日本由煤轉換爲石油工業所需的能源。一九六〇年，石油與煤同爲日本工業上的重要能源，至一九六四年石油增加率爲百分之二十五，一九五七年日本石油的消耗量不到一千五百萬噸，佔世界各國的第七位，至一九七四年，升高到第三位，僅次於美蘇兩國。一九七九年日本進口百分之九十八的石油，其中由中東國家輸入的佔百分之八十以上，例如：沙烏地阿拉伯百分之三〇・九，印尼百分之一六・八，阿拉伯聯合大公國百分之一四・七，伊拉克百分之一一・三，其他國家約爲百分之二六・三。⑰由於要維持經濟成長，今後進口石油量是不會減低太大的，即使在二千年時，如果能獲得其他能源的補助，也需要進口百分之四十五的石油左右。⑱

日本的能源政策，大概不出下列要點：⑴分散石油進口地區（免爲單一來源國所控制），找尋其他進口能源，如墨西哥（運費太貴）、蘇聯（例如：協助蘇聯開發西伯利亞油源，問題在蘇聯拒絕交還二次大戰期間所佔領的日本北海道小群島，與中共、美、日、蘇在遠東的複雜外交關係），與中共（例如：協助中共大量開發沿海大陸礁層油田，事實上，今日由中共進口的石油油質欠佳，成本太貴）。⑵多建核能發電廠，日本預期核能發電廠將供應由一九七九年每日二十五萬桶的生產量，增至二〇〇〇年時的每日兩百萬桶。那時，核能的供應將佔全國能源消耗總量的百分之十八左右。⑲問題在，核能放射安全控制，廢料處理，地震影響，淡水供應影響，成本奇高等。⑳⑶恢復用煤，今天日本的鋼鐵工業爲最主要的煤源消耗者，今後如增加煤的使用，問題在日本煤蘊藏少，有賴美國，美國雖爲今日世界上煤藏量最多國家之一，但能供應日本的數量有限（詳見下節）。⑷其他如增進火力電廠發電、瓦斯、海洋能、太陽能等的運用，但都無補於大局！

次論西歐國家。

西歐國家在第二次大戰前，主要的工業能源是煤，石油需要量很少，由於一九三九年至一九四五年期間，煤礦工業遭受摧毀，戰後設備陳舊，資金缺乏，無恢復重建。而當時石油來源容易而且便宜，西歐國家最初由美國、南美、與中東輸入石油、隨着北非與中東石油在六十年代起的日漸開發生產，油源大增，歐洲工業也就由煤而轉換爲以石油爲主要能源的工業。至一九七三年第一次世界石油危機時，西歐石油消耗量佔其能源總消耗量的百分之六十四。㉑之後，石油的進口，隨經濟的迅速成長而增加，石油輸入國家以中東爲主，尤其是沙烏地阿拉伯，見下面表十一。

表十一　一九八〇年西歐各國輸入石油與消耗石油總數百分比

國別	英	西德	義大利	法國
沙烏地阿拉伯	四八・七%	二三・四%	三三・九%	三四・一%
伊拉克	六・〇%	五・四%	一七・五%	二九・九%
利比亞		一四・三%	一二・一%	
英國		一一・五%		
奈及利亞		一三・九%		八・四%
阿爾及利亞		六・二%		
科威特	九・三%		七・七%	
阿拉伯聯合大公國	一〇・八%	八・九%	四・八%	六・四%

資料來源：一九八〇年美國新聞與世界報導（*U. S. News and World Report*, Nov. 3, 1980, p. 65）。

西歐在八十年代後半期間，本身石油產量增加（尤其是北海石油）減少進口。但此後產量可能下降，到本世紀末期，西歐將又有賴於大約百分之九十左右的進口石油，屆時由OPEC進口石油將佔百分之七十左右。㉒

如果今日歐洲不減低能源消耗量，並在本世紀建立八百座核能電廠相等的能源供補需要，那麼西歐在九十年代要每年進口五百萬噸的煤以供應用，這個數字大約是今天世界煤輸出量的五倍，由於西歐煤蘊藏量不多，唯一可進口的來源是美國，這情形與日本類似，西歐也難望美國大量接濟。據一般估計，在二〇〇〇年時，西歐即使有太陽能、風能、海波能、海潮能等的能源供應，充其量也不過能供應所需能源總數的百分之六至百分之八而已。㉓所以唯一可行的辦法是多建核能電廠，但鑒於法國與西德國家人民對核能電廠的強烈反對情形，此路也難順利走通。

總之，西方國家爲減輕進口石油的沉重壓力，可能的政策與辦法不外乎：⑴尋求新油源，這是長遠的計畫，非救急之策。⑵降低經濟成長率，石油需求當也隨之降低，影響經濟發展與國民生活水準，是否爲一般人民所接受，仍是問題。而且OPEC國家爲了求得高收入，即使石油需要降低，仍可武斷地提高油價。⑶石油輸入國對石油輸出國採取聯合陣線，這原是美國的建議，在一九七三至一九七四年冬石油禁運發生後，由美國發起，十六個工業先進國家於二月十一日集會於華盛頓。由於西歐國家與日本恐怕開罪於阿拉伯石油輸出國；同時又懷疑美國欲利用他國支持其中東的以色列外交政策，因而不願對阿拉伯國家採取聯合行動。但是該會議建立了一個國際能源機構，各國並同意今後在緊急期間，共享石油，尤其是美國的協助，另外並設立長期能源研究機關。由於集體行動的無成，各國仍採取個別行動與友善石油輸出國分別交涉，俾求自保石油的不斷供應。美國也在一九七四年四月單方與沙烏地阿拉伯簽訂共同協定。至一九七五年十二月各國又有國際經濟合作會議之舉行，但對石油問題的解決，仍無成就。⑷西歐與日本等國對美國施壓力，希望美國建立有效能源政策。美國今日約佔世界人口的百分之六，但卻消耗全世界能源總數的百分之三十以上。㉔美國能源消耗量的增減，對其他國家影響是相當大的。所以每逢石油危機，各國對OPEC莫可奈何，但美國卻成了首當其衝的被指責者。由於美國在石油世界所處的特殊地位，下面特再另節討論。

第四節　美國與世界石油

美國遠在一九〇〇年與蘇聯同爲世界上兩大石油輸出國，美蘇石油產量佔全世界的百分之九十。美國石油公司在第一次大戰前，供應世界所需石油的四分之一。㉕在一九三八年，美國石油產量佔當時全世界的三分之二，超過自由世界產量的百分之七十。在一九六〇年美國石油產量仍佔全世界的三分之一，佔自由世界的百分之四十。但是美國的石油產量在一九七〇年達到了它的最高峯，約佔全世界五分之一，之後逐年降低。㉖但石油消耗量卻年年有增加。例如在一九七三年美國進口石油佔國內總消耗量的百分之三十七，今則高達百分之四十六點六左右。

美國從一九七〇年至一九八〇年間，每年進口石油皆有增加，大約平均在百分之二十左右。自一九八一年起，石油消耗量年在減少，因之進口石油量隨之下降。一九八〇年起，主要進口石油國家爲沙烏地阿拉伯、奈及利亞、利比亞、阿爾及利亞、印尼與墨西哥。沙烏地阿拉伯自一九七七年起躍居第一位，但自一九八四年起，墨西哥與加拿大兩國成了美國的主要石油輸入國（見一七〇頁表十三），美國從中東輸入的石油量僅佔美國所輸入的石油總數的百分之四而已。在一九九三年美國石油輸入回升至百分之四十六點六，其中百分之五點三來自 OPEC 的阿拉伯國家。

美國自一九七三年石油危機之後，國內開始提高警覺，因之能源政策成了美國一九七六年總統競選的政爭之一。隨後又有一九七九年的石油危機，震撼了全世界，西歐與日本諸國對美國大施壓，以期建立有效的能源政策。

美國在五十年代與六十年代的石油政策，主要在保護國內的石油工業，因而忽略了對國外石油供應來源的維護。例如：在一九五九年艾森豪總統的石油限制政策，限制了國外無限制進口石油的美國國內市場（加拿大與墨西哥除外）。但自一九七○年起，美國國內石油生產漸達高峯，開始感到能源缺乏的壓力。自一九七三年阿拉伯與以色列戰爭與隨之而來的對美石油禁運，使美國開始重新估計其能源政策。尼克森總統在一九七三年中期開始進口石油管制，並建議國會通過法案加速阿拉斯加油管的建設。在一九七五年福特總統向國會提出能源獨立法案，但皆無具體結果。至一九七七年四月十八日卡特總統向國會提出一能源計畫，注重節約而忽略了能源的開發，國會未採有效行動。因之卡特總統又於一九七九年七月十五日提出一「新能源計畫」，重點爲：(1)逐漸解除石油價格管制（至一九八一年十月一日全部解除管制）；(2)由國會於一九八○年四月制定一石油公司暴利稅法案（windfall tax），暴利收入，一方爲石油公司保有，作繼續石油開發投資之用，另一部則由政府徵收作能源發展與補助窮戶的石油開支，卡特的新能源政策經國會通過後，已修改得面目全非，但仍不失爲美國近年來較爲完整的能源政策。

卡特總統的能源政策，不僅遭遇到國會中代表石油商壓力集團的反對，例如一九七九年美國參議院有三十七位參議員，其中包括九位爲財政委員會的重要委員，以及六十一位衆議員，都具有石油與瓦斯公司股權。又參院財委會的主席路易斯安那州的藍恩參議員，就擁有百萬以上的石油股權。㉗最難令人相信的是，大多數美國人還不相信美國眞有石油危機，例如紐約時報一九七九年九月十八日的民意測量，發現只有百分之三十五的人相信美國有能源危機，一般人認爲能源危機是跨國石油公司憑空造出來的。因爲有見於跨國公司所獲暴利之多，例如在一九七九年的第三季，艾克森石油公司純利較一九七八年增多到百分之一百一十八，海灣石油公司百分之九十七，苛洛可(Coroco)百分之一百三十四，阿米可(Ameco)百分之四十九，尤其是艾克森公司所得利潤佔全國企業所獲利潤總數的十分之一。雖然各公司說盈餘投資在新油源的發現與開發，但是在一九七八年，美國五大跨國石油公司投資在新油源的發現上，還不到百分之五十。㉘在這樣的情況下，政府就難望其能源政策有效施行了。雷根總統之後，美國尙無新能源政策。

美國各界所消耗的能源，以交通工具佔最大部分，一七二頁表十四是各國的比較。

北美用於交通(transportation)上的能源要佔全國能源消耗量的百分之二十六，又其所消耗的石油量是全國的百分之五十以上，這個數字看來驚人，但如果一查一九七八年美國的汽車情形一項，就不致引以爲奇了。在一九七八年美國大約有一億一千九百萬部車，換句話說，美國每個人有一部車。在一九七七年大約有五十萬美國人每天開車單程大約在五十哩左右。在一九七五年十之九以上的家計負責人開車外出工

表十四：一九七四年各國各業石油消耗量（單位：百萬公噸）

區分	各界總消耗量	工業	交通工具	道路交通
北美	七七七	九八	四二八	三五八
西歐	六六七	一四一	一五八	一二一
日本	二三八	六一	三八	二九

資料來源：能源統計(*Energy Statistics*, 1973－1975, OECD, Paris, 1977.)。

作，由這些數字，就可知交通耗油量之大了。㉙

實際上，美國人每逢世界石油危機，要在加油站排長龍陣買油時，才責備政府，要政府負責人拿出實際有效能源政策來，而華府國會也就隨之大忙一陣。事實上，美國政府也不能無中生有，能源政策不出開源節流兩途。節流需要大家忍痛，少用能源，至少應改變以往「享福」的生活方式，如室內溫度的保持有如四季如春，少開（尤其是個人）不必要的車（與遵守限速）等，如上所述，有多少人眞能辦到？據前面第一節今日世界的石油，世界已證實的石油蘊藏量（表六），美國在一九八四年已證實的石油蘊藏量大概是三百四十億桶以上。從一九七〇年至一九八〇年間，美國石油每年平均進口率約在百分之二十左右。憑此推算，在一九九〇年代，美國國內將無油可供用。㉚可能的辦法是迅速開發新油源與找尋代用能源。

美國最有希望的新能源是大陸礁層沿海油域(Outer Continental Shelf，簡稱OCS)與阿拉斯加州的石油。據估計：OCS 可能有二千億桶石油、阿拉斯加蘊藏量可能超過一百五十億桶。㉛美國大陸各地的石油蘊藏量有如表十五。

今日的生產量也以阿拉斯加與德州爲最，除阿拉斯加外其他各州產油的遠景皆欠佳。雷根總統就任後，最重要措施一方在解除石油價格管制，以鼓勵油商投資新油源的開發，並加速 OCS 石油與瓦斯的租賃與生產辦理程序。㉜

其次是增加煤的使用，美國的煤蘊藏量大約佔全世界的百分之二十以上，一九七七年底的蘊藏量在一、七八六億公噸左右。㉝近年美國煤的消耗量只佔全國能源消耗量的百分之十八而已，水電等(electric uti-lities)消耗約爲百分之八十五，次爲工業上用煤，約百分之十三，住宅區與商業上用煤佔百分之二左右。

表十五　美國各州石油蘊藏量

州名	蘊藏量（單位：百萬桶）	與全國蘊藏量之比
阿拉斯加	九、七八六	三一．六%
德克薩斯	九、二二六	三〇．二%
加利福尼亞	三、五九〇	一一．六%
路易絲安那	三、四七一	一一．二%
俄克拉荷馬	一、一八六	三．八%
懷俄明	八二六	二．七%
新墨西哥	五三六	一．二%
堪薩斯	三六二	一．二%
科羅拉多	二五二	〇．八%
佛羅里達	二五〇	〇．八%
總數	三〇、九四二	一〇〇．〇%

㉞煤的使用主要問題在環境污染、運輸（由原產地至市場）費用太高，與礦區開發的安全。

美國瓦斯蘊藏量佔全世界的百分之六左右，在一九八四年大約爲一九八兆(trillion)立方英尺（一兆爲一萬億）。㉟一九七八年，美國瓦斯的消耗量只佔全國能源消耗量的百分之二十五，主要的瓦斯消耗者爲工業（四二·八％），次爲住宅區（二五％）、水電等（一六·三％）與商業用（一三·二％）。㊱由於只是用而未求新開發，據專家在一九七八年的估計，美國瓦斯蘊藏量大約只夠今後十至三十年之用。㊲瓦斯的使用問題，專家至今仍無法確定瓦斯蘊藏量多少，及瓦斯所可能造成的嚴重問題。

最後要提到核能電廠。在一九八〇年美國政府已經頒發運作執照的核能電廠共有七十一座，其中在東北、東與東南部各州，核能電廠今日大約提供全國能源的百分之十三。據能源部的估計，美國已證實的鈾（核能電廠所必需的原料）蘊藏量，可供三百七十五座核能電廠三十年以上之用。㊳一九七九年三月賓州的三哩島上核能電廠核子輻射外漏，驚動全國，由於廠地居民的反對，新廠的建造已慢了下來。今後要看技術上對核子輻射安全問題的解決，才能決定今後發展的方向。

第五節　中共與蘇聯石油管窺

由於有關中共與蘇聯石油資料的極難獲得，本節僅憑手頭現有資料作一管窺。

蘇聯在第二次世界大戰前，全國百分之八十的石油生產集中在巴庫（Baku）地區。大戰時，石油工業內移至伏爾加與烏拉區（Volga-Ural Region），即所謂第二巴庫，在五十年代，出產佔全國的百分之八十以上，在六十年代末，降至爲百分之六十八左右。㊴日後產量逐年降低，今日不復佔重要地位。七十年代的石

油中心已轉移至西伯利亞西部（Western Siberia）的Tyumen，佔全國產量的百分之六十三。㊵

蘇聯石油業在第二次大戰期間，遭德軍摧毀，復原困難，戰後初年乃爲石油輸入國，但自一九五四年起，又開始向國外輸出，有如表十六所示。

所以從五十年代起，蘇聯尋求世界石油市場，西方國家稱這段時間爲蘇聯的「石油攻勢」。蘇聯輸出石油的國家，不但包括東歐共黨國家佔各國石油輸入的百分之九十以上，蘇聯今日輸入每日約爲兩百萬桶之數，及西歐自由國家，今日約爲每日一百五十萬桶。㊶蘇聯對前者是利用石油爲控制東歐國家經濟的有力工具，對後者則欲用石油爲政治工具使西歐國家傾向蘇聯，但最重要的是用石油爭取外滙，用以購買西方新科技智識成果。

今日蘇聯人口佔全世界的百分之七，大約消耗全世界能源的百分之十八左右。蘇聯已證實的石油蘊藏量，大約在五十六億至五十七億一千六百萬噸之間。㊷蘇聯石油生產量有如一七六頁表十七。

從一九七四年起，蘇聯石油生產量，大概維持在世界石油生

表十六　一九五五年至一九七三年蘇聯石油輸出（單位：百萬噸）

年份	數量
一九五五年	八・〇
一九六〇年	三三・二
一九六五年	六四・四
一九七〇年	九五・八
一九七一年	一〇五・一
一九七二年	一〇七・〇
一九七三年	一一八・三

資料來源：取材自克林何夫之蘇聯國際石油政治（Arthur J. Klinghoffer, *The Soviet Union and International Oil Politics*, N.Y.: Columbia University Press, 1977, p. 64）

表十七　一九六〇年至一九七八年蘇聯石油生產量
（單位：每日千桶）

年份	產量	年份	產量
一九六〇	二、九四三	一九八〇	一二、二一五
一九六五	四、八三五	一九八一	一二、三七〇
一九七〇	六、九七六	一九八二	一二、四三〇
一九七三	八、四二〇	一九八三	一二、五五〇
一九七四	九、〇二〇	一九八四	一二、四一五
一九七五	九、六三〇		

資料來源：美中央情報局國立外國估量中心（見前）*B P Statistical Review of World Energy*, 1985, p. 4.

表十八　一九七五年至一九八四年蘇聯石油生產量與消耗量（單位：百萬噸）

年份	生產	消耗
一九七五	四七三・九	四九〇・八
一九八〇	四八四・一	六六三・〇
一九八一	四八二・八	六〇九・〇
一九八二	四八四・五	六一二・二
一九八三	四八六・三	六一六・三
一九八四	四九四・〇	六一三・〇

資料來源：*B P Statistical Review of World Energy* 1985, pp. 4, 7.

產量總數的百分之十八至二十一左右。蘇聯石油除輸出外，大概都供應作國內消耗，不會有何貯存。蘇聯石油的消耗量的增加速度超過其生產速度（見表十八）。據克林何夫綜合各家研究的結論，認為蘇聯在一九八〇年代仍能保持其石油輸出，但是，如果今後國內石油生產量每年增加率在百分之五至五．五之間，而消耗量在百分之九．五至一〇之間，問題就不簡單了。㊸

因之，蘇聯在八十年代能輸出多少石油，是個大問題，蘇聯今後可採取下列辦法：⑴停止對東歐國家的輸出，但問題在因此減少蘇聯對東歐國家的經濟控制，並迫使東歐國家轉向中東石油國家購油；⑵停止對西歐國家石油輸出，這將減少外滙收入；⑶加速開發西伯利亞（亞洲部分）油源，但問題在資金、科技人才與交通等問題。與日本合作開發最爲理想，但蘇日領土未決問題，及中共、美、日、蘇在遠東的複雜外交關係；⑷向中東擴張，雖爲美國圍堵，但不放棄；⑸增加煤、瓦斯與核能電廠的使用。

以蘇聯瓦斯與煤蘊藏量之豐富，蘇聯大可由此解決其將來的能源問題。今日蘇聯的石油、煤與瓦斯的蘊藏量爲石油（三百五十億桶）、煤（二千五百六十億公噸），與瓦斯（一、〇二〇兆立方英尺——一兆爲一萬億）。㊹蘇聯的煤蘊藏量是世界第一位，約佔百分之五十六左右。㊺瓦斯的蘊藏量爲世界的三分之一左右。㊻今日核能電廠在蘇聯尚不佔重要地位。

共產集團，除蘇聯外，次應論及中共。

中共在五十年代，幾乎完全依賴蘇聯供應石油。一九六〇年起，中共與蘇聯關係惡化，開始是石油進口的中斷，繼之爲各種石油品輸入的慢慢減少，至一九六九年完全斷絕。經過詳情，由下表十九（一七八頁）可知。在一九六〇年與一九六三年間，中共進口石油中，蘇聯輸入的石油約佔三分之一左右，因之蘇聯石油的中止進口，使中共不得不向其他國家如阿爾巴尼亞、羅馬尼亞、伊朗、與埃及等國大量輸入石油。另一方面在求「自力更生」，加緊國內石油資源的開發。

表十九　一九五五至一九七〇年，蘇聯輸入中共石油與石油品（單位：公噸）

年份	石油	石油品	年份	石油	石油品
一九五五年	七七七、八〇〇	一、二一一、〇〇〇	一九六三年	〇	一、四〇八、一〇〇
一九五六年	三九七、三〇〇	一、三三五、〇〇〇	一九六四年	〇	五〇四、九〇〇
一九五七年	三八〇、四〇〇	一、四二二、二〇〇	一九六五年	〇	三七、九〇〇
一九五八年	六七二、〇〇〇	一、八三五、〇〇〇	一九六六年	〇	四〇、〇〇〇
一九五九年	六三五、九〇〇	二、四一二、〇〇〇	一九六七年	〇	六、八〇〇
一九六〇年	五六七、六〇〇	二、三九五、二〇〇	一九六八年	〇	七、六〇〇
一九六一年	〇	二、九二八、二〇〇	一九六九年	〇	一〇、三〇〇
一九六二年	〇	一、八五六、四〇〇	一九七〇年	〇	〇

資料來源：克林何夫之蘇聯與國際石油政治，一九六頁。

中共在一九五九年大慶油田發現後，煉油工業才由人造石油（如當時南方茂名規模較大的加工油田頁岩的人造石油廠與蘇聯設計的唯一蘭州煉油廠）轉換爲全面的天然油加工提煉。這對後來勝利與大港（一九六七年）以及其他重要油田和煉油基地影響很大。其他陸地重要的油田有青海的柴達木油田、甘肅的玉門油田。由於文化大革命的影響，在一九六七年後，全國石油煉製技術的研究與發展，幾乎完全停滯。一直到一九六九年，才又慢慢恢復設計與發展，並派員至西方工業國家考察，於一九八二年十二月成立「中國海洋石油總公司」，與西方石油公司簽約從事外海（南海與北部灣）採油。近年的鑽井證實，並無具有商業吸引力的大發現。㊼

關於中共石油生產量，準確資料尙不易獲得。據美國中央情報局的研究，從一九六〇年至一九七八年間，中共石油產量大約如表二十所示。

表二十　一九六〇至一九七八年，中共石油生產量

（單位：每日千桶）

年份	產量	年份	產量
一九六〇年	一〇二	一九七五年	一、五四一
一九六五年	二二七	一九七六年	一、七三五
一九七〇年	六〇三	一九七七年	一、八七四
一九七三年	一、一三七	一九七八年	二、〇八二
一九七四年	一、三六五		

資料來源：美中央情報局國立外國估量中心（見前）。

據一九七九年六月中共「國家計畫委員會」主任余秋里在「五屆人大」的報導，一九七七與一九七八兩年，石油產量分別爲九千三百六十萬噸與一億零四百萬噸，兩年合計成長率爲百分之一九・五，並估計一九七九年的成長率在百分之五・七左右。

由此推論，如果今後中共不速開發新油源，現有油田（大慶產量佔全國總生產的一半以上，這幾年採用「二次取油」的灌水法，俾維持不斷下降的產量。勝利與大港油田產量佔全國的四分之一左右。）最多不會超過二十年之用，爲增加外滙來源，中共每日大約輸出一百萬桶石油之數。

中共石油蘊藏量各家學說不一。美國石油地質學家衣墨雷(K. O. Emery)曾代表聯合國從一九六八至一九七〇年間在遠東考察後報導，有關中國沿海礁層油的豐富蘊藏量，頗引起學者專家的注意；日本的專家認爲中國渤海的蘊藏量堪與中東波斯灣相比量。㊽是否屬實，尚待科學的勘測證實。但是中國大陸沿海大量石油蘊藏量的可能性，卻是世界上專家所一致公認的。中共年來積極從事海域探油，現已發現具有前途的是渤海油田（可惜油質欠佳）。據美國專家賣耶荷夫(A. A. Meyerhoff)的估計，渤海油蘊藏量約爲五百六十億桶，中國大陸沿海石油總蘊藏量大約是四百億公噸左右（相等於三千億桶）。㊾但據哈理遜(Selig S. Harrison)的綜合研究結論，認爲中國大陸沿海石油蘊藏量最合理的數字在四百億公噸（或三千億桶）㊿，所以與賣耶荷夫的推論相似。

中共的大陸石油生產量，由上面資料證明，顯然是有限的，今後「四化」建設所需鉅額資金，唯一可依賴的是由石油換取外滙，而今後石油只有寄託在海域探油。這是年來中共急於擴大海域探油原因之一。㊿其成功不但有賴於大量資金，科技人才、運輸與市場條件的解決，還要看大陸上經濟的能否上軌道；政治的能否安定下來，與能維持多久。

第六節　世界能源的展望與期望

上面各節已分析各國能源情形，各國應付之道，不出開源節流，與找尋並發展新的石油代用能源，但歷史經驗告訴人們，一新能源在工業上成爲主要的地位，大約需時三十至五十年之間。㊾世界上除石油外，今日可能的能源有煤、瓦斯、核能電廠、太陽能、海潮能、風能等等，今日世界上的煤蘊藏量（主要在美蘇）遠較石油與瓦斯為豐，據席瓦得(Ruth L. Sivard)的研究，從一九五〇至一九七七年之間，世界上煤的消耗量與其蘊藏量相比僅是極少數字而已。但瓦斯的生產量卻已為蘊藏量的三分之一，石油的生產量更是超過了它蘊藏量的半數以上。[53]所以今後煤的大量使用，是解決將來能源問題途徑之一，核能電廠如今後科技知識上有大突破，解決核電放射外洩及廢料處理問題，則也是好辦法之一，這是為甚麼核能電廠在世界上最普遍的原因。

石油、石油、何處可覓得！這尚待人類智慧與共同合作與努力。

附註

* 本章主要採自作者「美國人與美國政治」第十二章美國、石油、與世界政治（民國七十三年臺灣商務版）

① Ruth Ledger Sivard, *World Energy Survey*, Leesburg, Va. World Priorities, 1979, pp. 6-7.

② Frank R. Wyant, *The United States, OPEC and Multinational Oil*, Lexington, Mass.: Lexington Books, 1977, p. 141.

③ Melvin A. Conant, *Access to Energy 2000 and After*, Lexington, Kentucky: The University Press of Kentucky, 1979, p. 9.

④ *International Economic Report of the President*, Washington, D. C.: Government Printing Office, 1975, p. 8.

⑤ Lester R. Brown, *State of the World 1986,* New York: W. W. Norton, 1986, pp. 80-81.

⑥ London , British Petroleon Company , BP Statistical Review of World Energy. 1991: 5.

⑦ "Oil Production Up. Activity Levels High Off Northern Europe," *Oil and Gas Journal*, June 10, 1985.

⑧ William A. Orme, "Mexican Oil Dependence Growns," *Journal of Commerce*, June 14, 1985, and "Reserve Estimate Declines in Mexico," *Journal of Commerce,* March 20, 1985.

⑨ Energy Information Administration, *International Petroleum Annual 1978,* Washington, D. C.: Government Printing Office, 1980; Walter J. Levy, "The Years that the Locust Hath Eaten: Oil Policy & OPEC Development Prospects," *Foreign Affairs,* 5-7 (Winter, 1978-1979, 287-305).

⑩ *Newsweek*, January 21, 1980, p. 72.

⑪ *Time*, March 16, 1981, p. 45.

⑫ Oystein Noreng, *Oil Politics in the 1980's: Patterns of Industrial Cooperation*, New York: McGraw Hill, 1978, pp. 69-70.

⑬ National Foreign Assessment Center, *International Energy Statistical Review,* Washington, D. C.: Central Intelligence Agency, Nov. 28, 1979, p. 21.

⑭ *Time*, April 14, 1986, pp. 62-68.

⑮ Leonard Silk, "The Painful Shift to Costly Oil," *New York Time,* September 28, 1983, Sec. D.,

p. 1.

⑯ *Time*, July 2, 1979, p. 54.

⑰ *U. S. News & World Report,* Nov. 3, 1980, p. 65.

⑱ Exxon Corporation, *World Energy Outlook,* December 1980, pp. 34-35.

⑲ *Ibid.*

⑳ *World Energy Outlook,* Report of the Organizations of Economic Corporation & Development, Paris: OECD, 1977, p. 57.

㉑ Peter R. Odell, *Oil and World Power,* England: Penguin Book, 5th ed., 1979, p. 116.

㉒ Melvin A. Conant, *op. cit.,* p. 18.

㉓ Geoffrey Chandler, "The Next Energy Crisis," Address to the Manchester Statistical Society, November 9, 1976, p. 1.

㉔ U. S. Executive Office of the President, *The National Energy Plan*, Washington, D.C., 1977, p. 2.

㉕ Melvin A. Conant, *op. cit.,* p. 27.

㉖ Joel Darmstadter and Hams H. Landsberg, "The Economic Background," in Raymond Vernon, ed., *The Oil Crisis*, New York: Norton, 1976.

㉗ *Congressional Quarterly Report*, November 3, 1979, pp. 24-25.

㉘ *New York Times,* October 24, November 26, 1979.

㉙ Robert Stobaugh and Daniel Yergin, ed., *Energy Future: Report of the Energy Project at the Harvant Business School,* New York: Random House, 1979, p. 147.

㉚ Walter A. Rosenbaum, *op. cit.,* pp. 34-35; Also British Petroleum Company, *B P Statistical Review of World Energy,* London, 1985.

㉛ Congressional Quarterly, *Continuing Energy Crisis in America,* Washington D. C.: Congressional Quarterly Inc. 1975, p. 43; *New York Times,* April 17, 1977.

㉜ *Oil & Gas Journal,* May 4, 1981, pp. 203-214.

㉝ National Foreign Assessment Center, *op. cit.,* pp. 131-132.

㉞ Walter A. Rosenbaum: *op, cit.,* Chapter 1.

㉟ *B P Statistical Review of World Energy,* The British Petroleum Company (London) 1985, p. 2.

㊱ U. S. Department of Energy, Energy Information Administration, 1979.

㊲ Robert Stobaugh & Danil Yergin, "After the Second Shock: Progmatic Energy Strategies," *Foreign Affairs,* 57, Spring 1979, 836-871.

㊳ Congressional Quarterly, *Energy Policy,* Washington, D. C.: Congressional Quarterly Inc., 1979, p. 106.

㊴ Frank Gardner, "New Areas Spur Soviet Oil Gains," *Oil & Gas Journal,* 66 No. 3, January 15, 1968, p. 65.

㊵ Albert Pin, "Grand Programs of Upbuilding," *New York Times,* No. 11, March 1976, p. 5; Also Lester R. Brown, *State of the World 1986, op. cit.,* p. 91.

㊶ Lester R. Brown, *State of the World 1986, op. cit.,* p. 82.

㊷ "Soviet Oil to 1980," QER Special, No. 4, June 1973, London: The Economist Intelligence Unit, 1973, p. 3.

㊸ Authur J. Klinghoffer, *The Soviet Union & International Oil Politics,* New York: Columbia University Press, 1977, pp. 281-282.

㊹ National Foreign Assessment Center, *op. cit.,* pp. 131-132.

㊺ Eral Cook, *Man, Energy, Society,* San Francisco: W. H. Freeman, 1976, pp. 236-237.

㊻ *World Oil,* Aug. 15, 1979, p. 64.

㊼ 黃種德：「中國石油工業概況」——七十年代，一九七七年五月號，總第八八期，頁七、九。中央日報海外版，一九八五年五月二十六日與六月二日第三頁：「大陸外海探油綜觀」。

㊽ "Chugo Ku Ne Eugan Kaiyo Kaihatsce," (China's Coastal Oceanographic Exploration) *Keidaonren Geppo,* April 1975, 24(4): 45.

㊾ A. A. Meyerhoff, "China's Petroleum Potential," *World Petroleum Report,* 1975, p. 21.

㊿ Selig S. Harrison, *China's Oil and Asia: Conflict Ahead?* New York: Columbia University Press, 1977, p. 44; Peter Hills, "China's Offshore Oil Boom," *New Scientist,* September 8, 1983;

Amanda Bennett, "Promise of China's Oil Starts Slowly Changing People and Landscape," *Wall Street Journal*, February 5, 1985.

(51) 馬英九：「中共擴大海域探油及其對我國的可能影響」——中央日報，海外版，一九七九年十二月二十五日，第三版。

(52) Hannes Poris, "Alternate Sources of Energy," in Ragaei El Mallsah and Carl McGuire, eds., *U.S. and World Energy Resources*, ICEED, Boulder, Colo., 1977, p. 84.

(53) Ruth Leger Sivard, *World Energy Survey*, *op. cit.*, p. 8.

第十章　人口、糧食與國際政治

民以食爲天，可見糧食在國際政治上的重要性，及人口與糧食的相關性。

由於世界人口的迅速增加，糧食的生產量供不應求，發展中的國家所受壓力特別大，營養不足與飢餓，成了普遍的嚴重問題。即以今日美蘇兩霸而論，自七十年代起，蘇聯幾乎每年向外（尤其是美國）購買大批糧食。反之美國一般人卻因爲吃得太多而想盡辦法減肥！本章試就世界人口、糧食以及各國的政策予以簡略分析。

第一節　人口問題

世界人口問題的重心是：在什麼情況下人口成長才能穩定，以及如何養活這些人。

人口增加的迅速，遠超過糧食的供應，這由於前者增加是幾何級數的（1-2，2-4，4-8……），後者則是算術級數的（1，2，3，4，5，……），因之糧食的增加無法趕得上人口的增加，這將造成糧食供應問題，世人應及早控制人口成長。這是早年（一七九八）馬爾薩斯理論（Malthusianism）。①惜不爲當時世人所接受。但事實證明今日世界的糧食問題，不是供不應求，而是在人爲的供需失調，與生產科技的未能改進。這與一國的政治經濟與外來因素有關。②

人口增加的最大原因是由於：⑴出生率與生存率（即年在十五歲至四十四歲的婦女每千人中生育活着人數的比率）高，⑵低死亡率(low death rates)，以及⑶外來大量移民(net migration)。人口成長率是每年出生與死亡人數的變(函)數，換句話說，出生率高與死亡率低，人口增加；出生率低與死亡率高，則人口減少。例如在一九八二年，美國每千人中有十六人出生，及每千人中有九人死亡，這就是說，美國的自然人口增加率（即出生率超過死亡率之數）是百分之零點七。這數字差不多也是其他工業發展國的情形。③從技術上言，成長率與自然增加率是不同的，因爲後者還包括外來移民在內。例如據巴賴特(Richard J. Barnet)的報告，由歐洲南部與中東去西北歐洲各工業發展國家的所謂「客戶勞工」(guest worker)，在一九七〇年代中的最高峯期間，西德與英國的勞工中，每七人中有一人是「客戶勞工」，在法國、比利時與瑞士等國，每四人中有一人。④又如美國境內的「非法外國人」(illegal aliens)，尤其是與墨西哥交界的加州、德州與新墨西哥州境內，人數之多，難以統計。

人口增加的數量，可由人口成長率推論出來，據人口專家指出：世界人口的成長率在一九七〇年代達到最高峯，約爲百分之二，至一九七七年下降至百分之一點八，一九九〇年代更降低到一點六左右。⑤如果世界人口成長率是百分之一，那麼現有人口在六十九年之後將增加一倍；如果成長率是百分之二，則三十五年之後人口將加倍。如果世界人口（一九八一年四十四億九千二百萬）照今天的成長率（一・七％）發展下去，至二〇〇〇年時，世界人口將有六十億以上(見一八九頁表)。⑥要養活這麼多人，糧食生產需要增加百分之三以上才夠需要。

世界上人口增加得特別快而且多的，是發展中國家。例如：在一九六五與一九七五年十年之間，工業發展國家每年人口的成長率由百分之一點二降低到百分之零點八，今日維持在百分之零點六左右。反之，發展中國家在同一段期間，人口成長率由百分之二點二五增至百分之二點三五，今日維持在百分之二點一左右。亞洲是發展中國家人口成長率下降最快的地區，這主要是由於中國大陸人口的一家三口政策有以致之。下表是今後世界人口成長趨向。

世界人口成長趨向（單位：百萬）

區　域	一九八一年	二〇〇〇年	年增加率
世　界	四、四九二	六、〇九五	一・七%
非　洲	四八六	八三三	二・九%
拉丁美洲	三六六	五六二	二・三%
亞　洲	二、六〇八	三、五六四	一・八%
大洋洲	二三	三〇	一・三%
北　美	二五四	二八六	〇・七%
歐　洲	四八六	五一一	〇・四%

資料來源：*U. S. News & World Report*, July 27, 1981, pp. 54, 55.

發展中國家人口出生率高，死亡率也高。但是由於宗教（禁止節育）、文化傳統（婦女生育兒女越多，在家庭與社會地位就越高）、經濟需要（農業社會裏家庭需要很多勞力），以及政府的政策（如很多發展中國家的領袖仍相信「以多取勝」，認爲人口是強大軍隊的來源），所以即使死亡率高，出生率更多，人口也就有增無減。另一個原因是所謂「人口衝力」(population momentum)，依照這一理論，發展中國家出生的兒女較死的人數比率爲高，這一發展趨勢，正如急行車，即使緊急煞車也需要相當時間才能慢下來。所以發展中國家人口的迅速增加將一直進行下去，直到整個社會人口年齡結構(age-structure)達到各不同年齡人口數大約相等時，才會穩定。

世界各國人口成長中年齡成分可分爲三大類型⑦：墨西哥代表「擴張」型(expansive)，每一年齡組

(age-group)的新一代要較前一代人數增多;美國代表「緊縮」型(constrictive),新一代年齡組人數較前一代減少;瑞典近於「固定」型(stationary),其不同年齡組人數大約維持不變,這是所謂「零人口成長」(zero-population growth)的代表,今日工業發展國家的人口政策,都朝這個方向走。發展中國家皆類似墨西哥的人口類型,這一類型的發展中國家的不同年齡組人口中,十五歲以下的約佔全國人口總數的百分之四十五(工業發展國家約爲百分之二十五),換句話說,在發展中國家只有一位工齡成年人(working-age adult)支持每一位十五歲以下的年輕人(工業發展國比率爲三對一)。在這樣的情形下,國家要用去大部分的糧食與其他資源來養活這一大批人口,加上教育等費,這是一重大負荷。當他們成年踏出學校門後,跟着來的是就業,由於國家經濟落後,失業者多,後果是無數的社會問題。根據國際勞工組織(International Labor Organization)的資料。發展中國家在二〇〇〇年時的人口,將較一九八〇年多過六至七億之間,解決這麼多增加人口的工作問題,發展中國家屆時必須創設比今日西歐、日本、美國、蘇聯及其他工業國家總合所有更多的工作就業機會。⑧

對於控制世界人口(尤其是發展中國家),有些學者認爲工業現代化(modernization)是惟一良方,這是所謂「人口轉變理論」(theory of the demographic transition),這一理論相信國家現代化的結果,會降低人口死亡率及出生率,正如西方工業化國家的過去歷史證明(一七五〇—一九二〇),人口自然會控制。事實上這一理論不太適用於今日發展中的國家,由於不同的歷史背景、社會環境、傳統文化,以及政府的缺乏有效政策,即使先有了現代化,不一定就能控制人口。一九七〇年代中葉,印度甘地夫人(Indira Gandhi)政府的強迫男性結紮節育辦法(forced sterilization),忽視傳統文化,是導致她的執政黨失敗的大原因之一。⑨

由於一九七〇年代初的世界糧食「危機」（見次節），從一九七〇年中葉起，發展中國家才開始有人口計畫。全世界對人口問題的重視，見諸於一九七四年秋在羅馬尼亞布加勒斯召開的世界人口會議（World Population Conference），重要建議有節育方法、土地改革、與社會經濟發展，增加糧食供應。

第二節　糧食問題

今日世界的糧食問題，最嚴重的是發展中國家，這不是說發展中國家人口多，消耗糧食太多；比較來說，工業發達國家約佔世界人口四分之一，但卻生產與消費世界糧食總數的百分之五十以上。

一個人每天必需有充分的食物，這主要表現在他所消耗的卡路里與蛋白質的數量。據專家估計，平均每人每天必需有三、二二三至二、六五六卡路里的食物能源（food energy），今日世界上（尤其是開發中國家）大約有百萬人每天缺乏至少二五〇卡路里的食物，另外大約有十三億的人經常在營養不良的情況下。⑩又據專家意見，每人每天最低限度所需的蛋白質量是五七公克，今日工業發展國家雖只佔世界人口的三分之一，但卻消耗世界上四分之一的全部蛋白質。⑪

世界人口增加的速度，遠超過糧食的生產量，近年的紀錄，如一九五〇年至一九七五年這二十五年期間，世界上的糧食曾增加一倍，但同時人口卻增加了三分之二的數量。⑫世界的糧食問題，自一九七〇年代起，變得更為嚴重，至一九七四年可說到了「危機點」（crisis point）（見第三節世界糧食供應安全度指標）。

這固然是由於發展中國家人口增加得太快，但人力無法控制的天災（如一九七〇年代初發生在中國大陸、印度、非洲以及蘇聯等國的自然災禍），以及國際政治上個別國家政策所造成的後果。例如蘇聯在一九七二年糧食政策的大轉變，在此以前蘇聯是糧食輸出國，但自一九七二年後卻變爲輸入國。在該年蘇聯不聲不響地由其他國家（尤其是美國）購進世界上有史以來的最大宗糧食。在一九七二年與一九七三年之間，蘇聯進口的糧食較之前兩年增加了四倍以上。⑬這不但導致糧食價格的高漲，而且造成了發展中國家（無法與蘇聯競爭）的糧荒。接着是一九七三年與一九七四年間的石油危機，油價猛漲，不但增加了農產品的生產成本，百物也隨之價格升高（例如：當時世界的糧食生產量雖只降低了百分之三，但是糧價卻高漲百分之三百）。⑭使發展中國家無法負擔重荷，造成了千百萬人民饑荒。

在各種糧食中，穀類（cereals）如米麥與玉蜀黍爲最重要。工業發達國家人口雖只佔全世界的三分之一，但卻消耗進口的穀類的三分之二以上。今日世界上進口穀物最多的國家是日本、英國、西德與義大利，大約佔進口穀類總數的百分之四十，但其人口總數卻僅是全世界人口的百分之七而已。⑮今日美國、加拿大、澳洲與阿根廷是大量糧食輸出國家，在一九七九年至一九八〇年間，輸出數佔全世界的百分之六十六左右。⑯下面將分別述之。

首先應提到麥：今日蘇聯是世界上最大的產麥國家，在一九七一年至一九七六年間，佔全世界產量的百分之二十五。次爲美國，約爲百分之十四（一九八〇至八一年爲百分之十五）。其他如中國大陸、印度、加拿大各國佔百分之四至九左右。這五個國家的產量總數大概佔全世界總數的三分之二。在輸出方面，美國在一九八〇年至一九八一年間的輸出量，佔全世界的百分之四十五，次爲加拿大（約百分之十九）、澳洲與紐西蘭（百分之十）。⑰蘇聯在一九六〇年至一九七〇年間經常輸出為數可觀的麥，但由於氣候的影響，在一九六四年至一九六六年與一九七二年至一九七五年間輸出很少。據謝爾茲(Sohertz)的研究，蘇聯可能由於國內消耗量的增加，與注重肉類的生產（需穀物飼料養牛鷄等）的原因，終至使蘇聯由麥輸出國變而為輸入國。

次為米：中國大陸為最大的產米國家，約佔全世界總數的三分之一。印度與巴基斯坦的產量約佔四分之一。但因為人口多，這些國家只輸出其產量的百分之五至國外。⑱世界各國輸出的米量，最大輸出為中國大陸，次為美國（美國產米量雖只佔世界的百分之二，但其輸出量卻佔世界總數的百分之二十四），泰國與巴基斯坦共佔世界輸出總數的四分之三以上。⑲

玉蜀黍為穀類中的第三大項目，美國中西部的出產量約佔世界的半數，次為拉丁美洲的阿根廷與巴西，其他如中國大陸、蘇聯與南非等國。美國輸出的玉蜀黍數量約佔世界總輸出的百分之八十，次為阿根廷（百分之六）。⑳

麥、米與玉蜀黍佔全世界穀類總產量的半數以上，美國控制麥（百分之四十二）與玉蜀黍（百分之六十三）的世界市場，美國雖非主要產米國，由於國內消耗量不多，是世界上第二大米輸出國。其他穀類有燕麥(oats)、黑麥、大豆、大麥、粟等。就所有穀類而言，美國的生產量佔世界總數的四分之一左右，蘇聯佔約五分之一，次為中國大陸（約百分之八）、印度（百分之五）、加拿大、阿根廷、澳洲等國家，各佔約百分之三。穀類輸出國家集中在美國(百分之四十七)、加拿大(百分之十二)、阿根廷(百分之七)、澳洲與紐西蘭（百分之七）等五國。蘇聯、中國大陸、印度等國出產穀類，但自給尚不足。㉑

其他食物，如馬鈴薯在歐洲是重要糧食物之一。主要產國蘇聯、波蘭、西德等國，約佔世界總產量的一半以上。但由於其所含高度水份（百分之七十五）不適於國際貿易，又因所含蛋白質低，不爲極度缺乏蛋白質的發展中國家所必需。美國的大豆佔全世界產量的百分之六十、爲全世界輸出量的五分之二，另外海洋的魚類也是供補陸地蛋白質產物不足的大來源，世界上捕魚業最大的國家是日本（約佔總數的六分之一），次爲蘇聯、中國大陸、挪威、美國、印度、秘魯、南韓等，但海洋魚藏量有限，不是長久的資源。

綜上所述，今日第三世界與共產制度國家的糧食，有賴於美國與加拿大的供應。

第三節　人口與糧食政策

據世界人口與糧食問題專家謝威爾(John W. Sewell)的估計：在一九九〇年時，工業發達國家對穀類的需要，將較今日增三分之一倍，由一九七〇年的六億一千七百萬噸增至一九九〇年的八億四千七百萬噸，其中僅約百分之二十供人食用，其他百分之八十用作動物飼料。在同一時期，發展中國家（包括共產與非共產國家）的需要，將較今日增加四億七千萬噸以上，其中大約三分之二供人食用。㉒

從世界上穀物的安全存量看，糧食的供應，遠景不會令人樂觀，這可從一九五頁表資料得知。

學者專家討論世界糧食安全度時，重點在糧食存量(food reserves)。糧食存量係指新穀收穫時(harvest of the new crop)尚有的舊穀庫存量(carry-over stocks of grain)。該表明顯地指出：世界糧食是具有若干安全度的。但是在美國農業計畫下未動用的糧產地(cropland idled under U. S. farm pro-

Index of World Food Securtiy, 1960-84

(世界糧食安全量指標，1960-84)

Reserves (貯存)

Year	World Carry-Over Stocks of Grain	Grain Equiv. of Idled U.S. Cropland	Total	World Consumption
	(million metric tons)			(days)
1960	200	36	236	104
1965	142	70	212	81
1970	164	71	235	75
1971	183	46	229	71
1972	143	78	221	67
1973	148	25	173	50
1974	133	4	137	41
1975	141	3	144	43
1976	196	3	199	56
1977	194	1	195	53
1978	221	22	143	62
1979	197	16	213	54
1980	187	0	187	47
1981	220	0	220	55
1982	254	13	267	64
1983[1]	185	92	277	65
1984[2]	205	38	243	56

資料來源：Reserve stocks from U. S. Department of Agriculture (USDA), *Foreign Agriculture Circulars,* October 1983 and May 1984; cropland idled in the United States from Randy Weber, USDA, private communications, August 1983 and June 1984.

[1]Preliminary. [2]Projection based on May 15 estimate of U. S. cropland idled.

grams)(一九八〇—一九八一廢除)也一併算作存量。除一九七二年至一九七五年度外，此兩項穀存量保持在穩定情況下。

在一九七二年夏，蘇聯秋收欠佳，國內糧食欠缺（實際上是計畫統制經濟與經管制度的失敗），政府乃決定由國外大量進口糧食。當時適爲美國總統競選年，尼克森政府爲減低農產過剩，免致傷農，乃決定暫緩使用未動用的糧產地。這兩件事合在一起，使世界糧食在一九七二年夏感到奇缺。隨後兩年，世界上主要農產國家如中國大陸、印度、蘇聯、美國等穀物收成甚壞，致使世界糧食安全度受到影響（見上表）。至一九八四年，世界糧食庫存量總計達兩億四千三百萬公噸。此一數字雖較兩年前爲低，但仍足供全世界爲期五十六天的糧食消耗，此足以維持一穩定的世界糧食市場。

根本問題的解決，當然是增加糧食與減少人口雙管齊下。㉓將來的糧食供應，一方面需要工業發達國家改變其糧食耗用(浪費)的生活方式，並有賴於糧食輸出國的改進生產技術，提高生產。由於土地使用價值有限度。據估計世界上可耕地的半數已經開發，其他尚未開發之地，種植農作物所需費用太高，不合算。今日世界上大約有三分之一的人口，生活所在的農產地區(cropland area)日在減少。例如中國大陸與義大利的農產地區，自其最高峯生產後，已分別失去百分之五點一與百分之四點八的農產地區。一般來說，各國可耕地面積的日漸減少，除土地本身的使用價值逐漸衰退外，其他重要原因如鄉村的發展、都市現代的工業區與公路佔用了農地等。據專家估計：在二〇〇〇年時，世界上可耕的新農地將更減少，糧食的增加只有靠增加土地的生產一途。又因能源、肥料與水電費用等的大幅度上漲，供不應求，糧價上漲，是意料中事。貧窮落後的發展中國家將面臨更艱苦的挑戰。

在增加糧食方面，發展中國家首先應從事土地改革，平均地權，使絕大多數的農民有興趣於農業的發展，再引進新科技，改進並增強農業生產。在一九六〇年發展中國家曾運用美國農學家包能格（Norman E. Borlaug，一九七〇年得諾貝爾和平獎）發明的高產量新麥種與米種，曾在墨西哥、菲律賓、印度、巴基斯坦等國試辦，結果產量增加了三倍之多，當時亞非各國稱之爲綠色革命（The Green Revolution）。與糧食增產相關連的是人口政策，發展中國家必須設法克服傳統文化阻力，改變人多是國力顯示的舊觀念，建立一套落實可行的節制人口政策。

世界糧食問題的解決，關鍵在美國。傳統上，美國糧食生產幾乎年年過剩，廉價在國際市場出售，因之它在美國的國際貿易經濟上所佔分量並不重要。但在一九七〇年代情況有了變動。自一九七〇年起，美國農產品倍增（一九六九－一九七二，一九八〇－一九八四），外銷所得亦有助於抵消進口石油的費用。

美國不但是生產與輸出糧食的主要國家，而且是「糧食外援」的主要國家。美國的糧食外援開始於一九五四年國會通過的四八〇號公法（Public Law 480）或稱「糧食爲和平法案」（Food for Peace Act）。美國以大量糧食，供給貧窮落後的發展中國家，以應急需。近年來，美國對發展中國家輸出的糧食，每年約值十五億美金之數。通常受援國家是在特別優惠的條件下向美國購糧，有時這些國家的長期債務，由於無力償付，美國也常有特准免付。自一九五四年四八〇號公法施行後，在糧食爲和平的計畫下，美國外援糧食達美金三百億以上。這些糧食多數是援助非洲與南亞若干國家的饑荒迫切需要。美國的外援糧食，雖然是基於人道，但也常常是出自政治動機的。㉔

國際間工業發達國家的所謂「發展援助」主要包括糧食、科技與財政上的給與。過去美國是最大的援助者，在一九六〇年代，約佔援助總數的一半，但自一九七〇年代，卻降低到三分之一左右。其他國家依援助多少爲序，有：法國、英國、西德與日本等。㉕就援助的金錢數字比較，美國爲首，但如果與其國民生產毛額(GNP)相比，則爲數極少。以一九八〇年爲例：美國援助爲七十億九千一百美元，僅佔國民生產毛額的百分之零點二七(高峯爲一九六五的百分之零點五八)；法國爲四十億四千一百萬美元，佔百分之零點六二；西德爲三十五億一千八百萬美元，佔百分之零點四三；日本爲三十三億零四百萬美元，佔百分之零點二三；英國爲十七億八千五百萬美元，佔百分之零點三四；蘇聯爲十五億八千萬美元，佔百分之零點一四，所似世界上的美蘇兩霸反顯得小氣！其他石油大國沙烏地阿拉伯爲三十億三千三百萬美元，佔百分之三點六六；科威特爲十一億八千六百萬美元，佔百分之三點八七。㉖就各國援助的對象來看，則多與政治有關而非貧窮與飢餓單純原因。例如接受美援國家有南韓、土耳其、印尼（一九六五年後）、巴基斯坦、印度與孟加拉。法國援助對象爲昔屬法國殖民地的新獨立國家，如阿爾及利亞、塞內加爾、摩洛哥、喀麥隆等。英國則援助南亞與東非等國。日本注重南亞與東南亞諸國。石油大國的錢（非糧食與科技）則多用在敍利亞、伊拉克與巴勒斯坦解放組織，着眼於對以色列的中東外交上，蘇聯的援助集中在古巴與越南。㉗

美國在一九七七年卡特上任後，更以經援及糧食作爲政治手段，國會通過法案，規定美國的援助將依受援國是否違反「人權」而定。這一政策使美國開罪了不少受援的發展中國家。事實上，在這些國家裏，人權對一般人而言，是很抽象的東西，任何事都比不上「有飯喫」的權更實在與重要。又在一九七九年當蘇聯侵佔阿富汗之後，卡特宣佈禁運美國穀物去蘇聯，但結果是加拿大與阿根廷等國漁翁得利，與蘇聯大做生意，美國農民有糧無顧主，反受其害。之後美蘇兩國於一九八三年簽訂穀物協定，使美國不能再用糧

食爲對付蘇聯的工具。美國的糧食外援雖然出自政治動機，但此等外援對窮苦受援國的幫助與民生影響，卻是不可否認的事實。㉘

在一九八一年與一九八四年，工業發達國家如英、美、法、日等八國（蘇聯拒絕參加）與十四個發展中國家在墨西哥的康谷(Cancun)舉行國際高階層首腦會議，討論對發展中國家的援助問題如貿易、能源、糧食與財經等。由於美國自身經濟的不景氣，與美國對第三世界各國（包括許多接受美援的國家）在聯合國大會對美國攻擊的不滿，雷根總統建議發展中國家應自力更生，從自由貿易解決問題，勿過分依賴他國，而且各國對今日是否有「人口危機」意見亦不一致，所以會議未獲具體成果。發展中國家不免有空手而回失望之感。㉙但見於今日國際間的相互依賴性(mutual dependence)，發展中國家不但是供應工業發展國家的重要原料如錫、鋅、鈷、石油等，而且是出口大市場，例如在一九八〇年發展中國家購買美國海外出口貨物總數的百分之三十七以上。所以今後世界經濟的發展與繁榮，有賴於工業發達國家與發展中國家的合作與援助。

美國在一九八五年至一九八六年間，糧食生產過多，剩餘糧食達一億八千萬噸，外銷成了大問題。因之美國穀物豐收，供過於求，反而穀賤傷農。傳統農家在一九八六年放棄農耕者高達六萬餘家。政府雖有（農民）停耕補償（以現貨支給農民）計畫及補貼穀物出口擴張計畫，俾農民穀物得以高價出售，但亦非根本解決辦法。加之歐洲國家自一九八四年起，農產物增加三倍，無法消耗，造成了穀物過剩的問題，爲提高糧價、保護農民，政府主要政策在減低生產與縮減農耕地。在歐美的糧食政策下，首當其衝的受害者是非洲。非洲人口增加迅速，糧食供應奇缺，連年饑饉，民無以爲生。由上述各節，吾人知今日世界上並非缺糧，所缺者是世界上主要產糧國家間的合作，及如何求得在不傷及產糧國家農民利益下，使過剩糧食能達到世界上其他迫切需要糧食的人們手中。

附註

① Thomas Malthus, *An Essay on the Principle of Population as It Affects the Future Improvement of Society with Remarks on the Speculations of M. Godwin, M. Condorcet and Other Writers*, Published anonymously, 1798.

② C. Pedter Trimmer, Walter P. Falcon, S. R. Pearson, *Food Policy Analysis*, Baltimore: The Johns Hopkins University Press, 1983, p. 7.

③ Arthur Haupt and Thomas Kane, *Population Handbook*, Washington, D. C.: Population Reference Bureau, 1978, pp. 17-26.

④ Richard J. Barnet, "The World's Resources: Ⅲ-Human Energy," *The New Yorker*, 56 (April 7, 1980), pp. 46-56 et passim.

⑤ Haupt and Kane, *op. cit.*, p. 45.

⑥ Charles W. Kegley, Jr. & E. R. Wettkopf, *World Politics: Trend and Transaction*, New York: St. Martin's Press, 1981, pp. 223-224; Also *U. S. News & World Report*, July 27, 1981, p. 54; U. N., *Preliminary Report of the Estimates and Countries as Assessed in 1978* (October 1978);

Lester R. Brown, *State of the World 1985,* New York: W. W. Norton and Company, 1985, Chapter 9.

⑦ Haupt and Kane, *op cit.*, p. 14.

⑧ James Fallows, "Immigration: How It's Affecting Us," *The Atlantic*, 252(November, 1985), pp. 45-52.

⑨ Richard L. Park and Bruce Bueno de Mesdquita, *India's Political System,* 2nd ed., Englewood, Cliffs, New Jersey: Prentice-Hall, 1979.

⑩ Schlomo Ruetinger and Marcelo Sclowsky, *Malnutrition and Poverty: Magnitude and Policy Options,* Baltimore: John Hopkins University Press, 1976, pp. 30-31.

⑪ Dennis Pirages, *The New Context for International Relations: Global Ecopolitics.* North Scitudate, Mass.: Duxburg Press, 1978, p. 78; President's Science Advisory Committee, *The World Food Problem,* Washington, D. C.: 1967, pp. 30-31.

⑫ Lester R. Brown, *The Twenty-Ninth Day,* New York: Praeger, 1973, p. 129.

⑬ Lester R. Brown, *By Bread Alone,* New York: Praeger, 1974.

⑭ John W. Sewell, "Can the North Proper Without Growth and Progress in the South?" in Martin M. McLaughlin, The *United States and World Development: Agenda 1979.* New York: Praeger, 1979.

⑮ Food and Agriculture Organization of the United Nations, *Billions More to Feed,* Rome: Food and Agriculture Organizations of the United Nations, 1977, p. 15.

⑯ Kegley, Jr. & Wittkopf, *op. cit.,* p. 246.

⑰ Pirages, *op. cit.,* pp. 80-81; *The World Anmanac and Books of Facts,* New York: Newspaper Enterprise Association, 1982, p. 153.

⑱ Pirages, *op. cit.,* p. 81.

⑲ Food and Agricultural Organization of the United Nations, *Trade Yearbooks, 1974,* Rome, 1975; *The World Anmanac, op. cit.,* p. 153.

⑳ Pirages, *op. cit.,* pp. 81-82; *The World Anmanac, op. cit.,* p. 153.

㉑ Pirages, *op. cit.,* pp. 82-83.

㉒ Sewell, *op. cit.*

㉓ Ferdinand Monckebery, "Food and World Population: Future Perspectives," in Philip M. Hauser, ed., *World Population and Development: Challenges & Prospects,* New York: Syracuse University Press, 1979.

㉔ Adrian Perachio, "The 'The Carrot Stick' of U. S. Foreign Policy," *The Houston Chronicle,* January 16, 1982, p. 12.

㉕ Hans Singer and Javed Ansari, *Rich and Poor Countries,* Boston: George Allen & Unwin, 1982,

3rd ed., p. 178.

㉖ Gerson Yalowity, "Third World: Uncle Sam's Tough New Stand," *U. S. News & World Report,* October 26, 1981, pp. 20-24.

㉗ Singer and Ansari, *op. cit.,* pp. 180-181.

㉘ James N. Schubert, "The impact of food aid on world malnutrition," *International Organization,* Vol. 35, No. 2, Spring 1981., p. 329.

㉙ Yalowity, *op. cit.*

第十一章　戰爭與和平：(一)國家安全與軍備

國際關係裏，最重要的問題是：如何避免戰爭與求得和平。國與國相處，由於利害關係，免不了有衝突，因之一國的外交政策在求國家的安全(national security)，深恐他國的政策與行動危及本國安全。反之，他國亦有同樣的安全感與需要。有時一國的安全政策與行爲，雖說是自衛，也許威脅到他國的最大利益範圍或安全。所以國與國的安全界線是不容易劃分的。爲了國防安全，一國就不免要整軍擴軍，因之國際間就有了武器的競賽。如果一旦失去了控制，終將導致戰爭。戰爭結果，有勝有負，或兩敗俱傷，乃有暫時的和平。由於和平是暫時的解決由戰爭所不能解決的問題權宜之計，和平稍久，國際權力鬥爭故態復萌。因之國際關係裏，和平、衝突、戰爭、和平循環不已。

第一節　國家安全與軍備

爲求達到國防安全，一國必需充實國防。這有賴於整軍與擴軍，以及增強武備。今日不但美蘇兩霸如此，即使貧窮的發展中國家亦少有例外。這可由各國每年用在軍費的預算及其所佔該國國民生產毛額(GNP)的比例見及。例如全世界在一九八五年用於軍費的數字估計超過萬億美金($1 trillion)以上，這數字較一九七二年的三千億美金($300 billion)多過三倍。①在一九八三年，美國與蘇聯兩國軍費的總和佔全世界的百分之五十八以上，次為中國大陸、沙烏地阿拉伯，英國、法國與西德共約佔百分之十六。這七個國家的軍費總合，佔全世界的四分之三以上，由下表可見一斑。

工業發達國家，也許能負擔龐大的軍費。但很多發展中國家的不斷擴充軍備，不能不說是非理性的決策，在一九六〇年，發展中國家的軍費，佔全世界軍費總數不足百分之五，但在一九八二年卻高達百分之二十三左右。今日仍在百分之二十左右。②

一國軍費對該國經濟上的負擔程度，可由其所佔政府總開支的百分比，其所佔該國國民生產毛額(GNP)的百分比，及個人平均所得(per capita)的百分比推知。例如在一九八三年，世界工業發達國家，中央政府的支出總數是國民生產毛額(GNP)的百分之三十一點九，其軍費開支佔生產毛額的百分之六點

一九八三年各國軍費所佔全世界軍費之比

國名或地區	百分比
蘇聯	三一・八%
美國	二六・七%
中國	四・二%
其他東亞國家	四・一%
南亞與海洋洲	一・八%
英國	三・三%
法國	二・九%
西德	二・九%
其他華沙公約國家	五・一%
其他北大西洋公約國家	四・一%
其他歐洲國家	一・七%
中東	七・八%
非洲	二・一%
拉丁美洲	一・三%

資料來源：U. S. Arms Control and Disarmament Agent (1985), *World Military Expenditures and Arms Transfers* 1985, p. 5.

二（一九九一年爲三點四），佔中央政府支出總數的百分之十九點四。發展中國家的政府支出是國民生產毛額的百分之三十一點六，其軍費開支佔國民生產毛額的百分之五點八（一九九一年爲三點五）佔中央政府支出總數的百分之十八點五。③

世界上軍費負擔最重的是蘇聯與美國，蘇聯的軍費在一九八三年佔其國民生產毛額（GNP）的百分之十四，佔政府支出總數的百分之四十點八。美國的相對數字是百分之六點六，與百分之二十五點四。兩國雖爲工業發達國家，負擔亦不易（尤其是蘇聯）。再看發展中國家，中東國家在同一年的軍費佔其國民生產毛額的百分之十五點七，較世界其他任何地區爲高；其軍費且佔政府總支出的百分之二十七左右。④這是爲什麼很多發展中國家無能照顧民生的一大原因。

美國、蘇聯、中國大陸軍隊（單位：千人）

年份 國名	一九六三	一九六八	一九七三	一九七八	一九八四	一九九一
美國	二、六九〇	三、五四七	二、二五三	二、〇六八	二、一三六	二、二四一
中國	二、四七六	？	二、九〇〇	四、三二五	四、一〇〇	三、九〇三
蘇聯	三、三〇〇	三、二二〇	三、四二五	三、六九八	三、六一五	三、七〇〇

資料來源："Arms Control and the Arms Race," *Readings from Scientific American*, New York: W. H. Freeman & Company, 1985, p.7; U. S. Arms Control and Disarmament Agency, 1992.

各國的軍費，大概多用在購置武器與維持龐大軍隊兩項。例如自一九七三年至一九八三年之間，工業發達國家的軍隊增加了零點三倍，發展中國家在同一時期卻增加了一點三倍。⑤今日世界上擁有最多軍隊的是蘇聯、中國大陸與美國。次爲一九六三年至一九八四年三國的軍隊數目，美國在越戰期間維持一較大數目，但自越戰後大量裁軍，中共與蘇聯兩國則一貫地維持龐大軍隊。但自一九九〇年代初，皆逐漸減低國防軍費。今日中國大陸軍事實力有如次表：

中共軍事實力（1992-1993）

1. 核武（Strategic Nuclear Force）

類　別	數　量
ICBMs	
CSS-4	7~12
CSS-3	10
IRBMs : CSS-2	44
MRBMs : CSS-5	2
SRBMs : M-9/M-11	?
SLBMs : JL-1	14

2. 陸軍（Ground Force）

類　別	數　量
常備軍人（Active duty personnel）	2,300,000
預備軍人（Reserve personnel）	1,200,000

3. 海軍（Naval Force）

類　別	數　量
常備軍人（Active duty personnel）	2,430,000
預備軍人（Reserve personnel）	49,000
驅逐艦（Destroyers）	16
戰艦（Frights）	36
潛艇（Submarines）	100

4. 空軍（Air Forces）

類　別	數　量
常備軍人（Active duty personnel）	470,000
預備軍人（Reserve personnel）	220,000
Intercepters	2,475
Bombers	335
Ground attack	419
Reconnaissance	79
Electronic warfare	3
Antisubmarine warfare	22
Transport	196
Helicopters	132
Combat support	328
Operational support	980
R & D / Storage	920

資料來源：The Military Balance: 1992-1993（London: Brassey'for the International Institute for Strategic Studies）

由於科技的突飛猛進，武器不斷地翻新，費用也隨之高漲。在今日核武時代，不少發展中國家如印度、巴基斯坦等用去龐大的經費，期進入「核子俱樂部」(nuclear club)。今日世界上擁有核武的國家計有美國（自一九四五年起）、蘇聯（一九四九）、英國（一九五二）、法國（一九六〇）、中國大陸（一九六四）、印度（一九七四）。今日核武國家的最大問題是：如何防止核武科技的流轉至其他各國，深恐終有一日，由於一國的有意或失誤而使用核武，造成無法收拾的核武戰爭。

第二節　武器貿易

今日國際間的武器貿易，正如其他國際經濟貿易。武器的輸出與輸入與上節所述各國軍費支出數字大小有關。自第二次世界大戰後，武器的輸出國是蘇聯與美國，輸入國最大的是中東國家。

在一九六九年美蘇武器輸出量佔全世界總數的百分之七十八點五，一九七九年降至百分之六十七點五，至一九八四年只佔百分之四十九左右。在一九九〇年代，由於蘇聯政經制度突變，美國乃成了世界上最大的武器輸出國。蘇聯由一九八七年的百分之四十五點九降至一九九四年的百分之八點三。英國由百分之十升高至百分之二十點八。美國則由百分之四十五點九高升至百分之四十六點五。武器的輸入國家是發展中國家，尤其是中東國家（如沙烏地阿拉伯、科威特、埃及、阿拉伯聯合大公國），約佔發展中國家的百分之四十二以上。⑥

貧窮落後的發展中國家，理應集中一切資源，從事經濟建設，改進人民生活，今卻耗費這麼多國家歲入在購置武器。最大的原因是由於鄰邦相處失和或戰爭如：伊拉克與伊朗、巴基斯坦與印度、土耳其與賽普勒斯、越南與鄰國、南北韓對峙、尼加拉瓜與鄰邦的敵對與內戰、以色列與阿拉伯國家的戰爭（一九四八、一九五六、一九六七、一九七三）、利比亞與查德及蘇丹的戰爭。⑦各國從事建軍以增強國防，或用以鎮壓內部叛亂與反對政府分子，甚至建立強大武力來顯示其民族主義或獨立。

工業發達國家的輸出武器，主要動機在：⑴賺錢，尤其是國內軍事工業(military-industrial complex)對政府的壓力，要求增加國防經費與武器輸出。⑧⑵由於科技的進步，武器日新月異，為了除舊換新，乃將陳舊武器折價出售發展中國家。⑶無法出售的武器，或予以摧毀，或供作對外軍援。例如美國戰後自尼克森總統宣布尼克森主義(Nixon Doctrine)，一改過去對友善發展中國家的軍援政策，而着重各國的自力更生，負擔國防。換言之，向美國購置武器而不再是由美免費供給武器。一九七七年卡特就任美國總統，於該年五月發佈總統十三號指令(Presidential Directive 13 或簡稱 PD 13)，期控制美國大量武器的輸出。但至雷根任內，美國仍運用武器的輸出為外交政策的手段。一九八七年間有關美國與伊朗間的軍售換人質外交秘密醜聞，更為惡例。

美國與蘇聯及其他國家輸出武器至友好發展中國家，出售或贈與，如到期無法償付，多准予延期付款，甚或最後免付。輸出國家，目的在爭取友邦，或進而控制該國軍備。國際上過去的歷史事實很多，證明美、蘇、英、法等國利用軍援或出售武器，為爭取友邦或控制友邦。但也有事出意料，有一旦反臉不認的事。例如蘇聯昔日的軍援與經援埃及納瑟(Nasser)政府，但至沙達特(Anwar Sadat)就任總統，旦夕之間政策一百八十度的大轉變，由親蘇變為反蘇親美，蘇聯勢力被逐出埃及。以色列的生存有賴於美國的軍經援助，但以色列卻出售武器給反美的伊朗。英國在與阿根廷的福克蘭群島戰爭(Falklands War)前數日還曾運送武器至該國。

第三節　訴諸戰爭

由於世界各國的過分追求安全，常常威脅到其他國家的安全。一國建軍，他國也隨之跟上，安全感有以致之。這顯示在美蘇間核武競賽，在其他國家的不斷充實武備。軍備的擴充如漫無限制，其結果終將導致戰爭。

人們尚憶及當一九四五年世界第二次大戰結束後，預期和平當隨之而來。但曾幾何時，國際間大小戰爭相繼發生。舉其大者有：韓戰(一九五〇—一九五三)、越戰、巴基斯坦與印度的戰爭(一九四七、一九六五、一九七一)、以色列與阿拉伯等國間的戰爭(一九四八、一九三六、一九六一、一九七三)、蘇聯的侵佔阿富汗(一九七九)、英國與阿根廷的戰爭(一九八二)，及自一九八〇至一九八八年的伊拉克與伊朗戰爭。

據學者的統計，自一九四五年至今，世界上無日不有戰爭。⑨申吉與斯冒爾(Singer, Small)兩教授指出：自一八一六年至一九八〇年期間，世界上曾有一一八次戰爭(每次戰爭至少包括兩個以上國家，至少有一千人以上的戰場死亡)，兩氏將一八一六—一九八〇年間分為五期，每期的戰爭次數如次⑩：

一八一六—一八四八年　　二〇個戰爭
一八四九—一八八一年　　二八個戰爭

一八八二—一九一四年　二四個戰爭
一九一五—一九四四年　二〇個戰爭
一九四五—一九八〇年　二六個戰爭

國際間如此多的戰爭，有說是由於人性好鬥，有說是環境使然，人力無法控制。馬克斯說戰爭是資本主義制度的惡果。布朗(Brown)認爲一國的參加戰爭是爲了一國的重大利益(vital national interests)有關。它可分爲：⑴有形的利益如領土、物資與經濟利益；⑵觀念與政治上的利益如民族意識、宗教文化、政治制度等；⑶由戰略(strategic)與心理方面(psychologically)而來的利益。⑪此說不免失之籠統。蔡勒(Ziegler)教授在研究第一次與第二次世界大戰之後，認爲第一次世界大戰是一逐漸昇高的戰爭，各國原始與最終的政治目的不清，致參戰原因難定。第二次世界大戰各國政治目的較爲明顯：如何制裁瘋狂的希特勒大獨裁者。⑫蔡勒在研究六個戰爭之後，認爲一國參加戰爭的最重要原因是由於決策領袖(leader)對敵我的「誤解」(misperception)，無法知己知彼，乃有高估自己，低估敵方的戰爭決策。⑬

吾人認爲一國的從事戰爭，多有其內在的及國際的外在因素。斯東士(Stones)教授列舉下列十四個大原因⑭：

1. 在原有的國際權力均衡體系裏出現了對本國不利的權力趨向。
2. 對現有權力均衡體系的不滿，希望藉戰爭改變現有權力關係。
3. 民族主義(nationalism)認民族國家爲民族認同的最高表現，但卻造成了各民族間的衝突與戰爭。分離主義(separatism)爲國內少數民族要求分離自決而戰；歸併主義(irredentism)求同種同文化的民族統一成一民族國家而戰。

4.國際社會達爾文主義(International Social Darwinism)爲國際間弱肉強食、適者生存的行爲，充分表現在法西斯主義(Fascism)。

5.溝通失敗(communication failure)造成國際間的誤解，及對事實的扭曲，由緊張局勢，終導致戰爭。

6.武器競賽，失去控制，由畏懼而戰爭。

7.藉外在的衝突與戰爭，轉移國內注意目標，促進內部向心力與團結。

8.外強的干預內政，導致戰爭。

9.由於待遇不平或被剝削而起的政治叛亂。

10.人性好戰，侵略本能(instinctual aggression)。

11.經濟的向外擴張，與科技的進步，導致國際衝突與戰爭。

12.軍事與工業利益的結合(military industrial complex)，期從戰爭中謀利。

13.人口成長超過糧食的供應，戰爭成爲控制人口成長之一法。

14.外交和平手段無法解決國際衝突之後，最後迫不得已而訴諸戰爭。

戰爭的可怕，由歷次重要戰爭的死亡人數可知。據駱西特(Russett)的統計，在一八二〇年與一八六三年間，戰爭死亡人數約爲兩百萬。自一八六四年至一九〇七年間，約爲四百五十萬。⑮在第一次世界大戰，有八百五十萬軍人戰亡；第二次世界大戰時，有一千五百萬軍人及六千五百萬人民（非軍人）死亡。⑯

今後如果一旦美蘇間核武戰爭爆發第三次世界大戰，其對人類的毀滅後果，更不堪設想。據一般專家估計：如果美蘇間核武戰爭爆發，全世界人口的半數將遭死亡或傷害。美蘇於北半球飛彈交戰一回合之後，由於原子輻射在地球大氣之間將達數月之久，使氣候變得奇冷。隨之而來的是日日增加的紫外光(ultraviolet light)將摧毀北半球所有農作物。雖有今日的科技，也無救藥。核武戰一回合後，也許世界存糧能繼續維持一年多，但由於核武戰爭影響，交通破壞，及其他民事設備的摧毀，此等糧食或無法及時拯救餓寒交迫的人們於死亡。又由於冰凍下溫度的影響，天冷地凍，世界將缺淡水(fresh water)的供應，這不堪設想的後果，將由北半球推向地球赤道及南半球。南半球的人們也將慢慢地走向死亡道路。⑰

見於今日美蘇核武毀滅世界的威力，今後世界和平的維持，有賴於美蘇對核武的限制。這是下章的論題。

附註

① U. S. Arms Control and Disarmament Agents, *World Military Expendures and Arms Transfers 1985,* Washington, D. C.: U. S. Government Printing Office, August 1985, pp. 5, 81, 85.

② *Ibid.* Nicole Ball, Demilitarizing the Third World, p.217, in M. T. Klare and D. C.Thomas (eds.) *World Security*. New York: St. Martin Press, 1994.

③ *Ibid.,* pp. 14-15. and United Nations Development Programme. 1994, p. 171.

④ *Ibid.*, p. 16.

⑤ *Ibid.*, p. 6.

⑥ *Ibid.*, p. 20. and "Armed for Profit: The Selling of U. S. Wealpons "By Charles M. Sennott in the Boston Globe, February 11, 1996,132.

⑦ David W. Ziegler, *War, Peace, and International Politics,* Boston: Little, Brown and Company, 1987.

⑧ Thomas R. Dye and Harmon Zeigler, *The Iron of Democracy: An Uncommon Introduction to American Politics.* Monterey, California: Brooks／Cole Publishing Company, 7th edition, 1987, pp. 105-106.

⑨ Michael Kedron and Dan Smith, *The War Atlas: Armed Conflict–Armed Peace,* New York: Plato Press／Simon and Schuster, 1983.

⑩ Melvin Small and J. David Singer, *Resort to Arms International and Civil Wars, 1816-1980.* Beverly Hills, Calif.: Sage Publications, 1982, p. 131; Also K. J. Holsti, *International Politics: A Framework for Analysis,* Englewood Cliffs, New Jersey: Prentice-Hall, 1983, 4th ed., pp. 413-414.

⑪ Seyon Brown, *The Causes and Preventions of War,* New York: St. Martin's Press, 1987, Chpt. 3.

⑫ John G. Stoessinger, *Why Nations Go To War,* New York: St. Martin's Press, 1974, Chpt. 2.

⑬ *Ibid.*, p. 223.

⑭ Walter S. Stones, *The Logic of International Relations,* Boston: Little, Brown and Company, 1985, 5th ed., pp. 396-435.

⑮ Bruce Russett, *Trends in World Politics,* New York: MacMillan, 1965, pp. 12-13.

⑯ Charles W. Kegley, Jr. and Eugene R. Wittkopf, *World Politics: Trend and Transformation,* New York: St. Martin's Press, 1985, p. 31.

⑰ Carl Sagan, "Nuclear War and Climatic Catastrophe: Some Policy Implications," *Foreign Affairs,* Winter 1983／84 257-292; Also Paul P. Caraig and John A. Jungerman, *Nuclear Arms Race and Technology and Society,* New York: McGraw-Hill Book Company, 1986, Chpt. 19.

第十二章　戰爭與和平：
㈡美蘇國防政策、軍力與限武談判

比較兩國國防政策與軍力，尤其是開放社會的美國與封閉社會的蘇聯，最困難的是量(quantity)與質(quality)的比較。關於前者：問題在比較甚麼軍力及所用的標準，統計數字，常因標準的不同、解釋、作用，與效果就不一樣。質的比較，則更爲複雜。例如人力、武器與設備的質與性能，由於可靠情報的缺乏，就影響到分析的正確性。下面各節，根據已公佈的資料，就美蘇國防預算(defense budgets)、國防人力(defense manpower)、戰略核武(strategic nuclear forces)、常規軍力(conventional forces)、全球軍力對峙部署、與美蘇限武談判，作簡略的比較分析。

第一節　國防預算

由國防預算的比較，可得知兩個國家願意用多少經費在國防上，國防政策的輕重面，軍事發展的方向，並可見國防經費對國民經濟的負擔程度。

美國國防經費，自越戰後，就一直在減少，尤其是一九七五年的國防經費，比前幾年更劇然地降低。例如：國防軍事人力(military manpower)減低了五分之一，海軍船艦約半數停航操作，戰略國防軍力

(strategic defensive forces)，也減少了三分之二以上。①反觀蘇聯的情形，卻正與美國相反。蘇聯自大戰後，不但未裁軍，反而一直在擴軍。據美國官方估計：至一九七五年止，蘇聯的國防經費約佔國民生產毛額的百分之六至八左右。②有些專家估計，今日蘇聯國防經費要佔其國民生產毛額的百分之二十③，可靠的數字大約是百分之十一至十四，較美國高三倍左右。④下表一是一九七三年至一九八三年期間，美國與

表一

年份	佔全國國民生產毛額百分比		佔全國總支出數百分比	
	美國	蘇聯	美國	蘇聯
一九七三	五・九%	一三・七%	三〇・一%	六三・三%
一九七四	六・〇%	一四・〇%	三〇・三%	六二・七%
一九七五	五・五%	一四・一%	二六・二%	六〇・二%
一九七六	五・三%	一四・三%	二三・六%	五七・七%
一九七七	五・二%	一四・〇%	二三・八%	五五・四%
一九七八	五・一%	一三・八%	二三・〇%	五三・八%
一九七九	五・一%	一三・九%	二三・三%	五〇・四%
一九八〇	五・五%	一四・一%	二三・一%	四六・七%
一九八一	五・八%	一四・一%	二三・六%	四四・九%
一九八二	六・四%	一四・二%	二五・〇%	四二・二%
一九八三	六・六%	一四・〇%	二五・四%	四〇・八%

資料來源：U. S. Arms Control and Disarmament Agency, *World Military Expenditures and Arms Transfers 1985*, Washington, D. C.: ACDA publication 123, August 1985, pp. 81, 85.

蘇聯國防經費所佔全國國民生產毛額(GNP)與全國總支出數的百分比。

另一方面，我們可由美蘇兩國實際國防支出的數字，得知蘇聯遠超過美國，這由表二可見及：

表二　美蘇國防支出（單位：百萬美金）

年份	美國	蘇聯	年份	美國	蘇聯
一九七三	七八、三五八	九六、四一〇	一九七九	一二二、二七九	一七九、二二〇
一九七四	八五、九〇六	一一〇、五九〇	一九八〇	一四三、九八一	二〇〇、三三〇
一九七五	九〇、九四八	一二五、四一〇	一九八一	一六九、八八八	二二三、六〇〇
一九七六	九一、〇一三	一三八、三八〇	一九八二	一九六、三九〇	二四三、七六〇
一九七七	一〇〇、九二五	一四八、一三〇	一九八三	二一七、一五四	二五八、〇〇〇
一九七八	一〇九、二四七	一六一、八七〇			

資料來源：同表一。

由於近年來美國在外交上受到蘇聯強有力的挑戰，卡特總統在蘇聯入侵阿富汗之後，才認識到國防問題的嚴重性，開始在其任內最後一年提高國防預算經費。雷根總統任內的國防預算經費，遠較卡特任內爲高（見表二）。雷根的目標在扭轉美國對蘇聯在國防軍力的劣勢，並進而求達到美國超越的地位。不過平時維持如此高的國防經費，其副作用是昇高難以控制的政府預算赤字(deficit)。

第二節　國防人力

在國防人力方面，美蘇兩國最顯明的差別有二：⑴前者是自願軍制（自一九七三年元月起），後者爲徵兵制。年來美國自願軍素質差，備受指摘，一九七八年卡特總統提請國會恢復了徵兵制（一九八一年夏聯邦最高法院判決：美國婦女不受國防徵召）。⑵美國自越戰後，戰略注重美國與盟軍的聯合運用，以備美國軍數量之不足。反之，蘇聯卻特別重視龐大的現役國軍（active national military forces），而不依賴後備軍役與盟軍。⑤

因爲蘇聯是一陸權國家，地跨歐亞兩洲，有賴龐大的陸軍，保衛「社會主義的大祖國」（如第一與第二次世界大戰經驗），美國是一海權國家，由於國際地域關係，不需要大量陸軍保衛（對蘇聯而言）本土，其所需要的是運送軍隊去美國最大利益有關各地，圍堵蘇聯的擴張，美國最大的問題是：美國軍隊幾乎變成了國際「警察」，疲於奔命。自越戰後，美國人（尤其是年輕人一代）反戰心理仍強，不願再捲入另一戰爭。這就是爲甚麼美國志願徵兵素質差，與三軍難保留科技人才的外流（退役轉入高薪私人企業）。人力的缺乏，尤其是海空軍技術人員、飛行與船艦駕駛的中級官員，在一九八〇年代初，美國基地的陸軍只有十個師（divisions）能隨時有作戰的準備。十三艘航空母艦中，只有半數能隨時應召參戰。空軍方面，只能動員二十四個戰術飛機聯隊（wings of tactical aircraft），距戰時的必需要求，尙差兩個聯隊。全國尙缺三十五萬至七十萬的預備軍人。⑥雷根總統的國防人力政策，在提高軍人待遇，俾吸收科技人才，並保住現有服役軍中人才。這一政策相當成功。

第三節 戰略核武

本節分爲⑴核武戰略與戰術及⑵核武發展兩部分（實際上，有時兩者頗難劃分）。先論核武戰略與戰術。

一、核武戰略與戰術

在五十年代，美國獨霸核子武器（在一九四八年美國大約有一百枚原子彈，蘇聯僅有少數），美國核武戰略是保證優勢（assured ascendancy），即是說：美國在一全面戰爭（a general war）具有保證勝利的把握。正如一九五四年杜勒斯國務卿所宣佈的：美國將不惜使用核子武器對危及美國最大利益的國家予以大力報復（massive retaliation），很明顯的這是對蘇聯共產主義擴張的警告。

至五十年代末期，蘇聯已具有長程飛彈（long-range missles），足以威脅到美國的安全。在一九五七年蘇聯發射世界上第一次太空飛行人造衛星史潑尼克（Orbiting Satellite Sputnik）。美國因而失去了核武獨霸的優勢（superiority）。爲了避免兩雄武力的直接對峙，美國在一九六二年五月有所謂「彈性與控制的反應」（flexible and controlled response）戰略，用來應付區域性及有限度的戰爭（limited war）。這一戰略由越戰與古巴飛彈事件的經驗證明無甚利用價值。大約在一九六四年，美國的核武戰略發展爲保證毀滅（assured destruction），在這一戰略下，美國將繼續保持核武的優越地位，足夠忍受由蘇聯首先發動的第一次攻擊(first strike)，並對蘇聯予以有力的報復反擊。

蘇聯的核武發展在六十年代末葉，已足以與美國匹敵。美國的戰略也就轉變爲互相保證毀滅(mutual assured destruction，或簡稱MAD)。在這期間，核武發展有了重大的變化。在五十年代與六十年代，核武器(nuclear weapons)與輸送系統(delivery systems)經常是分存於不同地點，所以飛彈發射的準備時間較長，但在一九六九年左右，飛彈發射準備過程所需時間，僅是分秒之間。應付這一新發展，美國採取所謂「警報發射」(launch-on-warning)政策。從一九七一年起，美國使用高空層衛星警報(warning satellite)，從蘇聯太空軌道(orbit)窺探蘇聯發射的飛彈，及時提供警報。據卡特時代國防部長布朗(Harold Brown)報告，美國總統在得到警報後，大約只有二十分鐘決策下令反擊。關於此，布朗提出了一個嚴重的決策程序問題：美國的反擊是否應在得到警報時發令，或者等待受到攻擊時發令？⑦因爲雷達僅是電腦的操作，偶發的錯誤在所難免，果爾，引發的核武戰爭，將使雙方面臨毀滅之途。

在互相保證毀滅的戰略下，美國將維持核武的優勢，反擊將集中於敵方大都市目標及人口中心。據甘廼迪及詹森時代國防部長麥克馬拉報告，只要能達成毀滅蘇聯人口的五分之一或四分之一；及其工業生產的半數，就足以構成對蘇有效的嚇阻(effective deterrent)。⑧因之尼克森總統一九七四年簽署的國家安全決策二四二號備忘錄(NSDM-242)及卡特總統一九八○年的總統五十九號訓令(PD-59)皆以「嚇阻」爲戰略的指導原則，換言之，美國具有足夠而且有效的核武，保衛國家安全及嚇阻蘇聯首先發動第一次的攻擊。在另一方面，蘇聯戰略亦作此類似推理。由於雙方俱無絕對把握首先發動攻擊，一舉毀滅對方，使之無力反擊，於是雙方皆不敢先下手，和平在「恐怖平衡」(balance of terror)下，得暫以維持。美蘇雙方的戰略核武談判也隨雙方的「和解」(détente)而誕生。

蘇聯領導階層對「和解」外交，與限制戰略武器談判(SALT)的分歧意見，在一九七三年與一九七四年之間，開始表面化，這反映在蘇聯不同出版物上，大概可分爲兩大派門：一派爲布列茲涅夫(Brezhnev)和解路線(détente line)的支持者，其中很多與亞巴托夫美國與加拿大研究所(G. A. Arbatov's Institute of the U. S. A. and Canada)有關係，他們認爲在核子時代，戰爭不再是政治的手段，國家安全不一定隨武器的增加多而自然加強。另一派包括若干軍事理論專家，他們不信任和平路線，並認爲核武談判並不能保證國防安全，蘇聯應建立強有力的武力以保衛國家。雖然今日世界大勢有利於社會主義國家，蘇聯仍不能對備戰稍存鬆懈，因爲最後的決戰是不可避免的，實際上這兩派是繼續赫魯雪夫(Khrushechev)時代以來的國防政策爭論，問題焦點是：現代核武是不是否認了列寧的「戰爭是政治的手段」這一傳統教條。⑨這一政治問題的解答，牽涉到整個國家安全的大決策。

二、核武發展

美國自甘迺迪總統起，國防政策特重戰略核武而輕民防，其理論根據是：在全面核武戰爭下，毀滅是無法避免的，民防僅是浪費金錢而已，從六十年代開始，美國的核武攻擊戰術着重多元性武器(mixed forces)，而不專靠任何一特別武器系統，這一多元性的武器，能忍受敵方發動的第一次攻擊，並仍維持保證毀滅的反擊力量。由於蘇聯核武發展的趕上美國，自七十年代起，美國的核武研究發展方向集中於四方面：海空發射飛彈(air-and sea-launched cruise missile)，對空發射飛彈(ALBMs)，與陸上機動飛彈

(land-mobile ICBMs)，反之，蘇聯則完全依靠陸上發射的飛彈並配合海上發射飛彈。⑩

今日美國戰略核武具有三大部分：陸地發射洲際飛彈(ICBMs)、海上發射飛彈(SLBMs)、與遠程戰略轟炸機(long-range strategic-bomber-forces)。三者構成所謂「三位一體系統」(the triad)，三者各具有獨立性，在蘇聯發動突擊後（蘇聯在一九六〇年起也發展爲「三位一體系統」），若任一被摧毀，其他並不受影響，仍能穿越蘇聯防線，予以致命的反擊。此外並配合有西歐的「戰場核武」(theater nuclear force)，即中程飛彈(intermediate range missiles Pershing II)，威力達整個西歐地區。

美蘇兩國自一九六〇至一九九〇年間，戰略核武的發展情形如二二八頁表五。

從戰略上論，美國的洲際飛彈，主要在具有保證毀滅的實力，足夠對付蘇聯重要的人口與生產中心。反之，蘇聯在六十年代初着重陸地發射飛彈，當蘇聯在數量上超過美國大約三分之一之後，生產才漸漸慢下來。美國國會參議院於一九七九年夏辯論是否批准SALT II條約時，咸認美國裝設在實體彈架上的一千零五十四具遠程洲際飛彈，將遭受到蘇聯飛彈（尤其是無比威力的SS-18, SS-19, SS-20及back-fire bombers)的威脅。因之，一九八〇年國會決定授權製造MX(missile experimentals)，俾減少美國對蘇聯核武平衡差距。

美蘇的海上發射飛彈(SLBMs)，都由潛艇載運。美國的核能(nuclear-powered)飛彈潛艇，在一九八一年維持在三十六的數字（蘇聯爲六十二），每一飛彈潛艇可載運十六個海上發射飛彈。海上發射飛彈，今維持在五百七十六之數（蘇聯在一九八一年增加至九百五十）。⑪經常飛彈潛艇載運約庫存海上發射飛彈的半數左右。在這五百七十六海上發射飛彈中，大約有五百個裝有海神(Poseidon)飛彈，具有平均約十個多

表五　美蘇洲際飛彈與戰略轟炸機變動

	ICBMs 洲際飛彈		SLBMs 海上發射飛彈		Bombers 轟炸機		Total Strategic Delivery Vehicles 戰略發射器統計		Total Warheads 彈頭總計	
	US	USSR	US	USSR	US	USSR	US	USSR	US	USSR
1990*	1,350	1,700	720	1,300	450	200	2,550	3,200	18,000	20,000
1985*	1,052	1,500	664	1,100	348	140	2,064	2,740	13,300	10,000
1982	1,052	1,400	632	950	348	140	2,032	2,490	11,000	8,000
1980	1,054	1,400	640	950	348	140	2,042	2,490	10,000	6,000
1978	1,054	1,400	656	810	348	140	2,058	2,350	9,800	5,200
1976	1,054	1,500	656	750	390	140	2,100	2,390	9,400	3,200
1974	1,054	1,600	656	640	470	140	2,180	2,380	8,400	2,400
1972	1,054	1,500	656	450	520	140	2,230	2,090	5,800	2,100
1970	1,054	1,300	656	240	520	140	2,230	1,680	3,900	1,800
1968	1,054	850	656	40	650	155	2,360	1,045	4,500	850
1966	1,054	250	592	30	750	155	2,396	435	5,000	550
1964	800	200	336	20	1,280	155	2,416	375	6,800	500
1962	80	40	144	20	1,650	155	1,874	290	7,400	400
1960	20	a few	32	15	1,650	130	1,702	150	6,500	300

資料來源：Paul P. Craig John A. Jungerman, *Nuclear Arms Race: Technology and Society*, New York: McGraw-Hill, 1986, p. 6

*Assumes no SALT Treaty limiting strategic offensive weapons.

目標的彈頭(MIRVed)。美國的飛彈彈頭年有增加，遠非蘇聯(一九八一年爲二千)所能及。⑫反觀蘇聯，約半數潛艇是柴油動能(diesel-powered)，可載運的海上發射飛彈有限，至一九七〇年中葉才有多目標的彈頭(SS-18)。所以美蘇兩相比較，即使在日漸擴張的蘇聯飛彈潛艇系統，絕不足以威脅到美國。

目前美國的戰略潛艇，大都在一九五九年與一九六七年先後建造，一般來說，潛艇的建造費時約五年，可使用二十到二十五年之久，所以美國若要維持其現有數量水平，就該建造新潛艇的時候了。⑬這是雷根總統國防決策之一。

美國的戰略轟炸機(strategic bombers)，不僅在數量上，而且在質(性能)的方面要超過蘇聯。

在一九八一年，美國戰略轟炸機減至三百一十六之數，相對的蘇聯亦減至一百五十六之數。⑭此處最值得注意的是：自一九七五年以來，蘇聯的逆火式轟炸機(backfire bombers)增加得特別快，它對西方國家海上與北大西洋公約組織盟國形成了直接重大威脅，並可遠及美國城市。因之如何抵銷蘇聯此一優勢，是美國國防戰略上一大問題。在一九七七年美國卡特總統命令停造足以與蘇聯逆火轟炸機匹敵的B-1轟炸機，而代以較經濟的空射巡弋飛彈(air-launched cruise missile，簡稱ALCMs)，該飛彈可由現有的B-52s及FB-111s携帶發射穿入蘇聯防守領域。

對於美國核武發展，有兩派不同的學說：一派以民主黨參議員克而弗(Sen. John Culver)與卡特總統任內限武談判首席代表華恩克(Paul C. Warnke)爲代表，認爲美蘇雙方如具有大約相等的核武力量，以核武的龐大威力，足以毀滅雙方，因而任何一方皆不敢發動核戰，因之核武功能除嚇阻核武使用的可能性外，實無其他價值可言，所以擴充核武實無必需，當前要務在限武談判。另一爲「戰爭派」("War-Fighting"

Strategy)以參議員賈克森(Sen. Henry M. Jackson)及限武談判代表尼茲(Paul Nitze)爲首。認爲美國應明確地使蘇聯知道，一旦核子戰爭爆發，蘇聯一定吃敗仗。這一派堅持美國的嚇阻力僅使蘇聯在核戰的第二回合之後受到嚴重毀害是不夠的，應該使蘇聯明瞭，在第三或第四回合之後，(也許不會有第三回合！)美國仍會取得最後優勢。基於此，美國的核武應保持能毀滅蘇聯一切可能的反擊目標。

雷根總統任內大體仍沿習以前的「嚇阻」政策。今日美國核武的最大決策問題是：美國應有一怎麼樣的嚇阻核武？蘇聯的SS-20（一九八三年有三百五十）及逆火轟炸機是面臨的大威脅，據估計，蘇聯的實力，足以摧毀美國飛彈的百分之九十。⑮由於此，雷根總統決定換新或改進嚇阻武力，如製造MX及B-1轟炸機，以代替行將過時的一批(三百一十六)B-52s。同時發展一不易爲雷達發覺的神秘轟炸機(stealth bomber)。

研究美國核武戰略與戰術，最大的困難是西方國家缺乏確實可靠的有關蘇聯資料。正如昔日英國首相邱吉爾所說，蘇聯是一迷樣的黑盒子，蘇聯政府的政策是迷中迷，誰也難猜對裡面是甚麼？西方的蘇聯問題專家，在研究分析蘇聯的政策與行爲時，常犯了以己之心度人之心，換言之，常以西方自由國家的想法與作爲標準去衡量蘇聯。這是所謂「自我文化主義」(ethnocentrism)，這充分表現在西方外交與國防政策的理論上，例如：全力報復(massive retaliation)、彈性對策(flexible response)、嚇阻(deterrence)、保證毀滅(assured destruction)、昇高控制(escalation dominance)、有限度的戰爭(limited war)等。殊不知蘇聯決策者的想法與作爲並不一定與西方的「理論」(theory)或「模式」(model)相合。正如科可威茲(Kolkowicz)所指出的：蘇聯對軍力(military)的運用(uses)、限度(limitations)、目的(purposes)、與競賽規則(rules of the game)，與美國有很大的不同處。西方國家認爲軍事的目的在求達成一國的政治目的、政治控制軍事。蘇聯卻認爲戰爭本身不是西方所謂的科學性的競賽(scientific game)，它只是暴力行動(act of violence)，它是政治的延續，政治是目的，戰爭是手段，手段不離目的，因之政治與戰爭是分不開的。這是爲甚麼西方相信戰爭是可以避免的，蘇聯卻深信東(共產主義)西(民主制度)兩方終有一日要打一場你死我活的戰爭。⑯

第四節　常規軍力

蘇聯傳統上一貫重視常規軍力的發展。美國在第二次大戰後的戰略是全球性的，美國軍隊不但在防衛本國，而且幾乎成了國際警察，用於世界各地圍堵共產勢力的擴張，自六十年代美蘇皆進入核武時代，美國的全球圍堵政策改變爲區域選擇性的圍堵政策(selective containment)，目的在使衝突局部化或地方早求解決，使有限度的戰爭(a limited war)不致演變成爲全般性的大戰(a general war)。

美國在每次戰後，各軍種經常受到削減，過時的武器由新武器取代，由於蘇聯軍力的擴張與美國的相對減少，美國雖然在質的方面稍勝一籌，但仍抵銷不掉數量上的落後，自一九七七年至一九八〇年間，蘇聯在下列各種武器製造數量上，遠超過美國：

表六

	坦克	戰鬥機	直昇機	攻擊潛艇	其他戰鬥軍器
美國	六五〇	二七五	一五〇	三	一、〇〇〇
蘇聯	二、〇〇〇	五〇〇	三五〇	六	五、〇〇〇

資料來源：美國新聞與世界報導，一九八一年二月十六日，頁三六。

面對此一現實，美國雷根總統的對策是盡速趕上蘇聯，例如增多歐洲的武器儲存量，裝置潘興二式中程飛彈(Pershing II)，以及增加地面部隊等。下面各節就陸、海、空軍三方面分別論述。

一、陸軍(Armies)

蘇聯經常維持一龐大的陸軍，陸軍為所有常規軍力的主幹，其他軍種皆屬配合⑰，即使海空軍在現代核武戰爭中已佔重要性，蘇聯似仍未改變這一基本觀念，比較來說，美國目前的陸軍數目遠不及蘇聯，而且又是自願軍，在素質上也較蘇聯為差。

美蘇雙方陸軍軍力皆集中在戰鬥部隊(combatarms)，美國的陸軍設計主要是用於保護美國外的最大利益與盟邦的安全，其步兵(infantry或foot soldiers)在現役動員軍力(active maneuver strength)中約佔三分之一左右，蘇聯的地面部隊(ground forces)沒有像美國的所謂步兵，它具有完全的戰鬥行動自由，並配合有坦克部隊，空降師(airborne divisions)及無線電聯絡設備等，遠非美國所能及。蘇聯陸軍的四分之一分駐在遠東中蘇邊境，重軍（半數以上）則分佈在東歐蘇聯附庸各國。

蘇聯陸軍最大的單位是陣地部隊(front)，包括三或四個軍(armies，大約有十五至二十個師 divisions)，一個坦克軍(tank army，約四至五個師)，一個戰術陸空軍(a tactical air army)，及其他支援設施。美國的軍事組織沒有這樣相對的單位。美國的軍事單位，最大的是軍團(corps)，它相當蘇聯的每個軍(army)。美國的軍團與蘇聯的軍各轄有二至五個師(divisions)。美國的師主要包括裝甲(armored)、機械化(mechanized)與步兵(infantry)三部分，蘇聯的師則有坦克師(tank divisions)與機動化來福鎗師(motorized rife divisions)兩大部。兩國師以下再分旅團(brigade-regiment)、營(battalion)、連排(company-battery)與最基層的班(platon)。美蘇陸軍實力，在數字上相較，蘇聯龐大的軍隊(一九八四為三百零二萬人，編為一百九十九個師)，遠非美國（七十八萬一千人，編為二十五個師）所能比，蘇聯陸軍百分之七十九駐在本國，百分之十六駐東德、波蘭、匈牙利與捷克等附庸國，百分之三駐在外蒙古，百分之二佔領阿富汗。[18]

二、戰術空軍(Land-Oriented Tactical Air Power)

今日美國空軍差不多半數以上是由戰術空軍總指揮部(Tactical Air Command)負責，下轄五個聯合指揮部(United Command)，另百分之三十以上，由美國歐洲空軍指揮系統 (USAFE) 及太平洋空軍(PACAF)指揮部分別統轄。美國空軍(air force)經常有若干師(divisions)，每一師具有兩個或以上的戰術戰鬥機聯隊(tactical fighter wings)各戰鬥機隊下再分若干中隊(squadrons)。蘇聯全國共有十二個蘇維埃軍區(Soviet Military District)，每區轄有一戰術空軍(tactical air army)，另有四個戰術空軍隸屬於蘇聯東歐衛星國內的聯合軍(Group of Forces)，戰術空軍具有五類型飛機(flogger, fitter, fishbed, foxbat, fencet)，主要任務在支援地面部隊：每一空軍(air army)大約有一至三個師，師以下分為三個戰鬥或地面攻擊連隊，但不是二者皆有的，每聯隊各有三個中隊。

表七　美、蘇戰鬥機(Combat Aircraft)

	一九八○年	一九八四年
美　國	二、二五六	二、四八九
蘇　聯	三、八五○	五、四六○

資料來源：John M. Collins, *U.S.-Soviet Military Balance 1980-1985*, 1985, p. 121.

在戰術上，美國空軍重攻擊，蘇聯重防守：在數量上，蘇聯戰鬥機數遠比美國為多（見表七），故蘇聯戰術上以大吃小，美國則憑其優越性能取勝。

另據柏門(Robert Berman)的研究，在八十年代，蘇聯的空軍有能力可發動常規性的攻擊(conventional strikes)，摧毀北大西洋公約國家的空軍基地，核武貯藏地，以及發號施令控制等設施。⑲美國對策之一是運用中子彈(neutron bomb)，它的特性在殺人而不毀壞建築物，而且放射範圍較狹，特別適用於歐洲戰場，因為東歐共產軍隊遠較西歐為衆。問題在西歐各國人民（尤其是西德）反對美國（及蘇聯）利用歐洲為將來的核武戰場！

三、海軍(General Purposes Navies)

在海軍方面，美、蘇間最大的不同點是：前者是一海權國家，後者則爲陸權國家。美國東西面臨兩大洋，海港林立，在世界各地亦有很多海軍基地，較之蘇聯國土大部爲陸地所包圍，所以蘇聯的傳統政策在尋求海洋出口，在大戰後在世界各地建立的海軍基地不多，相較之下，美國得地利獨多，所以蘇聯海軍戰略重在防守。

美國海軍有兩大聯合總指揮部：一爲大西洋(LANTCOM)，另爲太平洋(PACOM)，前者轄有大西洋艦隊(Atlantic Fleet)，後者有太平洋艦隊(Pacific Fleet)。蘇聯海軍有四大艦隊，即波羅的海(Baltic)，黑海(Black)、巴倫支海(Barents)及太平洋(Pacific)等艦隊。

在一九五〇年代，蘇聯海軍實力，微不足道，但自一九六二年古巴飛彈危機後，在海軍元帥郭什可夫(Sergei Gorshkov)領導下，大量擴建海軍。[20]在一九七五年，有名的俄克海洋大演習(Okean 1975)，至少有兩百艘船艦與一百艘潛艇，及其他陸上基地飛機等參加，顯示了蘇聯海軍的新興實力。這可從一九六四與一九八四年間的數字（見二三六頁表八）得知一概略。

就整個實力比較，今日船艦(除航空母艦外)總數，蘇聯（大約爲數二百六十八）較美國(二百二十四)爲多，但美國強大的十三艘巨型航空母艦，其噸位與性能絕非蘇聯（一九八〇年兩艘，一九八四年增爲三艘，最大的是一九七九年造的基夫級Kiev-class）所能較量。所以今日美國仍爲海上霸權。[21]

表八

國名	航空母艦 (Aircraft Carriers)		巡洋艦 (Cruisers)		核子動力攻擊潛艇 (Nuclear Powered Attack Submarines)		驅逐艦 (Destroyers Frightes)	
	一九六四年	一九八四年	一九六四年	一九八四年	一九六四年	一九八四年	一九六四年	一九八四年
美國	一五	一三	二九	二九	二三	九九	二一八	一七五
蘇聯	○	三	二○	二○	二一	二七○	二一六	二四七

資料來源：時代雜誌，一九七八年五月八日，二三頁。John M. Collins, *U. S.-Soviet Military Balane 1980-1985*, 1985, pp. 121-123.

第五節　美蘇全球軍力對峙部署

蘇聯的全球戰略在對外擴張共產主義，美國的目的卻是針對蘇聯共產主義的圍堵。雙方主要的衝突地點在歐洲、中東與亞洲。

美國的外交政策，歷來以歐洲爲第一。在歐洲地區，西方國家對共產主義的圍堵軍事工具是北大西洋公約組織(NATO)。與此相對的是蘇聯所控制的華沙公約組織(Warsaw Pact)包括蘇聯的東歐附庸國家。一九八〇年代北大西洋公約組織與華沙公約組織的地面部隊與核武(雙方後臺當然是美國與蘇聯)有如表九。

表九

	華沙公約組織	北大西洋公約組織
	*地面部隊	
師(Divisions)	一三八	六四
軍與集團(Brigades, Regiments)	四八	一〇三
坦克(Tanks)	四六、三〇〇	一七、六四〇
飛機(Aircrafts)	六、八二五	三、五六三
	**核武	
飛彈(Euromissiles)	六〇二	(包括英、法)二五五
彈頭(Warheads)	一、三五八	(包括英、法)四八一

資料來源：*John M. Collins, *U. S.–Soviet Military Balance 1980-1985*, 1985, p. 128, ***U. S. News & World Report*, January 14.

由於蘇聯華沙公約國強大的地面部隊與壓倒性的坦克數，遠非北大西洋公約國所能及，因之一旦在歐洲的非核武常規性戰爭(conventional war)爆發，北大西洋公約國有賴於其優越的潘興二式中程飛彈(Pershing II)與巡弋飛彈(Cruise Missiles)來加強防衛。美國在西歐戰場的戰略要點是使西歐能在蘇聯大舉突擊下，能支持相當時日，俾使美國軍援及時趕到。

在一九七八年蘇聯有二十七個師常駐東德，隨時可參加作戰。同一數量的軍隊則駐守蘇聯本土西部。東德、波蘭與捷克共約有三十一個師，皆由蘇聯裝備，華沙公約國共有一萬四千輛坦克，較北大西洋國多約兩倍，其步兵（九十九萬八千人）數量也較北大西洋國多三分之一左右。㉒在同時期，北大西洋國約有二十五個師駐在西德，其中德軍佔十一個師，有五個師是美國的第五與第七軍團。美國主要的軍隊分駐在西德、英國、義大利、西班牙、土耳其與希臘等國。㉓並有第六艦隊巡邏北大西洋。

美、蘇在歐洲雙方實力不相上下，蘇聯雖然擁有龐大的陸軍及絕對優勢的坦克，但遠東與中東卻牽制了可調動的大軍。由於北大西洋國家有較多人口，充實經濟實力，與充分的軍事後援力，所以蘇聯的戰術重在速戰速決，或有賴於核武戰略與戰術上的大突破。事實上，閃電式的突擊戰是不可能的，因爲蘇聯需時日計畫，而東歐各國協調運作更需較長時間，在這一段期間，西歐國家當易於發覺而有所準備。㉔

今日美國與西歐盟國間問題有二：一爲歐洲一般反核武輿論，歐洲人極不願歐洲成爲將來的核武戰場。另爲盟國對歐洲防衛負擔的多少問題。如果就各國用於防衛的經費與該國的總生產量相比較，在一九八〇年美國用於北大西洋公約組織的防衛經費佔美國總生產量的百分之五，反之，西德爲百分之三點三。從另一角度看，在七十年代中，歐洲國家用於防衛的經費較美國比例上增加得多，例如在一九七八年與一九七九年，美國增加百分之二點九，但西德增加爲百分之三，其他國家更高。㉕今後美國在經費上將仍挑重擔。在華沙公約國方面，蘇聯遭遇到的最大問題在會員國家民族主義的抬頭（例如今日波蘭）。一旦東西戰爭爆發，盟國是否可靠很難說。

與歐洲相連的是中東，自一九六八年英國自蘇彝士運河區撤出後，美國中東政策集中在協助伊朗建立爲一軍事強國，以圍堵蘇聯向南方油區的擴張，同時並與沙烏地阿拉伯建立了經濟上的密切關係。由於一九七九年先有伊朗危機，接着是伊朗與伊拉克間的戰爭，使中東局勢變得更爲緊張複雜。今日美國在沙烏地阿拉伯駐有八百軍人，另有雷達偵探機(AWACs)巡邏沙烏地阿拉伯邊境上空。在埃及有兩千多人，但無基地，在阿曼、索馬利亞與肯亞等國有軍事設施。另在英屬第也哥・加西亞(Diego Garcia)建有海空軍基地，並在阿拉伯海(Arabian Sea)有戰艦駐防。反觀蘇聯，自一九七九年十二月侵佔阿富汗後，今約六十萬大軍，另有約六個師駐防阿富汗與伊朗及蘇聯三國邊境上。蘇聯在衣索比亞、南葉門、伊拉克、敘利亞、利比亞、阿爾及利亞皆有數千蘇聯軍人，並在印度洋有戰艦巡邏。㉖

由印度洋東行至遠東，美國今在日本與沖繩島有海空軍基地，駐軍約四萬六千人，在南韓駐有三萬八千人，菲律賓（主要爲克拉克大軍用機場）約一萬三千多人。㉗另有第七艦隊巡邏太平洋，包括南韓、日本經臺灣與菲律賓南下至東南亞地區。蘇聯在中蘇邊境常駐有五十五萬以上地面部隊，147SS-20S飛彈，在日本北海道小島駐有約一萬地面部隊，另有戰艦與潛艇。在寮國約有兩千蘇聯軍人，在越南有三千多，近年並在越南的海防建有大海空軍基地。㉘在一九九〇年代以前，蘇聯的遠東政策目的在包圍中共，制衡日本，分散美國全球軍力。

第六節　美蘇核武談判

美蘇核武發展競賽過程，可以二四一圖線簡單表示。可見美、蘇核武發展在一九五〇年代與一九六〇年代，蘇聯緊跟美國。在甘迺迪總統任內，尚有美國落後之感。這促成了日後美、蘇的限武談判。㉙

美蘇限武談判源於一九六九年秋美國尼克森總統與當時國家安全會(Naitonal Security Council)的總統顧問季辛吉(Henry Kissinger)的設計。美蘇第一次限制戰略武器談判(SALT I: Strategic Arms Limitation Talks)開始於一九六九年十一月，於一九七二年五月二十六日簽定條約。

第一次的戰略限武談判條約(SALT I Treaty)實際上包括兩個重要文件：一爲限制防衛戰略飛彈系統(Limitation of Anti-Ballistic Missile Systems)條約，即對ABM的限制。另一爲有關限制雙方可以庫存最高量的攻擊性洲際飛彈(Limitation of Strategic Offensive Arms)即ICBM的協定。SALT I條約並得美國國會參院同意通過。在一九七二年雙方簽約時，蘇聯較美國的攻擊性飛彈發射器(missile launchers)爲多，但美國較蘇聯有更多的飛彈頭(warheads)與戰略轟炸機，所以各有長短。此條約至一九七七年七月五日滿期。在此期間，蘇聯已部署(deploy)其最大的洲際飛彈SS-18s（威力超過美國任何飛彈），該飛彈能載送一個多彈頭各自單獨瞄準目標再發射飛彈(MIRVs)，蘇聯同時並開始部署中程飛彈(intermediate-range-ballistic missiles)如SS-20s，威力可達西歐任何目標。當時美國尚無可對敵的飛彈。在此情

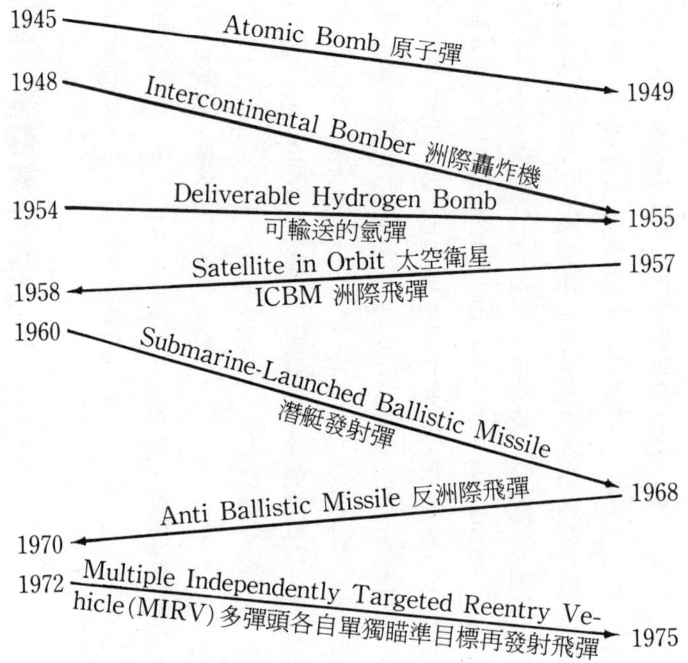

資料來源：Paul P. Craig J.A. Tungerman, *Nuclear Arms Race: Technology and Society*, New York: McGraw-Hill, 1986, p. 37.

勢下，卡特總統於一九七七年就任之初，即訓令國務卿向蘇聯提出限武談判，兩國終於一九七九年六月十八日簽訂第二次的限制戰略武器談判條約(SALT II Treaty)，有效期至一九八五年。

美國方面對SALT II最關切的問題是實地查證問題(verification issue)。換言之，見於蘇聯是一個關閉的社會，如何實地查證蘇方是否遵守條約無任何欺騙，是爭論焦點之一。自該約簽訂之後，雖經卡特總統大力支持，但美國參院仍無意批准(ratification)。至該年十二月底蘇聯大軍入侵阿富汗，全國輿論大嘩，卡特總統亦改變對蘇政策而要求參院延期考慮SALT II條約。同時並加強軍備，這反映在一九八〇年七月卡特的第五十九號總統訓令(Presidential Directive 59)，要點在充實美國的第二次的核武攻擊能力(a second strike capability)，保持與蘇聯核武對等力量及反擊核武，使蘇聯不致冒然發動核戰。

一九八一年雷根就任美國總統。雷根在他的第一次（一月廿九日）的總統新聞記者招待會上宣稱反對批准SALT II條約（但事實上日後卻繼續遵守此一條約），並認爲「和解」(détente)是一「單向道」(one-way street) 僅讓蘇聯單方佔盡便宜。雷根的國防政策主要在使美國國防軍力更現代化，並加強三位一體的戰略核武(strategic nuclear triad)。雷根深信在蘇聯的繼續增強的核武政策下，顯已超過美國。美國已出現了所謂「可擊傷的天窗」(a window of vulnerability)予蘇聯以可乘之機(window of opportunity)（見雷根總統一九八二年三月三十一日新聞記者招待會），雷根繼續卡特的政策發展MX飛彈（卡特於一九八〇年請由國會同意撥款研究與發展MX飛彈）。但同時雷根仍繼續與蘇聯的核武談判，尤其是西歐的所謂「戰區核武」(TNF: Theater Nuclear Forces)，或中程核武(Intermediate-Range Nuclear Forces)。

在一九七九年十二月，北大西洋公約國組織決定所謂「雙軌政策」(two-track policy)：意即如果美、蘇首先談判歐洲遠程飛彈(LRTNF)問題（第一軌：first track），則西歐無需部署美國的潘興二式與巡弋飛彈（第二軌：second track）。美、蘇在一九八〇年十月在日內瓦開始限武談判，適值美國總統選舉年而無成，翌年雷根就任總統，於該年十月建議美國製造中子彈(neutron bomb)，此一僅殺人而不摧毀建築物的武器將用於在歐洲的核戰場。當時反核武的和平運動（蘇聯全力支持並鼓吹）示威遊行，先由德國波昂而漫及於倫敦、巴黎、羅馬、布魯塞爾等地。同時美國的反核武（主張凍結所有核武）大遊行亦在該年十一月在一百五十一個大學校園舉行。大勢所趨，雷根總統乃於該月建議美、蘇代表在日內瓦立即重開會議，討論中程核武。蘇聯同意。雷根提出（事先獲得NATO盟國同意）所謂「零對零解決辦法」(Zero Option or Zero-Zero Solution)。在此辦法下，蘇聯移除正在東歐部署的SS-20s飛彈，美國則停止將在西歐部署的潘興二式與巡弋飛彈，雙方同時並移除遠程飛彈(LRTNF)。蘇聯認為此辦法有欠公允，因為SS-20s已經部署在東歐，但潘興二式與巡弋飛彈則尚未部署在西歐，以有易無，顯不公平。蘇聯不接受美方提議，並宣稱如果美國在歐洲部署潘興二式與巡弋飛彈，蘇聯將採用「警報發射」(launch on warning)核武戰略，換言之，一旦蘇聯雷達顯示敵方來襲飛彈，蘇方立將發動核武戰爭。（與此相反的戰略是「受到攻擊時發射」(launch under attack)，意即敵方來襲飛彈經證實已入侵時方發動核武戰爭，此為美國的一貫政策。）

一九八二年五月雷根建議重開談判，並以戰略核武削減談判(START: Strategic Amrs Reduction Talks)代替過去的戰略限武談判。蘇聯共產黨總書記布列茲涅夫(Brezhnev)經過十天之後才遲遲作覆同意，並另提凍結核武現狀建議，為美國所拒絕。十月布列茲涅夫去世，安得羅卜夫(Andropov)當政。

一九八三年三月雷根在一次對國人的電視演說，突然提出一國防新構想，當時雷根雖未明白指出，次月政府官員解釋爲一屬太空的武器。日後參議員甘廼迪在一次演說中稱之爲「星戰」武器（這一名詞出自以前上映過的風行一時的「星戰」電影），旋即被大衆傳播與一般人所採用。實際上官方正式名稱爲「戰略防衛自發系統」(SDI: Strategic Defense Initiative)。主要是利用雷射光(X-ray Laser)經由太空(space)再進入大氣層(atmosphere)毀滅尙在推射階段(boost phase)來襲的敵方飛彈。㉚這一構想不但使美國西方盟國吃驚，蘇聯更控告美國欲將核武競賽昇級到太空去。

按洲際飛彈(ICBMs)運作過程包括四個階段：⑴推射階段(boost phase)：飛彈由地面發射器(booster rocket)自大氣層(atmosphere)發射至太空(space)，（今日飛彈多能運送多元分擊目標再發射飛彈）。⑵中途階段(midcourse phase)：由發射飛彈射出的多元分擊目標再發射飛彈進入太空運行中，在接近⑶終點（目標）階段(terminal phase)時，同時放出有其他使敵方困惑的僞裝物（如空氣球，發光體、內裝僞裝的飛彈氣球等），使敵方不易發現深藏在氣球內的眞正飛彈頭。當飛彈重進入大氣層時，是爲終點階段，立即分擊目標物。基於陸地發射的洲際飛彈運作整個過程，需時約二十五至三十分鐘。如果由潛艇發射的飛彈(SLBMs)則僅需時約十分鐘。時間短暫，一般空防皆無用。雷根的「戰略防衛自發系統」(SDI)的運作，大約有如二四五頁圖。地面基地雷射光鏡輸送雷射光至位於三萬六千里太空的大型鏡，該鏡再輸送雷射光至位於一千里極軌道太空的較小型鏡，雷射光由此射對尙在推射階段的來襲飛彈，予以毀滅。

雷根總統旋於一九八三年十月又提出「負成長」(double build-down)建議（原由卡特政府於一九八○年所提），意即任何一方部署一新核武，同時應摧毀多一倍的舊核武。另外雙方並保證每年摧毀互相協定

地面基地雷射武器(Ground-Based Laser Weapon)

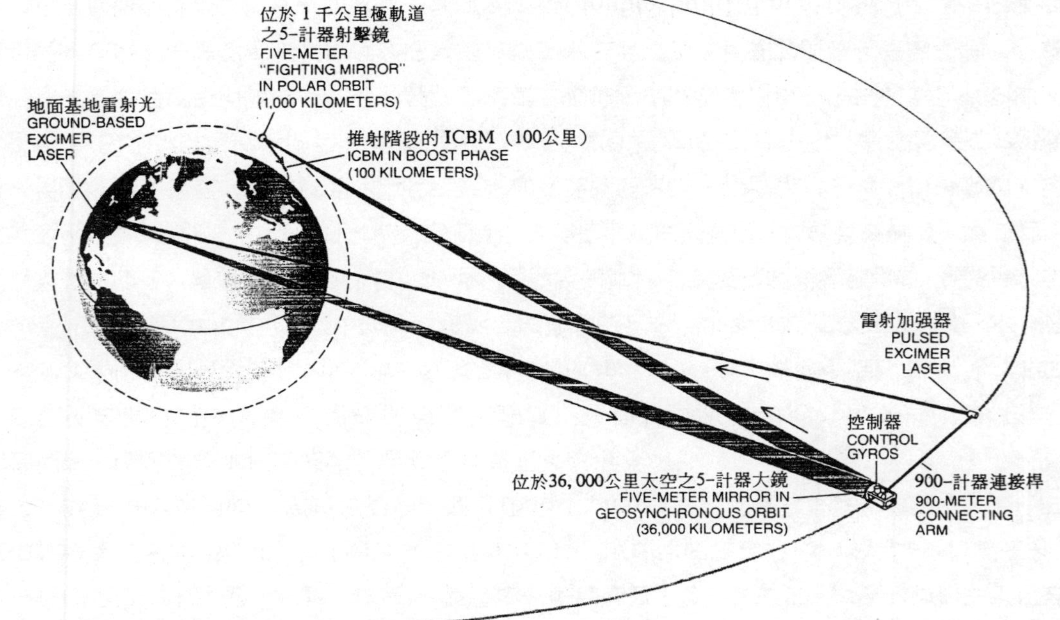

資料來源：採自*Arms Control and the Arms Race—Readings from Scientific American*, New York: W. H. Freeman and Company, 1985, p. 132.

的若干（總數的百分比）核武。由此兩途，核武的減低數量就加倍了（double builddown）。但在十一月二十二日西德國會通過同意美國在西德領土部署潘興二式與巡弋飛彈。在此新的國際情勢下，蘇聯於次日立即退出美、蘇的核武談判，並在歐洲發動反核武大示威遊行，但爲時已晚，未收預期效果。

一九八四年安得羅卜夫去世（一九八二—一九八四），繼任的契爾年苛（Chernenko）不到一年亦於一九八五年三月去世。四年內相繼有三位領袖去世造成了政治領袖危機，影響之一是美、蘇間的核武談判的若斷若續。蘇聯共產黨政治局採取迅速手段，於數日內即通過由年輕的（時五十歲）戈巴契夫（Mikhai Gorbachev）接任黨的總書記。

雷根與戈巴契夫於一九八五年十一月十九日至二十一日三天首次在日內瓦舉行高峯會議（Geneva Summit）。雖無具體成果，但該次會議原則上同意削減百分之五十的核武，及繼續核武談判，並爲未來高峯會議舖路。㉛戈巴契夫於一九八六年元月在全國電視節目上，宣佈蘇聯核武新建議。要點在：在本世紀前削減美、蘇所有遠程飛彈百分之五十，全部撤除歐洲的各式核武（不包括英、法的核武），但對雷根的「星戰」計畫是否僅限於實驗室內的試驗（laboratory testing）則不淸楚。這突如其來的建議，使美方決策者頗有不知如何作答之感。在世界輿論上，戈巴契夫無疑地已佔了上風。終於在該年十月十一日雷根與戈巴契夫有冰島高峯會議（Iceland Summit）。

在一九八六年十月十一日冰島雷克雅維克（Reykjavik）的高峯會議，美、蘇雙方同意摧毀部署在歐洲的中程飛彈，美國在其本土（阿拉斯加）及蘇聯在其亞洲地域各可保有約一百枚飛彈頭。雙方並同意削減百分之五十的長程飛彈。由於蘇聯堅持「星戰」核武限於實驗室內的研究，在十年之內不得作室外試驗，並要求三個談判論題：戰略核武、中程核武與星戰計畫(strategic forces, INF, space force)合為一體，不能分開單獨處理，談判陷入僵局，一無所成。㉜

在一九八七年二月二十八日，戈巴契夫又突然宣佈蘇聯願意在日內瓦單獨談判中程核武問題。並建議美、蘇雙方在五年之內撤除在歐洲所有中程飛彈，蘇聯撤除其270SS-20s，美國撤除其已部署的一〇八潘興二式與四六四陸地發射巡弋飛彈。雙方仍各保有一百枚中程飛彈，蘇聯可將它移存在亞洲地域，美國則可存在本土阿拉斯加。㉝戈巴契夫的建議與美國一九八一年底所提「零對零」(Zero Option)辦法極類似，所不同者是：當時美國的潘興二式與巡弋飛彈尚未部署在歐洲，蘇聯則已在東歐部署SS-20s，因之蘇聯拒絕美方建議。今則美國已在西歐部署潘興二式與巡弋飛彈，構成對東歐與蘇聯的威脅。依今日蘇方建議，雙方撤除遠程飛彈後，蘇聯仍保有強勢的短程飛彈，射程可遠及五百六十哩(SS-20s為3000哩)，反之，北大西洋公約國則無此對抗力，加之蘇方壓倒性的地面常規軍力(conventional forces)，一旦戰事爆發，西歐絕無法自衛（美、蘇雙方在歐洲的核武實力可由下表見及）。

表十　中程核武(Intermediate-Range Missiles)

美國	蘇聯
較長程（600-3,400 哩）	
潘興二式(Pershing IIs)	SS-20 s
108 發射器(Launchers)	441 發射器
108 彈頭(Warheads)	1,333 彈頭
短程（300-600 哩）	
潘興IA(Pershing IA)	SS-12/22 s
72 彈頭	120 發射器
	120 彈頭

資料來源：*Time*, September 28, 1987, p. 16.

這是西歐盟國所最擔憂而不欲美國與蘇聯簽約（除非蘇聯撤除其短程飛彈）。㉞稍後戈巴契夫表示願意在短程飛彈方面讓步，但以西德摧毀其七十二枚潘興飛彈(Pershing IA)（彈頭係由美國控制）爲交換條件。西德最初不願，但西德總理科爾(Helmut Kohl)於八月二十六日聲稱，美、蘇達成INF限武協定之日，西德亦願撤除其飛彈。九月初美國外長舒茲(Shultz)與蘇聯外長謝瓦納茲(Sherardnadze)繼續協商。於十二月在華府簽約。繼之有一九九二年布希任內簽訂的STAR（Strategic Arms Reducation Treaty）條約。

在一九九〇年代，雙方重要的問題在：美國如何協助蘇聯過去若干共和國（Soviet Republics）毀除其原有的核武（需經費與科技），防止核武落入侵略國家（如伊拉克）之手，及增進對付世界上若干地區性的一般性非核武戰爭。今後如何應付國際的新局勢，對世界上的領袖是一大挑戰。

附註

＊ 本章前部分多取材自作者「美國人與美國政治」（民73年商務版）之『美蘇國防政策與軍力的比較』一章。

① Barry M. Blechman, *et al., The Soviet Military Buildup and U. S. Defense Spending*, Washington, D. C.: The Brookings Institution, 1977, p. 2.

② Andrew W. Marshall, *Comparisons of U.S. and U.S.S.R.*, A study prepared by Director of Net Assessment, Department of Defense, Sept. 16, 1975, p. 170.

③ C. I. A. *Estimated Soviet Defense Spending in Rubles*, 1970-1975, p. 5.

④ U. S. Department of Defense, *Soviet Military Power*, Washington, D. C.: U. S. Government Printing Office, Fall 1981, p. 9 and Daniel O. Graham, "The Soviet Military Budget Controversy," *Air Force Magazine*, May 1976, pp. 36-37.

⑤ John M. Collins, *U. S. Soviet Military Balance 1980-1985,* Washington: Pergamon-Brassey's, 1985, p. 167.

⑥ *U. S. News & World Report*, December 29, 1980／January 5, 1981, p. 30; February 16, 1981.

⑦ Defense Secretary Brown, "Launch on Warning or Launch Under Attack?" *Defense／Space Daily*, November 11, 1977, p. 68.

⑧ Robert S. McNamara, Statement on the FY 1979 Defense Budget, p. 50.

⑨ Thomas W. Wolfe, *The SALT Experience,* Mass.: Bullinger Publishing Company, 1979, pp. 166-167.

⑩ John M. Collins, *American and Soviet Military Trends Since the Cuban Missile Crisis,* Washington, D. C.: The Center for Strategic and International Studies, Georgetown University, 1978, p. 82.

⑪ U. S. Department of Defense, *Soviet Military Power,* p. 57; and *U. S. News and World Report,* October 12, 1981, p. 24.

⑫ *U. S. Defense Policy: Weapons, Strategy and Commitments,* 2nd ed., Washington, D. C.: Congressional Quarterly, 1980, pp. 20-21, and U. S. Department of Defense, *Soviet Military Power*, p. 57.

⑬ Barry M. Blechman, p. 17.

⑭ *U. S. News & World Report,* October 12, 1981, p. 24; and U. S. Department of Defense, *Soviet Military Power*, p. 54.

⑮ U. S. Department of Defense, *Soviet Military Power*, p. 54.

⑯ Roman Kolkowiez, "The Soviet Union: The Elusive Adversary," in Roman Kolkowiez and E. P. Mickiewicz (eds.), *The Soviet Caculus of Nuclear War,* Lexington, Massachusetts, D. C.: Health and Company, 1986.

⑰ George F. Kennan, "The United States and the Soviet Union, 1917-1976," *Foreign Affairs*, July 1976, p. 680.

⑱ *U. S. News & World Report*, February 16, 1981, p. 35; U. S. Department of Defense, *Soviet Military Power*, p. 28; and John M. Collins, *U. S.-Soviet Military Balance 1980-1985*, p. 118.

⑲ Robert P. Berman, *Soviet Air Power in Transition*, Brookings Institution, 1977.

⑳ *Ibid*.

㉑ Siegfried Breyer and Normal Polmar, *Guide to the Soviet Navy*, 2nd ed., Annapolis: U. S. Navy Institute Press, 1977; U. S. Department of Defense, *Soviet Military Power*, pp. 40-41; also John M. Collins, *U. S. Soviet Military Balance 1980-1985*, 1985, p. 121; *Time*, July 27, 1981, p. 15.

㉒ *U. S. Defense Policy: Weapons, Strategy and Commitments*, p. 26; *Time*, June 15, 1987, p. 33.

㉓ *U. S. News & World Report*, December 29, 1980／January 5, 1981, p. 29.

㉔ Barry M. Blechman, pp. 28-31.

㉕ *U. S. Defense Policy: Weapons, Strategy and Commitments*.

㉖ *U. S. News & World Report,* November 3, 1980, pp. 39-41; December 29, 1980／January 5, 1981, p. 29; November 2, 1981, p. 45; *Time,* November 7, 1983, p. 29.

㉗ *U. S. News & World Report*, December 29, 1980／January 5, 1981, p. 29; *Time*, November 9, 1983, p. 29.

㉘ *U. S. Defense Policy: Weapons, Strategy & Commitments*, p. 44; *Time*, November 17, 1986, pp. 59-65.

㉙ Kenneth Adelman, "Arms Control With and Without Agreements," *Foreign Affairs*, Winter 1984／85, pp. 240-263; Barry M. Blechman, *Rethinking the U. S. Strategic Posture*, Mass.: Balhinger, 1982; George F. Kennan, *A Proposal for International Disarmament*, New York: The Institute for World Order, 1981; The Harvard Nuclear Study Group, *Living with Nuclear Weapons,* New York: Bantam Books, 1983; Travis Robert Scott, *The Race for Security: Arms and Arms Control in the Reagan Years*, Lexington, Mass.: Lexington／D. C. Heath, 1986.

㉚ Sidney Drell, Phillip Farley, and David Holloway, *The Reagan Strategic Defense Initiative,* Cambridge, Mass.: Ballinger Publishing Co., 1985; James Fletcher, *et al., The Strategic Defense Ini-*

tiative: *Defense Technologies Study*, Washington, D. C.: Government Printing Office, 1984; Robert Jastron, *How to Make Nuclear Weapons Obsolete*, Boston: Little, Brown, 1985; U. S. Congress, Office of Technology Assessment, *Ballistic Missile Defense Technologies*, OTA-ISC-254, Washington, D. C.: U. S. Government Printing Office, 1985; "Scientific Hurdles," *Time*, June 23, 1986, pp. 20-21.

㉛ "Fencing at the Fireside Summit," *Time*, December 2, 1985, pp. 22-35.

㉜ *Time*, October 13, 1986, pp. 26-30; October 20, 1986, pp. 19-22; October 27, 1986, pp. 24-33.

㉝ "Let's Make a Deal," *Time*, March 26, 1987, pp. 38-39.

㉞ James Schlesinger, "The Dangers of a Nuclear-Free World," *Time*, October 27, 1986, p. 41.

第十三章　國際組織與國際政治

國際組織經於前第二章國際關係裡的角色加以界說，本章分析其對國際限武、國際糾紛的處理(conflict management)、國際經濟及社會福祉的促進等，所扮演的重要角色。

第一節　國際限武

對國際限武的貢獻，首應推國際聯盟盟約(Covenant of the League of Nations)，其第八條特別提及會員國必須減縮各本國軍備(reduction of national armaments)至最少之數。一九三二年二月召開之世界裁軍會議(World Disarmament Conference)，由於世界經濟不景氣，一九三三年日本與德國先後宣佈退出國聯及裁軍會議，因之該會議於一九三四年六月閉會，一無所成。國聯對德國的重武裝，與一九三五年義大利的侵佔阿比西尼亞及一九三七年日本大舉侵略中國，顯示輭弱無能，毫無對策。終於導致第二次世界大戰。

隨第二次世界大戰的結束有聯合國(The United Nations)的建立。聯合國對國際武力的政策，最大的轉變是着重於管制軍備(regulation of armaments)，而不是昔日烏托邦式的完全消除軍備。由於美、蘇核武的強大實力，及國際間東西集團的對壘，聯合國在限武方面所扮演的角色，僅在促進（或國際輿論壓力）美、蘇間的限武談判。因之國際間的限武談判與所訂條約，主要是列強（尤其是美、蘇）間在聯合國外的行動。聯合國本身在這方面的貢獻是有限的，其成就有：在一九四六年一月聯合國大會通過設立聯合國原子能委員會(Atomic Energy Commission)，一九四七年二月安全理事會決議設置常規軍備委員會(Commission for Conventional Armaments)。一九五〇年蘇聯退出，兩委員均告停止活動。一九五二年一月大會通過決議，在安全理事會下設立一聯合國裁軍委員會(U. N. Disarmament Commission)，至一九五七年委員會委員由十二國代表（安理會十一理事國另加加拿大）增至二十五國代表。蘇聯認爲委員會成員偏惠於西方國家而拒不參加。大會於次年決議，該委員會改由聯合國全體會員國組成，以致成了一個大而無用的機構。因之一九五九年四國外長協議同意另成立十國裁軍委員會(The Ten-Nation Disarmament Committee)，東西各半，作爲談判機關，但該委員會亦無所成。

聯合國大會於一九五九年十一月全體通過宣佈各國永久停止武器競賽(armaments race)。但在一九六〇年代最初有美國U-2間諜機被蘇聯射落，及英、美、蘇一九六〇年五月的高層領袖會議的無成，東西方國家的限武談判趨於停頓狀態。自一九六一年春起，美、蘇在聯合國外有高階層代表開始限武談判，同年九月二十日美、蘇代表向聯合國大會提出一裁軍談判議定原則(Agreed Principles for Disarmament Negotiations)共同聲明，當經大會全體同意接受，訂爲日後消除武備談判的準則。自一九六二年起，國際間消除武備談判較有進步，簽訂的重要條約有①：

一九六三年禁止大氣、外太空及水中核武試驗條約（Treaty Banning Nuclear Weapon Tests in the Atmosphere in Outer Space and Under Water, 1963）。

一九六七年關於各國探測及使用外空（包括月球與其他天體）之活動所應遵守原則之條約（Treaty on Principles Governing the Activities of States in the Exploration and Use of Outer Space, Including the Moon and Other Celestial Bodies, 1967）。

一九六七年拉丁美洲國家禁止核武條約（Treaty for the Prohibition of Nuclear Weapons in Latin America, 1967）

一九六八年防止核武器蕃衍條約（Treaty on the Non-proliferation of Nuclear Weapons, 1968）。

自一九六九年十一月起，美、蘇兩國開始雙方限制戰略武器談判，通稱爲SALT I(The Strategic Arms Limitations Talks)，至一九七二年五月乃有國際間有史以來的第一次有關核武限制條約的簽訂。（詳見第十二章）

第二節　國際糾紛的處理

國際組織在處理國際糾紛方面的成就，是很可觀的。尤其是聯合國與拉丁美洲國家組織（OAS）。

聯合國憲章第三十三條的規定，各國對國際糾紛的處理，先應利用和平解決（peaceful settlement），如談判（negotiation）經由第三者的斡旋（good offices）、調查（inquiry）、調解人參與的調停（mediation）、和解（conciliation）、仲裁（arbitration）、司法解決（judicial settlement如訴諸於國際法院）等。次爲聯合國的集體安全(collective security)行動,如聯合國的剛果軍事行動(Congo Operation)與韓戰時的聯合國軍隊。介於兩者間的有和平維護軍隊(Peacekeeping),如聯合國駐塞普勒斯和平部隊(UNFICYP: United Nations Force in Cyprus)與聯合國駐黎巴嫩臨時部隊(UNIFIL: United Nations Interim Force in Lebanon)。在實際政治裡,何種情況屬於那一種國際糾紛的處理卻是不容易說的事。有時在國際糾紛處理的過程中,包括了各種可能的方式。

據白奈特(Bennett)的統計,在一九四六年一月與一九八二年六月三十六年長的時間,在聯合國大會與安全理事會中,曾有一百五十國際糾紛案件提出辯論②,其中較有名的案件如:一九四六年蘇聯被迫自伊朗北部撤軍問題,印度與巴基斯坦獨立後有關喀什米爾(Kashmir)的歸屬問題,一九四八年與一九五六年蘇聯入侵捷克與匈牙利問題,一九六五年美國介入多明尼加共和國(Dominican Republi can)內戰問題,一九七九年美國向國際法院控告伊朗有關人質問題,一九七九年蘇聯入侵阿富汗問題,近年來爆發的南非共和國的種族歧視(apartheid)問題,以及中東年久未決的巴勒斯坦問題(Palestine ques tion)等。

在國際糾紛案中,絕大多數提經安理會及大會討論,尋求解決為期不到一年。但有案件拖延一至五年,而自一九四七年起的巴勒斯坦問題及一九五二年起的南非種族歧視問題,則歷經數十年之久。

在和平處理的辦法中,有不少糾紛係由當事國兩方或單獨一方訴諸國際法院的。由於國際法院的判決,除非事先由當事雙方(多方)同意,對任何一方皆無法律上的約束力。由於此,過去國際間可提訴於國際法院的嚴重糾紛如韓戰、剛果內戰、巴勒斯坦問題,蘇彝士運河糾紛及近年的蘇聯入侵阿富汗等皆未經提訴於國際法院尋求解決。(詳見第十四章)。

經由聯合國安理會與大會考慮的國際糾紛（1946-1992）

DISPUTES CONSIDERED BY THE SECURITY COUNCIL AND THE GENERAL ASSEMBLY, JANUARY1946-DECEMBER 1992

	Considered by			**Duration of Consideration**		
Dispute	*Security Council*	*General Assembly*	*Year First Intro-duced*	*1 Year or Less*	*1-5 Years*	*More Than 5 Year*
Middle East						
Iranian Question	X		1946	X		
Syrian-Lebanese Complaint	X		1946	X		
Palestine Question	X	X	1947			X
Egyptian Question	X		1947	X		
Status of Jerusalem	X	X	1947		X	
Palestine Refugee Question		X	1948			X
Anglo-Iranian Oil Dispute	X		1951	X		
Israeli Complaint against Egypt on Suez Canal	X		1954	X		
Gaza Area Incidents	X		1955	X		
Suez Canal Question	X	X	1956			X
Syrian Complaint against Turkey		X	1957	X		
Lebanese Complaint against UAR	X	X	1958	X		
Jordanian Complaint against UAR	X	X	1958	X		
Case of Adolf Eichmann	X		1960	X		
Question of Oman		X	1960			X
Question of Kuwait	X		1961	X		
Question of Yemen	X		1963		X	
Complaint by UK against Yemen	X		1966	X		
Situation in the Middle East	X	X	1967			X
Situation in and around Jerusalem	X	X	1968			X

(continued)

(conitinued)

Dispute	Considered by: *Security Council*	Considered by: *General Assembly*	*Year First Intro-duced*	Duration of Consideration: *1 Year or Less*	Duration of Consideration: *1-5 Years*	Duration of Consideration: *More Than 5 Year*
Israeli Practices Affecting Human Rights in Occupied Territories		X	1968			X
Question of Bahrain	X		1970	X		
Dispute over Certain Islands in Persian Gulf	X		1971	X		
Iraqi Complaint against Iran	X		1974	X		
Middle East Problem Including Palestinian Question	X	X	1976			X
Situation in Occupied Arab Territories	X	X	1976			X
Exercise by Palestinian People of Inalienable Rights	X	X	1976			X
Situation in Lebanon	X	X	1978			X
Situation between United States and Iran	X		1979		X	
Situation between Iran and Iraq	X	X	1980			X
Israeli Attack on Iraqi Nuclear Reactor	X		1981		X	
Israeli Annexation of the Golan Heights	X	X	1981			X
Complaint of Gulf States against Iran	X		1984	X		
Israeli Air Attack against Tunisia	X		1985	X		
Israeli Interception of Libyan Aircraft	X		1986	X		

(*continued*)

Dispute	**Considered by** *Security Council*	*General Assembly*	*Year First Introduced*	**Duration of Consideration** *1 Year or Less*	*1–5 Years*	*More Than 5 Years*
Downing of Iranian Plane by United States	X		1988	X		
Situation between Iraq and Kuwait	X		1990		X	
Asia and Far East						
Indonesian Question	X	X	1946		X	
Korean Question	X	X	1947			X
Indian-Pakistani Question	X		1948			X
Hyderabad Question	X		1948	X		
Soviet Threats to Political Independence of China		X	1949		X	
Armed Invasion of Taiwan	X	X	1950	X		
Alleged Bombing by United States of Chinese Territory	X	X	1950	X		
Intervention of China in Korea	X	X	1950	X		
Relief and Rehabilitation of Korea	X	X	1950			X
Alleged Bacterial Warfare in Korea	X	X	1952		X	
Complaint of Mass Murder of Korean and Chinese POWs by United States		X	1952	X		
Burmese Complaint against Rep. of China		X	1952		X	

(*continued*)

Dispute	Considered by		Year First Introduced	Duration of Consideration		
	Security Council	General Assembly		1 Year or Less	1–5 Years	More Than 5 Years
North Korean and Chinese Atrocities		X	1953	X		
Thai Request for Aid of Peace Observation Commission	X		1954	X		
Detention of UN Military Personnel in Violation of Korean Armistice Agreement		X	1954		X	
Acts of Aggression by United States Navy against People's Rep. of China		X	1954	X		
Violations of Freedom of Seas in China Area		X	1954	X		
West Irian Question		X	1954			X
Question of Chinese Coastal Islands	X		1955	X		
Laotian Situation	X		1959	X		
Question of Tibet		X	1959			X
Question of Goa	X		1961	X		
Human Rights in South Vietnam		X	1963	X		
Cambodian Complaints of Aggression by United States and South Vietnam	X		1964	X		
Question of Malaysia	X		1964	X		
Gulf of Tonkin Incidents	X		1964	X		
Situation in Vietnam	X		1966	X		
Complaint by United States against North Korea	X		1968	X		

(*continued*)

Dispute	**Considered by** *Security Council*	*General Assembly*	*Year First Introduced*	**Duration of Consideration** *1 Year or Less*	*1–5 Years*	*More Than 5 Years*
Dispute Concerning Legal Regime in Khmer Republic		X	1973	X		
Situation in East Timor	X	X	1975			X
Question of Kampuchea	X	X	1979			X
Situation in Southeast Asia	X	X	1979			X
Situation in Afghanistan	X	X	1980			X
Downing of Korean Air Liner	X		1983	X		
Bombing of South Korean Air Liner	X		1988	X		
Complaint by Malaysia against Indonesia	X		1989	X		
Situation in Cambodia	X	X	1990		X	
Situation in Tajikistan	X		1992	X		
Africa						
Treatment of Indians in South Africa		X	1946			X
Question of South-West Africa	X	X	1946			X
Former Italian Colonies		X	1948		X	
Apartheid in South Africa	X	X	1952			X
Tunisian Question		X	1952		X	
Moroccan Question		X	1952		X	
Algerian Question	X	X	1955			X
Sudanese Complaint against Egypt	X		1958	X		
French-Tunisian Dispute	X		1958	X		
Congolese Question	X	X	1960		X	
Angolan Situation	X	X	1960		X	

(conitinued)

Dispute	**Considered by** *Security Council*	*General Assembly*	*Year First Intro-duced*	**Duration of Consideration** *1 Year or Less*	*1-5 Years*	*More Than 5 Year*
Mauritanian Situation		X	1960	X		
Dispute over Bizerte	X	X	1961	X		
Algerians Imprisoned in France		X	1961	X		
Southern Rhodesian Question	X	X	1962			X
Complaints by Senegal against Portugal	X		1963		X	
Situation in Territories under Portuguese Adm.	X	X	1963			X
Intervention in Democratic Republic of the Congo	X		1964	X		
Question of Spanish Sahara		X	1964			X
Complaints of Dem. Republic of Congo against Portugal	X		1966		X	
Complaint of Dem. Republic of Congo Concerning Act of Aggression	X		1967	X		
Situation in Namibia	X	X	1968			X
Complaints by Zambia against Portugal	X		1969	X		
Complaints by Senegal against Portugal	X		1969	X		
Complaints by Guinea against Portugal	X		1969	X		
Complaint by Guinea against Portugal	X		1970	X		
Complaint by Guinea against Portugal	X		1971	X		

(*continued*)

Dispute	**Considered by** *Security Council*	*General Assembly*	*Year First Introduced*	**Duration of Consideration** *1 Year or Less*	*1–5 Years*	*More Than 5 Years*
Complaint by Senegal against Portugal	X		1971	X		
Complaint by Zambia against South Africa	X		1971	X		
Complaint by Senegal against Portugal	X		1972	X		
Complaint by Zambia against South Africa	X		1973	X		
Occupation by Portuguese Forces of Sectors of Guinea-Bissau		X	1973	X		
Situation Concerning Western Sahara	X	X	1974			X
Situation in the Comoros	X		1976	X		
French-Somalia Incident in Afars and Issas	X		1976	X		
Complaint of South African Aggression against Angola	X		1976	X		
Complaint by Zambia against South Africa	X		1976	X		
Complaint by Mauritius of Act of Aggression by Israel against Uganda	X		1976	X		
Complaint by Lesotho against South Africa	X		1976	X		
Complaint by Botswana against Rhodesia	X		1977	X		
Complaint of Aggression against Benin	X		1977	X		

(*continued*)

Dispute	**Considered by**		*Year First Introduced*	**Duration of Consideration**		
	Security Council	*General Assembly*		*1 Year or Less*	*1–5 Years*	*More Than 5 Years*
Question of South Africa	X	X	1977			X
Complaint by Mozambique against Rhodesia	X		1977	X		
Complaint by Zambia against Rhodesia	X		1978		X	
Complaint by Chad	X		1978	X		
Status of Mayotte		X	1979			X
Status of Certain Malagasy Islands		X	1979			X
Complaint by Zambia against South Africa	X		1980	X		
Complaint by Chad against Egypt and Sudan	X		1981	X		
Mercenary Aggression against the Republic of Seychelles	X		1982	X		
Fund for OAU Peacekeeping in Chad	X		1982	X		
Complaint by Lesotho against South Africa	X		1982		X	
Complaint by Chad against Libya	X		1983	X		
Complaint by Libya against United States	X		1983	X		
Complaint by Angola against South Africa	X		1983		X	
Air Attack by Libya against Sudan	X		1984	X		
Complaint by Botswana against South Africa	X		1985	X		

(*continued*)

	Considered by			Duration of Consideration		
Dispute	*Security Council*	*General Assembly*	*Year First Intro-duced*	*1 Year or Less*	*1–5 Years*	*More Than 5 Years*
United States Attack on Libya	X	X	1986	X		
Complaint by Chad against Libya	X		1986	X		
Situation in Angola	X		1987			X
Israeli Aggression against Tunisia	X		1988	X		
Complaint by Botswana against South Africa	X		1988	X		
Complaint by Libya against United States Concerning Downing of Planes	X		1989	X		
Situation in Liberia	X		1991		X	
Situation in Somalia	X		1992		X	
Complaint Concerning Libya's Harboring of Airline Terrorists	X		1992		X	
Situation in Mozambique	X		1992		X	
Europe						
Greek Question	X	X	1946			X
Spanish Question	X	X	1946		X	
Free Territory of Trieste	X		1947		X	
Corfu Channel Question	X		1947	X		
Czechoslovakian Situation	X		1948	X		
Berlin Situation	X		1948	X		
Human Rights in Balkans		X	1948		X	
Soviet Wives of Foreign Nationals		X	1948	X		

(continued)

Dispute	Considered by: *Security Council*	Considered by: *General Assembly*	*Year First Introduced*	Duration of Consideration: *1 Year or Less*	Duration of Consideration: *1–5 Years*	Duration of Consideration: *More Than 5 Years*
Conditions for Free Elections in Germany		X	1951	X		
Complaint by Yugoslavia of Hostile Activities of Neighbors		X	1951	X		
Complaints of United States Intervention in Domestic Affairs of Other Countries (three separate complaints)		X	1951	X		
		X	1952	X		
		X	1956	X		
Austrian Peace Treaty		X	1952	X		
U.S. Complaint of Attack on Its Aircraft	X		1954	X		
Cyprian Question	X	X	1954			X
Hungarian Question	X	X	1956			X
Flights of United States Armed Aircraft toward Soviet Frontiers	X		1958	X		
Complaints of United States Violations of Soviet Airspace	X		1960	X		
Status of Bozen Residents		X	1960		X	
Relations between Greece and Turkey	X		1964	X		
Situation in Czechoslovakia	X		1968	X		
Complaint by Iceland against United Kingdom	X		1975	X		
Complaint by Greece against Turkey	X		1976	X		

(*continued*)

Dispute	Considered by		Year First Introduced	Duration of Consideration		
	Security Council	*General Assembly*		*1 Year or Less*	*1–5 Years*	*More Than 5 Years*
Complaint by Malta against Libya	X		1980		X	
Hijacking of Achille Lauro	X		1985	X		
Attacks on Rome and Vienna Airports	X		1985	X		
Situation in Yugoslavia	X		1991		X	
Situation relating to Nagorno-Karabakh	X		1992	X		
Situation in Georgia	X		1992		X	
Situation in Bosnia and Herzegovina	X		1992		X	
Western Hemisphere						
Aggression against Guatemala	X		1954	X		
Cuban Complaints against United States	X	X	1960		X	
Venezuelan Complaint against Dominican Republic	X		1960	X		
Boundary Dispute between Venezuela and British Guiana		X	1962	X		
Haitian Complaint against Dominican Republic	X		1963	X		

(continued)

	Considered by			**Duration of Consideration**		
Dispute	*Security Council*	*General Assembly*	*Year First Introduced*	*1 Year or Less*	*1–5 Years*	*More Than 5 Years*
Panamanian Complaint against United States	X		1964	X		
Situation in Dominican Republic	X		1965		X	
Complaint by Haiti of Act of Aggression	X		1968	X		
Question of Panama Canal	X		1973	X		
Complaint by Cuba against Chile	X		1973	X		
Question of Belize		X	1977		X	
Complaint by Costa Rica against Nicaragua		X	1978	X		
Situation in Nicaragua		X	1978	X		
Situation between Ecuador and Peru	X		1981	X		
Situation in Central America	X	X	1982		X	
Falklands/Malvinas Dispute	X	X	1982			X
Situation in Grenada	X	X	1983		X	
Complaint by Nicaragua against United States	X		1983		X	
Nicaraguan Complaint of Situation in Central America	X		1986	X		
Nicaraguan Complaint of United States Aggression	X		1986	X		

(*continued*)

Dispute	Considered by		*Year First Intro-duced*	Duration of Consideration		
	Security Council	*General Assembly*		*1 Year or Less*	*1–5 Years*	*More Than 5 Years*
Nicaraguan Complaint against United States	X		1988	X		
Central America: Efforts toward Peace	X	X	1989		X	
Situation in Panama	X		1989	X		
Complaint by El Salvador against Nicaragua	X		1989	X		
Complaint by Nicaragua against United States	X		1990	X		
Complaint by Cuba against United States	X		1990	X		
Situation in Haiti	X		1991		X	
General						
Question of Hostage Taking and Abduction	X		1989	X		
Marking of Explosives for Purpose of Detection	X		1989	X		

聯合國在處理國際糾紛裡，除有關和平方法與國際法院的使用外，尚有和平維護的行動（peacekeepnig operation），這是一設施，是前國際聯盟所沒有的。

據聯合國大會主席與聯合國秘書長於一九六五年提出的報告，聯合國和平維護行動分兩類：觀察行動（observer operations）與使用武裝部隊的行動（operations involving the use of armed-forces units）。據白奈特的統計在歷次十五個和平維護行動中，有五個曾具有超過三千人數的各國混合武裝部隊，（歷次聯合國的混合部隊多來自加拿大、印度、芬蘭、丹麥、挪威、瑞士等國）例如：一九五六年至一九六七年由於蘇彝士運河危機駐在埃及的聯合國緊急部隊（UNEF: United Nations Emergency Force）。一九六〇年剛果內戰，聯合國安全理事會決議於一九六〇年至一九六四年有聯合國剛果行動（ONUC: United Nations Congo Operation）部隊恢復該國安定局勢。塞普勒斯於一九六〇年自英國獨立，但該國多數（希臘人）及少數（土耳其人）民族問題卻未解決，至一九六三年雙方衝突惡化，聯合國安理會乃於一九六四年三月通過派遣駐塞普勒斯和平部隊（UNFICYP: United Nations Force in Cyprus）直至今日。中東阿拉伯與以色列間再爆發的一九七三年戰爭，前者有蘇聯支持，後者有美國撐腰，由於兩霸的中東利益，使中東政局變得更為複雜，聯合國安理會最後決議設立一非「大國」所組成的各國混合緊急部隊（UNEF II: United Nations Emergency Force II）派駐西奈半島與戈蘭高地（Golan Heights）至今。一九七八年，以色列與黎巴嫩政府由於黎巴嫩南部巴勒斯坦恐怖分子的活動，提請聯合國安理會解決，乃有聯合國派駐黎巴嫩臨時部隊（UNIFIL: United Nations Interim Force in Lebanon）。③

綜合而論，聯合國在和平維護行動方面的成就（見附表），是值得讚揚的。但聯合國卻遭遇到政治爭論與經費負擔問題。至今爲止，所有過去維護行動的經費皆由聯合國大會負責。但在過去若干實例中，有些國家對其所不贊成的聯合國和平維護行動任務經費拒絕負擔。最顯著的例是蘇聯與法國拒絕擔負聯合國剛果行動的經費，該兩國最大的理由是該項行動是根據大會而非安理會的決議，大會已超越了聯合國憲章所賦予的權力。大會於一九六一年將此問題提請國際法院提供諮詢意見(advisory opinion)，該院在一九六二年七月以九對五票多數票決議，認爲聯合國的和平維護行動開支，應屬聯合國憲章第十七條內所稱「聯合國組織開支」(expenses of the Organization)，聯合國自應負全責。之後此一問題仍由非法律性的政治妥協解決。

在聯合國的軍事行動中，聯合國在韓戰中所扮演的角色，可說幾近於聯合國憲章所謂對侵略者的「集體安全」(collective security)原則的運用。韓國在第二次大戰後，於一九四五年分裂爲二，至一九五〇年六月二十五日，北韓侵入南韓，時在南韓的聯合國委員會(United Nations Commission of Korea)立刻報向聯合國，由美國提請安全理事會於星期日下午舉行緊急會議。蘇聯支持北韓，未出席會議。安理會趁機於兩星期內通過三次決議。第一次決議宣佈北韓爲侵略者，破壞了世界和平；第二次決議籲各會員國協助南韓驅逐北韓，俾恢復和平；最重要的是第三次決議：使用聯合國旗幟組織聯合國統一軍隊，授權美國組織聯合國軍隊並提供聯軍總指揮。(實際上，當北韓侵入南韓時，杜魯門總統隨即下令美軍協助南韓抗戰。)韓戰期中，美國與南韓提供了百分之九十以上的海陸空軍實力，其他約有十五個非共產國家提供軍隊，另有五國則僅供應醫務人員，組成了所謂聯合國軍。在聯合國的六十個會員中，有五十個以上的會員國支持聯合國大會的決議。這一事實，使聯合國在韓國的軍事行動，更具有合法性與「集體安全」的深遠意

聯合國和平維護行動，觀察委員會，及其他有關國際衝突處理活動 (1945-1994)
UN PEACEKEEPING OPERATÍONS, OBSERVER MISSIONS, AND RELATED DISPUTE SETTLEMENT ACTIVITIES, 1945-1994

LATIN AND CENTRAL AMERICA（拉丁及中美洲）

IAPF. Inter-American Peace Force, 1965-1966: Dispatched by the Organization of American States, and authorized to act with it, UN representatives and military observers moderated civil unrest in the Dominican Republic.

ONUCA. UN Observer Group in Central America, 1989-1991: Established to monitor the Guatemala (Esquipulas II) agreement that prohibited cross-border support for the *contra* rebels and, after March 1990, to help manage the voluntary demobilization of the Nicaraguan resistance.

ONUVEN. UN Mission for Verification of the Electoral Process in Nicaragus, 1988-present. Established to oversee elections following the truce and ensure continuing respect for democratic procedures.

ONUSAL. UN Observer Mission in El Salvador, May 1991-present:Created to implement the human rights agreement between the government of El Salvador and the Farabundo Marti National Liberation Front (FMNL).

UNOMIH. UN Observer Mission in Haiti, September 1993-present:Embargo and show-of-force of 1,200 soldiers to restore democracy to Haiti,reestablish domestic order, return President Jean-Bertrand Aristide to power,and train Haitian military to respect human rights.

AFRICA（非洲）

ONUC. French initials for the UN Operation in the Congo, 1960-1964:Authorized to maintain peace and order while preserving unity in the newly independent former Belgian colony.

UNTAG. UN Transition Assistance Group conceived in 1978 and implemented between April 1989 and April 1990: Empowered administrators to supervise free elections in a democratic exercise of self-determination to convert the South African colony of South West Afirca to thd independent country of Namibia.

UNAVEM I. UN Angola Verification Mission, 1988-1991: Verified the redeployment southward and the phased and total withdrawal of Cuban troops from Angola.

UNAVEM II. UN Angola Verification Mission, June 1991-present:Established to monitor the implementation of the Angola Peace accords, agreed to by Angola and the political opposition movement UNITA, and to monitor the Angolan police as set out in the Protocol of Estoni.

MINURSO. UN Mission for the Referendum in Western Sahara,1991-present: To oversee elections to determine whether Western Sahara should become independent or integrated into Morocoo.

UNOSOM I. UN Operation Mission in Somalia, 1992: Observer and escort operation to deliver humanitarian assistance and provide buffer force.

UN PEACEKEEPING OPERATIONS, OBSERVER MISSIONS, AND RELATED DISPUTE SETTLEMENT ACTIVITIES, 1945-1994 *(continued)*

UNOSOM II. UN Operation in Somalia, 1993-1994: Provide security by United States for humanitarian aid shipments.

UNOMOZ. UN Operation in Mozambique, December 1992-present: Observer froce to supervise cease-fire and to prepare for elections.

UNOMUR. UN Observer Mission in Uganda/Rwanda, 1993-present: Sent to supervise truce.

NMOG. Rwanda Neutral Military Observer Group, 1992-1993: Charged with monitoring cease-fire and creating a demilitarized zone between three warring factions in Rwanda.

UNAMIR. UN Assistance Mission in Rwanda, 1993-present: Forces sent in October 1993 to restore order in civil war.

ECOMOG. Economic Community of West African States Cease-Fire Monitoring Group, 1990-present: Buffer force and combatant against the Charles Taylor faction in the Liberian civil war.

UNOMIL. UN Observer Mission in Liberia, 1993-present: Charged with supervising cease-fire and preparing for local governance.

EUROPE（歐洲）

UNMOG. UN Military Observers in Greece, 1952-1954: Created to restore order along borders separating Albania, Yugoslavia, and Bulgaria.

UNFICYP. UN Force in Cyprus, 1964-present: Established to prevent recurrence of fighting between contending Greek and Turkish communities and,since 1974, to supervise the cease-fire and maintain a buffer zone between the disputants.

UNPROFOR. UN Observer Mission in Yugoslavia, December 1991-present:Deployed a peacekeeping force of 14,000 to demilitarize fighting between Serbian federal army and Croatian forces in the former Yugoslavia and create a buffer zone while troops are withdrawn and demobilized, coordinate humanitarian escort relief units in Bosnia, and, since 1994, establish control of all heavy weapons within a twelve-mile exclusion zone in Sarajevo.

UNSCOB. UN Special Committee on the Balkans, 1947-present: To supervise cessation of hostilities and provide assistance to restore normal relations among Greece, Albania, Bulgaria, and Yuguslavia.

UNOMIG. Joint Russian-South Ossetian-Georgian Command Force under UN Supervision, 1993-present: Monitor disengagement corridor and cease-fire buffer zone in Georgia.

MOLDOVA FORCE. Joint Russian-Moldovan-Transdestrian UN Command,1992-present: Buffer force assigned to monitor a cease-fire between Moldovan and Transdestrian forces, at the two disputants' request.

UN PEACEKEEPING OPERATIONS, OBSERVER MISSIONS, AND RELATED DISPUTE SETTLEMENT ACTIVITIES, 1945-1994 *(continued)*

MIDDLE EAST（中東）

UNTSO. UN Truce Supervision Organization in Palestine, 1948-present:Created to supervise armistice among Israel, Jordan, Lebanon, and Syria, and cease-fire of 1967, it today operates with UNDOF and UNIFIL.

UNEF I and II. UN Emergency Force, 1956-1967, 1973-1979: Established to prevent Israel and Egypt from fighting in Sinai and Gaza Strip.

UNOGIL. UN Observer Group in Lebanon, June-December 1958:Established to police border dividing Lebanon and Syria.

UNDOF. UN Disengagement Observer Force, 1974-1994: Created to monitor the buffer zone on the Golan Heights between Syrian and Israeli forces.

UNIFIL. UN Interim Force in Lebanon, 1978-present: Sent to police border dividing Lebanon and Israel, confirm withdrawal of Israeli troops, and establish effective authority in southern Lebanon.

UNYOM. UN Yemen Observation Mission, 1963-1964: Created to observe and monitor withdrawal of Saudi Arabian and Egyptian forces.

UNIMOG. U.N. Iran-Iraq Military Observer Group, 1988-1991: Created to supervise cease-fire and police border between Iran and Iraq.

MFO. Multinational Force and Observers, 1981-present: To verify the level of forces in the zones created by the peace treaty between Israel and Egypt and ensure freedom of navigation through the Strait of Tiran.

UNIKOM. UN Iraq-Kuwait Observation Mission, April 1991-present:Established to create a demilitarized zone between Iraq and Kuwait, deter violations of the boundary, restore Kuwait's independence, ensure Iraqi compliance with the UN's sanctions for Iraq's aggression, and observe hostile or potentially hostile actions.

ASIA AND THE PACIFIC（亞洲及太平洋）

UNMOGIP. UN Military Observer Group in India and Pakistan,1948-present: Created to supervise cease-fire in Kashmir.

UNCFI. UN Commission for Indonesia, 1949-1951: Sent to settle disputes following Indonesian independence from the Netherlands.

NNSC. Neutral Nations' Supervisory Commission for Korea,1953-present: Established by the Armistice Agreement at the end of the Korean War, the commission is to supervise, observe, inspect, and investigate the armistice and to report on these activities to the Military Armistice Commission. Today its main role is to maintain and improve relations between both sides and thus keep open a channel of communications.

UN PEACEKEEPING OPERATIONS, OBSERVER MISSIONS, AND RELATED DISPUTE SETTLEMENT ACTIVITIES, 1945-1994 *(continued)*

UNGOMAP. UN Good Offices Mission in Afghanistan and Pakistan,1988-1991: Deployed military observers to monitor implementation of Geneva ccords to assure withdrawal of Soviet troops, noninterference, and nonintervention.

OSGAP. Office of the Secretary General in Afghanistan and Pakistan,1989-present: To assist the Personal Representative of the Secretary General to oversee enforcement of General Assembly Resolution 44/15 in order to help preserve peace.

UNTEA/UNSF. UN Temporary Executive Authority and UN Security Force in West New Guinea, 1962-1963: Engineered and monitored a cease-fire between Indonesian and Netherlands forces so that peace negotiations could preceed without further incident.

UNIPOM. UN India-Pakistan Observation Mission, 1965-1966:Established to oversee and supervise cease-fire in Rann of Kutch.

UNAMIC. UN Advance Mission in Cambodia, 1991-1992: Demobilized armed factions waging war in Cambodia.

UNTAC. UN Transitional Authority in Cambodia, March 1992-September1993: Force of 22,000 disarmed and dispersed rebel factions and Vietnamese troops, organized and oversaw free elections that seated Cambodian national leader Norodom Sihanook at head of democratic government.

義。

比較來說：聯合國在處理國際糾紛的成就，較之其他區域性國際組織(regional international organization)更為有效。

蔡契爾在其「國際糾紛與集體安全」一書中④，比較一九四六年至一九七七年三十一年一段相當長的期間，聯合國、拉丁美洲國家組織、非洲國家組織、及阿拉伯聯盟對處理國際糾紛的成敗分析。該書集中在兩大問題，⑴為甚麼該國際組織干預或不干預會員國間的糾紛，俾避免威脅或危及國際和平？⑵國際組織干預成功或失敗的原因。⑤作者將國際糾紛分為三類：戰爭(war)、危機(crisis)、與軍事干預(military intervention)。國際組織的干預採三不同方式：無行動(no action)、辯論(debate)，與建議或裁定(recommendation／judgment)。⑥如果干預能達成下列兩目標，則可說任務成功：⑴該國際組織中至少有一主要的國家集團反對侵略者(國家)，⑵該國際組織中無任何一主要的國家集團支持侵略者。⑦作者的比較研究結果顯示：在一〇五次預期不會有干預或有成功希望的國際糾紛中，國際組織曾干預總糾紛案的百分之十五（或十六次），其中只有百分之五（或五次）可說是成功的。在另九次的國際和平威脅或侵略案，國際組織曾干預制止，但未預期達成目的諸案中，雖然國際組織曾通過此種決議案達五次，但無一次獲有成就。又在四十一個預期能獲得干預成功的國際糾紛案中，國際組織曾有二十一次阻止和平威脅或侵略行動，其中有十七次可說是成功的。⑧

另有海耶士(Haas)教授對五大國際組織(U. N., OAS, OAU, Arab League, The Coumcil of Europe）的研究⑨，及柯卜林（Coplin)與駱奇士特(Rochester)兩教授的聯合國、國際聯盟、前國際常設法庭及今國際法院的較早期研究⑩，皆證明第二次世界大戰後較之兩次大戰期間國際組織所處理的國際糾紛案爲多。可見國際組織在今日國際政治裡的重要性。

第三節　國際經濟與社會福祉的促進

有關經濟、社會、文化等方面的國際組織繁多，本節僅就聯合國與若干經濟與社會專門性國際組織及其活動作一簡介。

今日聯合國與昔日的國際聯盟組織最大的不同點是：聯合國在經濟、社會、文化方面包括的廣大活動層面。聯合國每年經費預算的五分之四用在經濟與社會文化方案與活動上。聯合國大多數的工作人員集中在經濟與社會方面的業務。聯合國及其所屬或有關機關，各專於一經濟或社會部門業務。各方案皆由不同有關的專門機構執行，這是所謂「功能理論」(Functionalism)的要點。功能論首倡於密傳尼(David Mitrany)。⑪功能論認爲戰爭導源於人類的貧窮與不幸，和平的獲得先決條件在解決社會與經濟問題。如果人們能在社會與經濟方面合作，謀求人類福祉，由此可進而謀求政治上的合作，達到人類的永久和平。聯合國憲章第一條及第九章與第十章各規定及機構卽建基於此「功能理論」構想上。

聯合國的經濟暨社會理事會(ECOSOC: The Economic and Social Council)負責聯合國所屬或有關機構的指揮與聯絡工作。經社理事會原有十八個理事會員國，自一九七三年增至五十四個。由聯合國大會選出，任期三年(其中三分之一每年改選一次)。由於大會會員國多爲發展中國家，因之經社理事會理事國多屬發展中國家。由於經社理事會下轄機構太廣，節目繁多，聯繫合作成了大問題。經社理事會所轄範圍之廣可由其主要職能委員會見及：統計委員會(The Statistical Commission)、人口委員會(The Population Commission)、社會發展委員會(The Commission for Social Development)、人權委員會(Commission on Human Rights)、婦女地位委員會(The Commission on the Status of Women)、麻醉品管制委員會(The Commission on Narcotic Drugs)等。

聯合國自一九六五年起，會員國增加迅速，新會員國多爲非洲的新獨立國家，發展中國家乃成了聯合國大會的多數，進而由美蘇奪取了大會的控制權。發展中國家開始要求聯合國促進它們的經濟與社會境況更爲積極。一九七四年五月由發展中國家組成的「七七俱樂部」更提出所謂「新國際經濟秩序」(NIEO)，向西方工業發達國家施壓力。但由於世界經濟的不景氣，自顧不暇，對發展中國家的要求與援助，也多只限於口惠而已。(詳見第七章)

聯合國協助發展中國家的主要財源機關是世界銀行(The World Bank或簡稱The Bank)。世界銀行是多目標財源機關，貸款給發展中國家，協助工業發展。另一世界貨幣基金(IMF)則在對發展中國家提供短期經費貸款，俾助有關國家平衡其對外貿易赤字(balance-of-payments deficits)。由於兩次的世界石油危機(一九七三、一九七九)與經濟不景氣，發展中國家所遭遇的困難日漸加深，有的靠借貸度日，有的靠以債養債，終至無法收拾，墨西哥、巴西、阿根廷等是顯明的例證。(詳見第七章)

與經濟有密切關係的是社會問題。聯合國憲章前言特別指出：憲章的目的在改進社會與人類生活水準。見於今日世界各國的貧富懸殊，富者愈富，貧者愈貧。如何縮短此貧富的大差距，與改進絕大多數貧窮國家社會與生活水準，不是專憑一紙憲章所能做到的，它有賴於工業發達國家的合作。數十年來，聯合國在這一方面的努力是值得大書特書的，但其成果卻不免有令人失望之處。今日世界上一百六十個獨立國家中，三分之二以上可類歸爲低度發展或工業期前國家(underdeveloped or preindustrial)。人多糧少，生產落後，科技缺乏，不少國家爲了國家自尊心，卻高唱獨立自強，只是「官話」而已，無補於實際。這些國家雖然迫切需要外援，但卻不願接受任何一國單方面的援助，因爲這不免有依賴別人之感，因之今日國際上對貧窮國家的援助多採多方面的途徑(multilateral channels)，尤其是由工業發達國家提供資源與科技援助，經由聯合國給予受援國家。例如聯合國發展方案(UNDP)與技術協助擴大方案(ETAP)所提供者。下面簡述國際組織在促進社會與生活水準的若干主要方案與活動。

(一)**人權**(Human Rights)：聯合國在一九四六年與一九四七年間由經濟暨社會理事會設立人權委員會(Commission on Human Rights)及婦女地位委員會(Commission on the Status of Women)，人權委員會下設防止歧視與保護少數民族小組委員會(Sub-commission on Prevention of Discrimination and Protection of Minorities)。人權委員會曾提出「國際人權宣言」(Universal Declaration of Human Rights)作爲各國處理有關人權案的準則。該案經聯合國大會於一九四八年十二月十日通過採納。但蘇聯集團與南非共和國卻缺席不投票予以抵制，前者認爲此一文件對經濟與社會權利涵蓋不夠；後者以人權爲一國內政所屬，非國際管轄範圍。聯合國大會又於一九六六年全體通過「國際民權與政治權利盟約」(International Covenant on Civil and Political Rights)及「國際經濟、社會、文化權利盟約」(International Covenant on Economic, Social and Cultural Rights)，今日聯合國有半數以上國家已簽署此兩文件。

一九六九年大會通過「消除各種種族歧視」(Elimination of All Forms of Racial Discrimination)幾乎所有聯合國會員國均簽署。近年更有一九七五年赫爾辛基協定(Helsinki Accords)的簽訂，東西（包括蘇聯）簽約國家保證遵守聯合國憲章所列舉的義務(obligations)及大會通過的人權宣言與人權盟約。

國際間對人權的促進，首應推國際勞工組織(ILO: International Labor Organization)。國際勞工組織創設於一九一九年，其有名的國際勞工法典(International Labor Code)可推爲人權運動的先驅。國際區域性的組織在人權運動方面，最顯著的是美洲國家組織(OAS)，其一九四八年憲章含有「人權與責任宣言」(Declaration on the Rights and Duties of Man)，一九七八年並通過一「美洲人權公約」(American Convention on Human Rigits)。話雖如此，各國人權的推行，多適得其反。

㈡**社會福利**：在國聯時代，曾設有「國聯衛生組織」(he League of Nations Health Organization)，至一九四八年該組織方案與活動併入聯合國的（一九四六年所創設）「世界衛生組織」(WHO: The World Health Organization)。該組織爲聯合國所屬各專門機關(Specialized Agencies)中的最大者。總部設在日內瓦，業務分佈於六個區域委員會(Regional Committees)與區域機關(Regional Offices)。其活動幾乎包括世界人們的醫藥、衛生、疾病、健康等問題。

㈢**人口與糧食**：在一九六〇年代以前，聯合國有關世界人口方案僅限於提供「事實見證」(fact- finding)與「統計分析」(Statistical analysis)。⑫自一九五四年起，聯合國大約每十年舉行世界人口問題會議(World Population Conference)。見於世界人口增加的迅速與經濟發展的密切關係，聯合國大會自一九六二年後對此倍加注意，聯合國所主持的區域會議與專家討論更年有增加。聯合國有關糧食與營養的機關是糧農組織(FAO: Food and Agriculture Organization)創設於一九四五年，總部設在羅馬，其區域機關分佈世界各地。其主要活動在提供研究資料與科技知識，但不提供資金執行它的建議。

(四)文教與科學的合作與促進：在促進文教與科學方面，聯合國的主要機關是一九四五年所設立的聯合國教育、科學、文化組織(UNESCO: the United Nations Educational, Scientific and Cultural Organization)。以聯合國有限的經費，欲有效達成如此廣泛的方案與活動，誠非易事。近年來，該組織逐漸爲發展中國家所控制。大國如美、英、法等對該組織的龐大開支與無法控制的預算，及社會主義國家利用該組織攻擊資本主義國家，深有不滿，認爲政治干預了文教與科學，是爲不幸與不應該的事。因之先有美國的抗議，並於一九八四年十二月退出該組織，繼之爲英國。由於聯合國的總預算經費中百分之二十五由美國負擔，今美國退出教科文組織，其經費日見拮据，工作無法有效展開。

(五)國際難民的處理：在一九五一年聯合國大會設立「聯合國難民事宜高級專員公署」(UNHCR: The Office of the United Nations High Commissioner for Refugees)。由於其主要經費來自各國的自由捐助，經費有限，活動範圍就有限。在國際難民問題中，有越戰後的越南數以萬計的難民，以及自一九五〇年代至今尚無解決辦法的巴勒斯坦難民(Palestine refugees)。

聯合國的其他方案與活動尚有對兒童福利的保護，國際勞工福利的倡導、麻醉品的防止與管制，與環境污染的防止等。

附註

① U. S. Arms Control and Disarmament Agency, *Arms Control and Disarmament Agreements: Texts and History of Negotiations,* Washington, D. C., 1975.

② A LeRoy Bennett, *International Organizations: Principles and Issues,* New Jersey: Prentice-Hall, 1984, 3rd edition, pp. 104-112.

③ *Ibid.,* pp. 145-146; Also Larry L. Fabian, *Soldiers Without Enemies: Preparing the United Nations for Peacekeeping,* Washington, D. C.: The Brokings Institution, 1971; John Tessitore and Susan Woalfson (eds.), *Issues Before the 42nd General Assembly of the United Nations,* Massachusetts Toronto: Lexington Books, 1988, pp. 1-49.

④ Mark W. Zacher, *International Conflicts and Collective Security, 1946-1977: The United Nations, Organization of American States, Organization of African Unity, and Arab League,* New York: Praeger Publishers, 1979.

⑤ *Ibid.,* p. 6.

⑥ *Ibid.,* pp. 21-22

⑦ *Ibid.,* p. 8.

⑧ *Ibid.,* pp. 208-209

⑨ Ernest B. Haas, "Regime Decay: Conflict Management and International Organizations, 1945-1981," *International Organization,* 37, (Spring 1983) 189-256.

⑩ Williams D. Coplin and J. Martin Rochester, "The Permanent Court of International Justice, the International Court of Justice, the League of Nations and the United Nations: A Comparative Empirical Survery," *The American Political Science Review,* 66 (June 1972), 529-550.

⑪ David Mitrany, *The Functionary Theory of Politics,* New York: St. Martin's Press, 1975; Inis L. Claude, Jr., *Swords into Plowshares,* New York: Random House, 1971.

⑫ A. LeRoy Bennett, *op. cit.*, p. 270.

第十四章 國際法院、國際法與國際政治

國際法院(ICJ: International Court of Justice)是聯合國主要機關之一，也是國際間主要司法機關(見聯合國憲章第七條第一款與第九十二及九十三條)。下面分述國際法院，國際法，與國際政治。①

第一節 國際法院

國際法院由聯合國安全理事會與大會於一九四六年二月建立，於同年四月十八日在荷蘭海牙總部開始第一次會議。同時昔國際常設法庭(PCIJ: Permanent Court of International Justice)由前國際聯盟大會決議解散。所以國際法院實際上是前國際常設法庭的延續。法院除司法假期外，經常開庭。

依聯合國憲章，聯合國會員國如爲法律案件當事國之一，皆應遵守國際法院的判決，如一方不服所判可訴諸於聯合國安理會處決。在安理會的推薦與大會決議的條件下，非聯合國會員國亦可成爲國際法院有關案件之一造。

國際法院共有十五位法官，其選擇程序係先由各國法律學家團體(groups of jurists)提名候選人（每一國不得超過四名)，再由大會與安理會以絕對多數票由候選人中選出十五位（一國中同時不得有兩位)。

法官任期爲九年，爲避免所有法官同時改選，因之在第一次法官選出時（一九四六年），抽籤決定五名法官任滿三年後改選，另五名任滿六年後改選，其他五名任期爲九年後改選。可連選連任。但一法官可因失職而由其他全體法官同意票免除其職責。法院每三年由十五位法官中互選一人爲法院院長(president)與副院長(vice-president)。

法院經常有十五位法官聽審案件，但至少有九位法官出席才構成法定人數(quorum)。一法官可參與其本國所牽涉的案件，而不必廻避。法院受理案件，如法官中有屬於一造當事國之國籍者，任何他造當事國得選派一適當之人爲法官，參與該案。法院可由三或多個法官組成分庭(chamber)處理次要或特殊案件，其判決與正式法院決議有同等效力。法院判決由出席投票法官多數票(a majority)決定。如正反票數相等，則由法院主席投票決定。法院判決爲最後決定，另無上訴機關。但如有關案的一當事方發現對案件有決定性的新證件或資料爲法院與當事方前所未知者，得申請法院開庭重審。

國際法院除審理法律案件外，並可提供有關法律問題的諮詢意見(advisory opinions)，但無約束力。法院的管轄權(jurisdiction)是有限度的，例如：⑴聯合國會員國可爲法案當事人，但在若干條件下，一國可允許該國人民爲當事人。⑵所有聯合國會員國皆有權向法院提出訴訟。安理會與大會並可請求對法律問題發表諮詢意見。⑶除非法案有關各當事國同意，法院無權受理任何一方提出的訴訟。⑷法院無權受理被一國認係屬該國國內法管轄範圍事件(domestic matter)。⑸法院可拒絕接受其所認爲不屬於法院管轄範圍的案件，尤以「政治事件」(political matter)案件爲最。⑹法院可受理自願提交國際法院管轄的國家訴訟案件。

如上所述，國際法院是聯合國的主要司法機關，所以它對和平的主要貢獻，並不在它對國際糾紛案件的審理效力如何，而是它對訴訟案件的判決與對法律問題的諮詢意見對國際法的發展所作的貢獻。②過去數十年國際法院的判決與諮詢意見涉及國際法院本身的管轄權範圍與程序，國際法的性質與泉源，國際法與國內法之區別，國際法上的國際法律人格(international legal personality)性質，國家獨立的意義，國際組織的權能，國家的國內管轄權範圍(domestic jurisdiction)，國際河川(international waterways)，使領人員的特權與豁免，條約的起效期與終止，中立義務等。

第二節　國際法

研究國際法，首應知道甚麼是國際法？吾人皆知國內法是一國最高權力機關所制定的法律，它對政府機關與國民具有強制約束力。在國際體系裏，既然沒有一個像國內一樣的至高無上的政府權力機關，那麼在國際關係裏，是否有一對各國具有約束力的國際法的存在，這涉及了國際法的定義問題。

國際法的定義，隨學者專家的不同觀點而意義懸殊。概言之，可歸納爲兩派：一爲實證法主義(positivism)，另一爲新現實主義(neorealism)。新現實主義派否認國際體系裏有國際法的存在。因爲：(1)任何法律系統必有其公認的程序(如國會)來制定法律規範，有一最高權威機構能解釋與決定該法規意義，及一執行法規的權力機構，但國際體系裏卻無此公認的法律程序與執行機構。「國際法」的遵守完全是有關國家的自願行爲。(2)國際法缺乏普遍性，它並不是國際間公認的價值(common value)，由於其歷史背景，它是偏向於西方歐洲文化價值傳統的。③(3)更有認國際法爲國際間列強壓迫弱小國家的法律工具。④(4)由於國際關係時在變中，「國際法」實際上是有關國家參與制定並憑其力量施用於國際間的法律，因之法律的性質乃因當事國的「價值走向」(value-orientation)與「政策走向」(policy-orientation)而定。而非行之世界而皆準及具有強制約束力的法律。⑤

國際法雖有如上的缺點，但國際間各國卻無不認爲國際法的重要性，國際行爲常引用國際法爲根據來維護其既得利益。在國際體系裏，爲了維持國際間的穩定、秩序與和平，必須有一共同遵守的原則與規範，因之乃有國際法的產生。就實證主義的觀點，國際法爲主權國家在國際體系裏公認及有約束力的權利與義務原則、習慣與法規(principles, customs, and rules)。依此定義，國際法的基礎在主權國家的自願承諾與受約束。⑥這一說是學界較爲通用的國際法定義。

現代國際法的發展，可遠溯至十六世紀，沿習羅馬帝國的制度分法律爲jus civile與jus gentium。前者爲國內法，後者由昔法學權威華泰爾(de Vattel)於一七五八年譯爲「Droit des gens, law of nations」，即日後通稱之國際法。國際法的主要法規係隨現代主權國家的興起而來，例如國家主權(sovereignty)，領土完整(territorial integrity)，不干預他國內政(non interference in other states' internal affairs)等。至十八世紀歐洲工商業發達，向外擴張，有關國際貿易的國際法變得更爲需要。至十九世紀，國際法更有戰時中立法的訂立。至二十世紀更有較完整的戰時法，由此可見國際法是歐洲文化的產物，但卻是爲時代所需者。

國際法既然不是由一最高權力機構制定的法律，依照國際法院規約第三十八條，國際法的淵源

(source)來自國際協約(international conventions)：國際慣例(international custom)：一般法律原則(general principles of law)；司法判例(judicial decisions)最高權威公法學家學說(teachings of the most highly qualified publicists)茲分述於次。

㈠**國際協約**：並非所有各國間所訂條約均爲國際法的淵源，法學家汪格頼(Von Glahn)認爲只有「立法條約」(law-making treaty)，即是若干國家簽訂及同意遵守的條約法規(rule of law)，才是國際法的淵源。國際條約中，應以一六四八年歐洲三十年宗敎戰爭結束後之威士特發里亞條約(Treaty of Westphalia)爲最早，爲日後國際法之奠基。美國憲法第六條宣稱：美國與其他國家所簽訂的條約皆視爲美國法律的一部分，美國法院亦認國際法爲美國法律的一部分。但事實上美國政府在維護其最大利益時不一定常遵守此一憲法原則。

㈡**國際慣例**：國際慣例爲國際法的第二大淵源。如外交及領事權與豁免權、公海法等。近年來此一淵源受到亞洲及拉丁美洲國家的攻擊，因爲國際慣例多沿自西方歐洲國家法律價値(Westen legal value)，忽視了非西方的文化與法律價値觀，如伊斯蘭法(Islamic law)，印度法(Hindu law)，猶太法(Jewish law)，蘇維埃法(Soviet law)，與中國法(Chinese law)制等。⑦

㈢**一般法律原則**：例如國際關係裏的外交禮儀，對彼此國民待遇的法律平等與公平等，但「原則」一辭很難界說。通常係指國內法(domestic jurisprudence)的原則能適用於國際法上的問題者。例如在法定訴訟程序上，兩造（原被告）皆應有公平合理的聽審(a fairing hearing)。

㈣**司法判例**：司法判例包括國際法院的判例，原則上，法院判決應遵守過去判例約束原則(stare

decisis)。此一原則主張法院判決應遵守以前類似案件的法院判決(precedent)，避免後案推翻前案判決，過去國際法院的判決案，多遵守此一傳統，這見於科孚海峽案(Corfu Channel Case)⑧與國際法院對聯合國憲章第四條有關國家申請爲聯合國會員國案的諮詢意見⑨等。此一原則的優點在維持法院判決的一貫性，缺點則在失之保守，難適應國際社會的變遷。

㈤最高權威公法學家的學說：可說是國際法的補助淵源。著名法學者有格老秀斯(Hugo Grotius)，堅提尼斯(Gentilis)，華泰爾(Emerich de Vettel)等。

國際法的內含，簡單來說有平時法(laws of peace)與戰時法(laws of war)，前者爲國際關係裏各國平時相互間的權利與義務，後者則爲戰時參戰國家與非參戰國家應遵守的戰時法與中立法(laws of neutrality)。國際法論著多涵蓋下列諸論題：主權國家(sovereign states)，國家及政府的承認(recognition of states and governments)，國際人格之喪失(loss of international personality)或國家之消失或合併，國際法人的權利(right of international legal persons)與國家義務(duties of states)。自第一次世界大戰後，人權(human right)逐漸成爲國際法的一部分，諸如對一國內居住的外國人之保護、引渡、國際犯罪等。一國之成立要件之一爲具有一定之領土，因之領土(海陸空)問題爲國際法的重要部分。戰時則有戰爭法與中立法等。

聯合國的國際法委員會(ILC: The International Law Commission)負責研究與編纂國際法工作，成就並不大。⑩

由國際法的發展史，可見國際法是西方歐洲文化的產物，因之國際法的價值走向是偏向於資本主義的，由於蘇聯及共產集團的國際法觀點來自馬列主義，視國際法(正如資本主義制度的國內法)爲資產階級用來壓迫勞工階級的工具，國際法乃純爲階級的產物。但蘇聯集團的政策在利用國際法爲達成其國際政治目的工具，如國際法與其既得利益衝突，則不遵守。又根據史達林對馬克斯的解釋，國家之消失必須等到全世界社會主義革命成功之後，因之今日仍有國家存在的必要，以及資本主義國際法的利用價值。

今日各國對國際法的觀點雖有不同，但各國仍遵守而不願推翻現有的國際法，使國際秩序無所遵循。觀諸國際的發展史，它乃是時代的產物。隨時代而變，因之國際法的前景應是樂觀的。

第三節　國際法院、國際法與國際政治

國際法院與國際法在國際關係裏所扮演的角色，可由過去國際法院受理的案件得見一般。較早的國際關係學者對國際法院工作的驗證研究，首應推苛卜林(Coplin)一九六八年的研究。⑪

依照聯合國憲章第三十六條第二款的規定，國際法院對所處理案件的判決，除非事先由當事國兩方(或多方)同意，對任何一方皆無強制約束權力。這是所謂「任擇條款」(optional clause)。

在次表案件中，案件涉及法律範圍甚廣，如⑴領土及領土主權歸屬問題，⑵國際海洋法(international law of the sea)，⑶國家或私人企業或個人有關商業利益(commercial interests)，或財產權(property rights)，⑷對雙邊(bilateral)或多邊(multilateral)條約與其他法律機關不同解釋的裁決等。遺憾的是：第二次世界大戰後國際間若干嚴重的糾紛如韓戰、剛果內戰、巴勒斯坦問題、蘇彝士運河糾紛、及近年蘇聯

國際法院案件與諮詢意見（1947-1992）
INTERNATIONAL COURT OF JUSTICE CASES AND ADVISORY OPINIONS (1947–92)

I. Cases In Which Judgments Were Rendered（判決案件）

Title	*Parties*	*Dates*
1. Corfu Channel	United Kingdom v. Albania	1947–49
2. Fisheries	United Kingdom v. Norway	1949–51
3. (a) Asylum	Colombia/Peru*	1949–50
(b) Request for Interpretation of Judgment in Asylum Case	Colombia v. Peru	1950
(c) Haya de la Torre	Colombia v. Peru	1950–51
4. Rights of Nationals of the United States in Morocco	France v. United States	1950–52
5. Ambatielos	Greece v. United Kingdom	1951–53
6. Anglo-Iranian Oil Co.	United Kingdom v. Iran	1951–52
7. Minquiers and Ecrehos	France/United Kingdom*	1951–53
8. Nottebohm	Liechtenstein v. Guatemala	1951–55
9. Monetary Gold Removed from Rome in 1943	Italy v. France, United Kingdom, and United States	1953–54
10. Certain Norwegian Loans	France v. Norway	1955–57
11. Right of Passage over Indian Territory	Portugal v. India	1955–60
12. Application of Convention of 1902 Governing the Guardianship of Infants	Netherlands v. Sweden	1957–58
13. Interhandel	Switzerland v. United States	1957–59
14. Aerial Incident of 27 July 1955	Israel v. Bulgaria	1957–59
15. Sovereignty over Certain Frontier Land	Belgium/Netherlands*	1957–59
16. Arbitral Award Made by the King of Spain on 23 December 1906	Honduras v. Nicaragua	1958–60
17. (a) Barcelona Traction, Light and Power Co., Ltd.	Belgium v. Spain	1958–61
(b) Barcelona Traction, Light and Power Co., Ltd. (New Application)	Belgium v. Spain	1962–70
18. Temple of Preah Vihear	Cambodia v. Thailand	1959–62
19. South-West Africa	Ethiopia v. South Africa; Liberia v. South Africa	1960–66
20. North Cameroons	Cameroon v. United Kingdom	1961–63
21. North Sea Continental Shelf	Federal Republic of Germany/Denmark; Federal Republic of Germany/Netherlands*	1967–69

(continued)

I. Cases In Which Judgments Were Rendered		
Title	*Parties*	*Dates*
22. Appeal Relating to the Jurisdiction of the ICAO Council	India v. Pakistan	1971–72
23. Fisheries Jurisdiction	United Kingdom v. Iceland	1972–74
24. Fisheries Jurisdiction	Federal Republic of Germany v. Iceland	1972–74
25. Nuclear Tests	Australia v. France	1973–74
26. Nuclear Tests	New Zealand v. France	1973–74
27. Continental Shelf	Tunisia v. Libyan Arab Jamahiriya	1978–82
28. Continental Shelf	Libyan Arab Jamahiriya/Malta*	1982–85
29. Application for Revision and Interpretation of Judgment of 24 February 1982 Concerning the Continental Shelf	Tunisia/Libyan Arab Jamahiriya	1984–85
30. Arbitral Award of 31 July 1989	Guinea-Bissau v. Senegal	1989–91
31. Territorial Dispute	Libyan Arab Jamahiriya v. Chad	1990–94

II. Cases In Which Special Order Was Rendered（特別判決案件）

Title	*Parties*	*Dates*
1. United States Diplomatic and Consular Staff in Teheran	United States v. Iran	1979–81
2. Libyan Application against the United Kingdom	Libyan Arab Jamahiriya v. United Kingdom	1992
3. Libyan Application against the United States	Libyan Arab Jamahiriya v. United States	1992

III. Cases Pending（待決案）

Title	*Parties*	*Dates*
1. Maritime Delimitation in the Area between Greenland and Jan Mayen	Denmark v. Norway	1988–

(continued)

III. Cases Pending

Title	*Parties*	*Dates*
2. Aerial Incident of 3 July 1988	Islamic Republic of Iran v. United States	1989–
3. Certain Phosphate Lands in Nauru	Nauru v. Australia	1989–
4. East Timor	Portugal v. Australia	1991–
5. Maritime Delimitation between Guinea-Bissau and Senegal	Guinea-Bissau v. Senegal	1991–
6. Maritime Delimitation and Territorial Questions between Qatar and Bahrain	Qatar v. Bahrain	1991–
7. Projected Diversion of the Danube	Hungary v. Czech and Slovak Federal Republic	1992–
8. Destruction of Offshore Oil Platforms	Iran v. United States	1992–

IV. Contentious Cases before a Chamber（特設法庭處理案件）

Title	*Parties*	*Dates*
1. Delimitation of Maritime Boundary in Gulf of Maine Area	Canada/United States*	1981–84
2. Frontier Dispute	Burkina Faso/Mali*	1983–87
3. Land, Island, and Maritime Frontier Dispute	El Salvador/Honduras	1986–92
4. Elettronica Sieula S.p.A (ELSI)	United States v. Italy	1987–

V. Cases Removed without Judgment（未予裁之撤除案件）

Title	*Parties*	*Dates*
1. Protection of French Nationals and Protected Persons in Egypt	France v. Egypt	1949–50
2. Electricite de Beyrouth Co.	France v. Lebanon	1953–54
3. (a) Treatment in Hungary of Aircraft and Crew of United States	United States v. Hungary	1954
(b) Treatment in Hungary of Aircraft and Crew of United States	United States v. USSR	1954

(continued)

V. Cases Removed without Judgment

Title	*Parties*	*Dates*
4. Aerial Incident of 10 March 1953	United States v. Czechoslovakia	1955–56
5. (a) Antarctica	United Kingdom v. Argentina	1955–56
(b) Antarctica	United Kingdom v. Chile	1955–56
6. Aerial Incident of 7 October 1952	United States v. USSR	1955–56
7. Aerial Incident of 27 July 1955	United States v. Bulgaria	1957–60
8. Aerial Incident of 27 July 1955	United Kingdom v. Bulgaria	1957–59
9. Aerial Incident of 4 September 1954	United States v. USSR	1958
10. Compagnie du Port, des Quais et des Entrepots de Beyrouth and Société Radio-Orient	France v. Lebanon	1959–60
11. Aerial Incident of 7 November 1954	United States v. USSR	1959
12. Trial of Pakistani Prisoners of War	Pakistan v. India	1973
13. Aegean Sea Continental Shelf	Greece v. Turkey	1976–78
14. Military and Paramilitary Activities in and against Nicaragua	Nicaragua v. United States	1984–91
15. Border and Transborder Armed Actions	Nicaragua v. Costa Rica	1986–87
16. Border and Trans-border Armed Actions	Nicaragua v. Honduras	1986–92
17. Passage through the Great Belt	Finland v. Denmark	1991–92

VI. Advisory Opinions (諮詢意見)

Title	*Requested by*	*Dates*
1. Conditions of Admission of a State to Membership in the UN	UN General Assembly	1947–48
2. Reparation for Injuries Suffered in the Service of the UN	UN General Assembly	1948–49
3. Interpretation of Peace Treaties with Bulgaria, Hungary, and Rumania	UN General Assembly	1949–50
4. Competence of the General Assembly for the Admission of a State to the UN	UN General Assembly	1949–50

(continued)

VI. Advisory Opinions

Title	*Requested by*	*Dates*
5. International Status of South-West Africa	UN General Assembly	1949–50
6. Reservations to the Convention on the Prevention and Punishment of the Crime of Genocide	UN General Assembly	1950–51
7. Effect of Awards of Compensation Made by the UN Administrative Tribunal	UN General Assembly	1953–54
8. Voting Procedure on Questions Relating to Reports and Petitions Concerning the Territory of South-West Africa	UN General Assembly	1954–55
9. Judgments of the Administrative Tribunal of the ILO upon Complaints Made against UNESCO	UNESCO Executive Board	1955–56
10. Admissibility of Hearings of Petitioners by the Committee on South-West Africa	UN General Assembly	1955–56
11. Constitution of the Maritime Safety Committee of the Inter-Governmental Maritime Consultative Organization	IMCO Assembly	1959–60
12. Certain Expenses of the UN [Art. 17(2) of the Charter]	UN General Assembly	1961–62
13. Legal Consequences for States of the Continued Presence of South Africa in Namibia (South-West Africa) Notwithstanding Security Council Resolution 276 (1970)	UN Security Council	1970–71
14. Application for Review of Judgment No. 158 of the UN Administrative Tribunal	Committee on Applications for Review of Administrative Tribunal Judgments	1972–73
15. Western Sahara	UN General Assembly	1974–75
16. Interpretation of Agreement of 25 March 1951 between the WHO and Egypt	World Health Assembly	1980
17. Application for Review of Judgment No. 273 of the	Committee on Applications for Review of Administrative Tribunal	1981–82

(continued)

VI. Advisory Opinions

Title	*Requested by*	*Dates*
UN Administrative Tribunal	Judgments	
18. Application for Review of Judgment No. 333 of the UN Administrative Tribunal	Committee on Applications for Review of Administrative Tribunal Judgments	1984–87
19. Applicability of the Obligation to Arbitrate under the UN Headquarters Agreement	UN General Assembly	1988
20. Applicability of Article VI, Section 22, of the Convention on the Privileges and Immunities of the UN	Economic and Social Council	1989

*Proceedings instituted by special agreement

大軍侵佔阿富汗，皆未經提訴於國際法院謀求解決。

但是國際法院在其他許多的案件的判決，卻成為各國公認的國際法一部分。例如最早的科孚海峽案 (Corfu Channel Case)。一九四六年十月二十二日兩艘英屬驅逐艦行經靠近阿爾巴尼亞海口佈雷地區，被擊中受傷，四十四名海軍人員死亡。英海軍未得阿爾巴尼亞政府同意即開始掃雷工作，阿爾巴尼亞宣稱並未在海峽佈雷而提出抗議。英政府於一九四七年元月向聯合國安理會提出此案。安理會乃決議將此案提請國際法院判決。在一九四九年四月九日國際法院全體決議：(1)阿爾巴尼亞政府應對佈雷事件負全責並賠償英方損失。(2)英國在阿爾巴尼亞領海內掃雷係違反國際法。(3)英國軍艦在國際航道 (international water way)有「無害通行權」(the right of innocent passage)，即使部分航道係在阿爾巴尼亞領海內。該案結果，阿爾巴尼亞並未賠償英方損失。但此案卻建立了日後國際法上有名的「無害通行權」的先例。

國際法院經常為聯合國大會、安理會，及其他有關機構提供諮詢意見，雖無強制約束力，但有其不可忽視的法律上的影響力。自一九四六年至一九八一年國際法院曾提供十七案件諮詢意見，多爲有關方面接受。例如聯合國有關非洲剛果與中東的和平維護軍隊(peacekeeping force)，若干國家如法國、蘇聯與共產集團拒不負擔所需經費。此等案件由大會於一九六一年提請國際法院提供諮詢意見。國際法認爲此等費用乃屬於聯合國憲章第十七條內所稱「聯合國組織開支」(expenses of the Organization)含義之內，各國理應負擔。此案旋經由法院外政治解決。

今日國際法院與國際法面臨的挑戰是國際暴力分子(international terrorists)如謀殺、劫機等的法律處理問題，它究應屬國內法或國際法管轄。如屬國際法管轄，則如何執行法院判決？另一迫切的問題是有關太空法(law on outer space)的制定。

附註

① 國內有不少有關國際法院與國際法的中文佳著可供參閱，如陳治世著國際法庭，崔書琴之國際公法，雷崧生之國際公法，與何適之國際公法。

② Oliver J. Lissitzyn, *The International Court of Justice: It's Role in the Maintenance of International Peace and Security,* New York: Octagon Books, 1972, p. 3; Also John K. Gamble, Jr. and Dana D. Fishcher, *The International Court of Justice: An Analysis of a Failure,* Toronto: Lexington Books, 1976, pp. 7, 120.

③ Adda B. Bozeman, *The Future of Law in a Multicultural World,* Princeton, N. J.: Princeton

University Press, 1971.

④ Robert L. Friedheim, "The 'Satisfied' and 'Dissatisfied' States Negotiate International Law," *World Politics,* 18(October, 1965), pp. 6, 20-41.

⑤ Harold D. Lasswell and Myres S. McDougal, "Jurisprudence in Policy-Oriented Perspective," *Florida Law Journal,* 19, 1967, pp. 486-513

⑥ Gerhard von Glahn. *Law Among Nations: An Introduction to Public International Law,* New York: McMillan Publishing Co., 1986, 5th ed., p. 3; J. L. Brierly, *The Law of Nations,* London: Oxford University Press, 1963, 6th ed.; Herbert W. Briggs, ed., *The Law of Nations: Cases, Doccuments and Notes,* New York: Appleton-Century-Crafts, 1960, 2nd ed,, pp. 17-18; Green H. Hackworth, *Digest of International Law* (8 Vols), Washington, D.C.

⑦ Gerhardd von Glahn, *Law Among Nations, op. cit.*, p. 22.

⑧ *ICJ Reports*, 1948, p. 28.

⑨ *Ibid.,* p. 63.

⑩ John Tessitore and Susan Woalfson (eds.), *Issues Before the 42nd General Assembly of the United Nations,* Massachusetts Toronto: Lexington Books, 1988, pp. 147-149.

⑪ William D. Coplin, "The World Court in the International Bargaining Process," in Robert W. Gregg and Michael Barkun(eds.), *The United Nations and Its Functions,* Princeton: Van Nostrand, 1968, pp. 313-331; William D. Coplin and J. Martin Rochester, "The Permanent Court of International Justice, the International Court of Justice, the League of Nations and the Central Nations: A Comparative Empirical Survey," *APSR*, XVI(June 1971), 529-554.

第十五章　未來的國際關係——大同世界？

回顧過去，看今日國際現勢，不免令人擲筆嘆息。世界有史以來，國際關係離不了戰爭與和平①，相互循環，戰時卻比和平時多。不免令人懷疑，人類是否有理智求得和平？或許是人性惡？人間相處竟是日日相鬪（共產世界的階級鬥爭）或弱肉強食（資本主義的自由競爭，適者生存）。

吾人研究國際關係，期由過去國際行爲的型態（patterns of behavior），作今人之鑑，免蹈覆轍。但人類經一次世界大戰（一九一四——一九一八）之後，曾幾何時，又有第二次世界大戰（一九三九—一九四五）。戰後人皆深惡戰爭，但一九五〇年六月卻又燃起三年之久韓戰之火。接着是十年之久的越戰。阿拉伯國家與以色列在此期間曾有四次大戰（一九四八、一九六七、一九七三、一九八二），加上若斷若續的無止境的小戰。伊朗與伊拉克兩國自一九八一年至一九八九年互相殘殺，戰無止日。蘇聯忽視歷史教訓，自一九七九年大軍侵佔阿富汗，造成了「蘇聯的越戰」。幸運的是：在這些國際糾紛中，美、蘇兩霸盡力避免正面衝突（confrontation）。這是由於「核武恐嚇」（nuclear terror），因爲核武之戰意即世界毀滅的末日。

世人皆知核武之害，但消除核武（或戰爭）似爲不可能的期望。這也許是哈佛大學核武研究組五位教授用「與核武共生存」（*Living with Nuclear Weapons*）爲書題的意旨？②見於消除武器的不可能，但求如何有效控制武器而已。

為求得一理想和平世界，世人無不追求此夢想。

昔日的理想主義者如美國威爾遜（Woodrow Wilson）的「十四點計畫」及第一次世界大戰後的國際組織構想，導致戰後國際聯盟（The League of Nations）的建立。但美國卻未加入會員國，種下了他日國聯失敗的主因，並導致德、義、日三國瓜分世界的第二次世界大戰。戰後聯合國（The United Nations）成立，美國並為會員國，今日幾乎所有世界上的獨立國家皆為聯合國會員國。科技的進步，使世界縮少，也使國與國間的相互依賴性增強。聯合國的目的在維護世界和平與集體安全，它的基礎建立在安全理事會五強（常任理事國：英、美、法、中、蘇）的合作，因為此，聯合國憲章特授權與五強以「否決權」（Veto Power）。由此而論，聯合國仍不出傳統的強權政治範疇。

聯合國成員之衆，似成為一「世界一家」。但這個「家」的分子卻是極不平等的。富有（have）與貧窮（have not）國家的差距在日漸增加而不見縮小。

馬克斯認為世間貧富的存在，是資本主義制度的惡果。馬克斯的烏托邦是由無產階級（proletariat）專政，進而為一無階級與無政府的國際社會。但無產階級專政多久，無階級與無政府的社會是什麼樣的社會，何種新的人群關係與國際關係？馬克斯卻一無交代。

較現實一點的是在一九四五年聯合國建立期間，若干「世界政府」（world government）運動倡導者，於該年十月在美國新罕布夏州（New Hamshire）的杜柏林（Dublin）舉行首次會議。參加的有「世界聯邦主義者」（The United World Federalists）與「世界法」運動者（World Law Movement），呼籲成立一有限度權力的世界聯邦政府（a World Federal Government）。③由於國際冷戰的開始，此一運動無具體成就。世界政府的構想，瓊斯（Jones）教授稱之爲「極大主義方案」(a maximalist proposal)，在另極端則有「極小主義方案」(a minimalist proposal)如「由世界法以達成世界和平」(World Peace Through World Law)。介於二者之間有「環球主義」(globalism)。④「由世界法達成和平主義」係由克拉克(Clark)所首倡，主旨在消除國際間的武力(arms)及建立集體安全(collective security)。⑤「環球主義」強調並利用現有各國與國際組織(尤其是聯合國)，但其重點卻在世界經濟發展，自然資源的分配與維護，與世界生產的分配(distribution of the world's produce)。⑥更有企圖建立「世界文化」(Universal Culture)的。⑦

綜觀上面對未來世界的構想，不外在建立一新的政治與經濟架構與「世界文化」。欲其有成，非先改變主權國家的本質、功能、與文化不可。話說容易，見諸事實則難。何者爲是，未年世界的決定仍操之於人類的智慧。

附註

① K. J. Holsti, *The Dividing Discipline Hegemony and Pluralism in International Theory,* London: Allen & Unwin, 1985.

② Albert Carnesale, Paul Doty, Stanley Hoffmann, Samuel R. Hunington, Joseph S. Nye, Jr., Scott D. Sagan, *Living with Nuclear Weapons,* New York: Bantam Books, 1983.

③ Edward McN. Burns, "The Movement of World Governments," *Science* 25, 1948, pp. 5-13.

④ Water S. Jones, *The Logic of International Relations*. 5th ed., Boston: Little, Brown and Company, 1985, pp. 632-654.

⑤ Greenville Clark and Louis B. Sohn, *World Peace Through World Law*. 3rd ed., Cambridge, Mass.: Harvard University Press, 1966.

⑥ Philippe de Seynes, "Prospects for a Future Whole World," *International Organization*, 26, 1972, pp. 1-17; Lester R. Brown, *World Without Borders*, New York: Random House, 1972, pp. 11-12; C. Wilfred Jenks, *The World Beyond the Charter*, London: George Allen & Unwin, 1969.

⑦ Richard A. Falk, *This Endangered Planet*, New York: Random House, 1971.

國際關係新論 ／ 李國威著. -- 修訂版. -- 臺
北市 ： 臺灣商務， 2000[民 89]
面 ； 公分. -- (人文及社會科學文庫)

ISBN 957-05-1648-8(平裝)

1. 國際關係 2. 國際政治

578.1 89003010

國際關係新論

定價新臺幣 280 元

主 編 者 人文及社會科學文庫編輯委員會
著 作 者 李 國 威
校 對 者 洪蓓華 黃伯勤 陳雯玲

出 版 者
印 刷 所 臺灣商務印書館股份有限公司
臺北市 10036 重慶南路 1 段 37 號
電話：(02)23116118 · 23115538
傳眞：(02)23710274 · 23701091
讀者服務專線：0800-056196
E-mail：cptw@ms12.hinet.net
郵政劃撥：0000165 — 1 號
出版事業登記證：局版北市業字第 993 號

- 1988 年 8 月初版第一次印刷
- 2000 年 3 月修訂版第一次印刷
- 2001 年 4 月修訂版第二次印刷

ISBN 957-05-1648-8 (平裝) 67720012

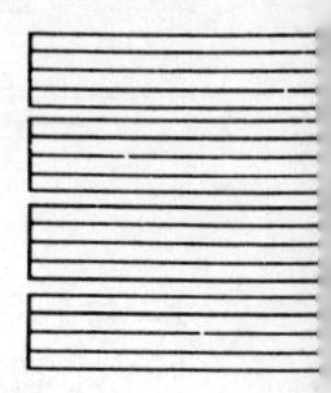

100臺北市重慶南路一段37號

臺灣商務印書館　收

對摺寄回，謝謝！

傳統現代　並翼而翔

Flying with the wings of tradition and modernity.

讀者回函卡

感謝您對本館的支持，為加強對您的服務，請填妥此卡，免付郵資寄回，可隨時收到本館最新出版訊息，及享受各種優惠。

姓名：＿＿＿＿＿＿＿＿＿＿＿＿＿＿＿＿ 性別：□男 □女

出生日期：＿＿＿年＿＿＿月＿＿＿日

職業：□學生 □公務（含軍警） □家管 □服務 □金融 □製造

□資訊 □大眾傳播 □自由業 □農漁牧 □退休 □其他

學歷：□高中以下（含高中） □大專 □研究所（含以上）

地址：□□□＿＿＿＿＿＿＿＿＿＿＿＿＿＿＿＿＿＿＿＿＿＿

＿＿＿＿＿＿＿＿＿＿＿＿＿＿＿＿＿＿＿＿＿＿＿＿＿＿

電話：（H）＿＿＿＿＿＿＿＿＿＿（O）＿＿＿＿＿＿＿＿＿＿

購買書名：＿＿＿＿＿＿＿＿＿＿＿＿＿＿＿＿＿＿＿＿＿＿＿

您從何處得知本書？

□書店 □報紙廣告 □報紙專欄 □雜誌廣告 □DM廣告

□傳單 □親友介紹 □電視廣播 □其他

您對本書的意見？ （A/滿意 B/尚可 C/需改進）

內容＿＿＿＿ 編輯＿＿＿＿ 校對＿＿＿＿ 翻譯＿＿＿＿

封面設計＿＿＿＿ 價格＿＿＿＿ 其他＿＿＿＿＿＿＿＿

您的建議：＿＿＿＿＿＿＿＿＿＿＿＿＿＿＿＿＿＿＿＿＿＿＿

＿＿＿＿＿＿＿＿＿＿＿＿＿＿＿＿＿＿＿＿＿＿＿＿＿＿

＿＿＿＿＿＿＿＿＿＿＿＿＿＿＿＿＿＿＿＿＿＿＿＿＿＿

臺灣商務印書館

台北市重慶南路一段三十七號 電話：（02）23116118・23115538

讀者服務專線：080056196 傳真：（02）23710274

郵撥：0000165-1號 E-mail：cptw@ms12.hinet.net